U0793911

21世纪高等学校电子商务专业系列教材

电子商务案例分析

主　编　赵冬梅

副主编　王建东

参　编　王丽荣　王　萌　李海涛　罗　欢　任　杰
张越今　徐高省　谢彩瑞　蔡学敏　冀　强

机械工业出版社

随着网络经济的不断成熟和电子商务的稳步发展，电子商务已经渗透到社会的各个领域，深刻地影响着各行各业的生存和发展。本书由作者根据多年的教学和实践经验编写而成，划分为不同商业模式的电子商务案例分析、不同信息服务的电子商务案例分析和不同行业的电子商务案例分析三大部分。本书选择了 B2B 电子商务、B2C 电子商务、C2C 电子商务、O2O 电子商务、门户网站、搜索引擎、社交网站、即时通信、网络视频、农村电子商务、旅游电子商务、网络游戏电子商务、人才招聘电子商务和移动电子商务中一些最具代表性的案例进行了详细的分析，旨在帮助读者理解和认识电子商务的商业模式和价值创造及其规律。

本书适用于大学本科和高职高专电子商务专业的案例教学，也可供从事电子商务的企业和个人进行案例研究。

图书在版编目（CIP）数据

电子商务案例分析/赵冬梅主编. —北京：机械工业出版社，2014.6（2023.6 重印）
21 世纪高等学校电子商务专业系列教材
ISBN 978-7-111-46967-4

Ⅰ.①电… Ⅱ.①赵… Ⅲ.①电子商务—案例—高等学校—教材 Ⅳ.①F713.36

中国版本图书馆 CIP 数据核字（2014）第 120768 号

机械工业出版社（北京市百万庄大街 22 号　邮政编码 100037）
策划编辑：易　敏　责任编辑：刘　畅　易　敏
版式设计：赵颖喆　责任校对：黄兴伟
封面设计：马精明　责任印制：郜　敏
北京富资园科技发展有限公司印刷
2023 年 6 月第 1 版第 10 次印刷
184mm×260mm · 15 印张 · 318 千字
标准书号：ISBN 978-7-111-46967-4
定价：34.50 元

电话服务
客服电话：010-88361066
010-88379833
010-68326294

网络服务
机　工　官　网：www.cmpbook.com
机　工　官　博：weibo.com/cmp1952
金　书　网：www.golden-book.com
机工教育服务网：www.cmpedu.com

封底无防伪标均为盗版

前言

进入21世纪以来，全球迎来了电子商务突飞猛进的时代，电子商务对世界经济、政治、文化、科技、社会生活等领域产生了深刻的影响。如何适应并积极参与电子商务时代的国际竞争，已成为各类企业和组织生存与发展的重大问题。

随着中国特色社会主义进入新时代，企业必须继续深化改革，为新时代中国特色社会主义经济发展提供有力的支撑。本书从教学理论和实践出发，精选典型企业的电子商务案例进行系统的介绍和分析，总结这些企业在电子商务建设和发展中的成功与不足。通过分析和学习这些案例，有利于读者加深电子商务知识的理解和掌握，也有利于读者社会主义核心价值观、职业素养的提升。

本书由中国农业大学赵冬梅教授统筹策划及定稿，廊坊师范学院王建东博士负责书稿的组织、统稿和修订。本书分为三篇共15章，具体编写分工如下：中国农业大学赵冬梅、罗欢负责编写第1、2、3、9章，廊坊师范学院王建东负责编写第4、10章，北京市委宣传部张越今、廊坊市公安局冀强负责编写第5章，雅昌文化集团中艺库技术部经理徐高省负责编写第6章，宁夏大学任杰、中国农业大学谢彩瑞负责编写第7、8章，阿里云网站运营部工程师王萌负责编写第11、12章，北京多看科技有限公司经理蔡学敏负责编写第13章，金山软件股份有限公司高级工程师李海涛负责编写第14章，山东大学王丽荣负责编写第15章。

本书大量采用国内外电子商务发展的典型案例和最新数据，内容新颖，层次清晰。在编写过程中，我们借鉴和引用了一些知名学者和知名网站的资料和数据，在此表示深切的谢意。

限于编者知识水平和时间的不足，书中难免存在一些错误和疏漏之处，恳请读者给予批评指正。

编　者

目　录

下篇　不同行业的电子商务案例分析

上　篇

不同商业模式的电子商务案例分析

第1章 B2B

1.1 概述

B2B 电子商务是企业与企业之间通过第三方的互联网平台部分或者完全实现的商务交易活动，互联网平台在其中提供交易中介服务，为买卖双方提供信息发布、查询以及交易物流、支付等服务。称这样的第三方互联网平台为 B2B 服务供应商，B2B 用户则是指使用线上 B2B 业务的卖家和买家企业，B2B 即为 Business to Business 的缩写。

目前，中国国内的 B2B 电子商务网站按照交易方式来划分，主要分为三大类：第一类是由采购方控制的 B2B 电子商务，该类型主要侧重于供应链管理，例如中航集团的采购系统，主要用于供应商之间的订单信息和产品信息的交流；第二类则是由供应商来控制的 B2B 电子商务，比如戴尔电脑的网上销售系统；第三类则是由独立第三方控制的 B2B 电子商务，侧重于搭建一个网上交易平台，例如阿里巴巴和慧聪网等。

20 世纪 90 年代，作为新经济的全新理念之一，互联网正式登上历史舞台。国内 B2B 发展历程如图 1-1 所示，我国的第一批 B2B 电子商务网站于 1997 年诞生，目前正处在高速发展阶段。

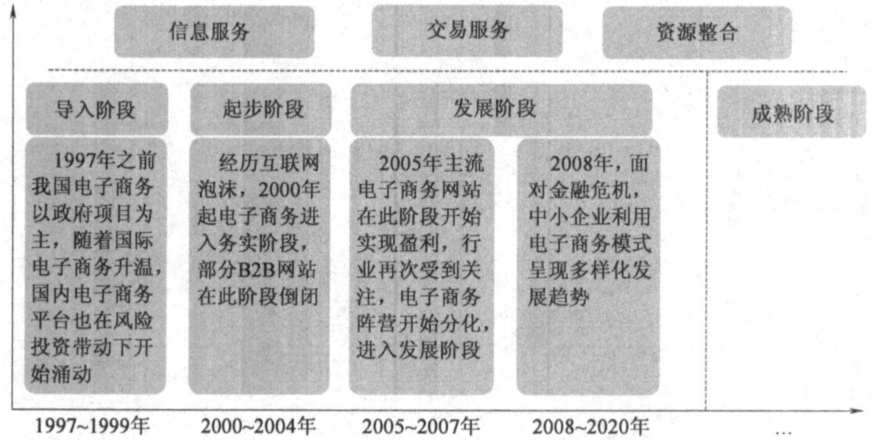

图 1-1　国内 B2B 发展历程

艾瑞咨询的统计数据显示，2012 年中国电子商务行业交易规模为 8.1 万亿元，B2B 电子商务占比超过八成，其中中小企业 B2B 电子商务占比 53.3%，近两年来市场份额相对稳定。至 2013 年上半年，中国电子商务市场交易规模达到 4.7 万亿元，其中中小企业 B2B 电子商务的交易规模占中国电子商务整体的比重达到53.5%，较2012年增加0.2个百分点。

2013上半年，中国中小企业线上交易服务提供商的总营收规模为62.1亿元；其中，阿里巴巴位居首位，市场份额达到62.0%；我的钢铁网、敦煌网、明盛商城分列第二至第四位，分别占据9.6%、4.8%、4.1%的市场份额。

高速发展的背后也存在诸多问题，包括资金、技术、品牌、人才、同质化竞争等，而且商业模式存在趋同性。以提供贸易平台的 B2B 服务商来说，“会员费+广告费”的商业模式，是主要的盈利来源。

1.2 阿里巴巴

1.2.1 基本情况

阿里巴巴是由马云在1999年一手创立的 B2B 网上贸易市场平台。2003年5月，阿里巴巴投资建立个人网上贸易市场平台——淘宝网。2004年10月，阿里巴巴投资成立支付宝公司，面向中国电子商务市场推出基于中介的安全交易服务。阿里巴巴在香港成立公司总部，在杭州成立中国总部，并在海外设立美国硅谷、伦敦等分支机构、合资企业3家，在中国超过40个城市设有销售中心。2013年4月29日，阿里巴巴购入新浪微博公司发行的优先股和普通股。

阿里巴巴网络是阿里巴巴集团旗下专门从事 B2B 业务的企业，也是阿里巴巴集团的旗舰子公司，它的宗旨是：致力于建立全球最大的买家和卖家网络社区，让天下没有难做的生意。阿里巴巴网络通过旗下三个交易市场协助世界各地数以百万计的买家和供应商从事网上生意。三个网上交易市场包括：集中服务全球进出口商的国际交易市场（www.alibaba.com）、集中国内贸易的中国交易市场（www.1688.com），以及通过一家联营公司经营、促进日本外销及内销的日本交易市场（www.alibaba.co.jp）。此外，阿里巴巴网络也在国际交易市场上设有一个全球批发交易平台（www.aliexpress.com），服务规模较小、需要小批量货物快速付运的用户。所有交易市场形成一个拥有来自200多个国家和地区超过7000万名注册用户的网上社区。阿里巴巴网络也向中国各地的企业提供商务管理软件及互联网基础设施服务，并设有企业管理专才及电子商务专才培训服务。

1.2.2 产品与服务

1. 高效的信息平台

阿里巴巴网络是一个电子版的大集市。在充分调研企业需求的基础上，阿里巴巴网络将企业登录汇聚的信息整合分类，形成网站独具特色的栏目，使企业用户获得有效的信息和服务。阿里巴巴网络主要信息服务栏目包括：

① 商业机会：有27个行业1000多个产品分类的商业机会供查阅，通常提供大

约50万条供求信息。

② 产品展示：按产品分类陈列展示阿里巴巴会员的各类图文并茂的产品信息库。

③ 公司全库：公司网站大全，目前已经汇聚4万多家公司网页。用户可以通过搜索寻找贸易伙伴，了解公司的详细资讯。会员也可以免费申请自己的公司加入到阿里巴巴“公司全库”中，并链接到公司全库的相关类目中以有机会了解公司全貌。

④ 行业资讯：按各类行业分类发布最新的动态信息，会员还可以分类订阅最新信息，直接通过电子邮件接收。

⑤ 价格行情：按行业提供企业最新报价和市场价格动态信息。

⑥ 以商会友：商人俱乐部。在这里会员交流行业见解，谈天说地。其中咖啡时间为会员每天提供新话题，为会员分析如何做网上营销等话题。

⑦ 商业服务：航运、外币转换、信用调查、保险、税务、贸易代理等咨询和服务。这些栏目为用户提供了充满现代商业气息、丰富实用的信息，构成了网上交易市场的主体。

阿里巴巴网络每天的信息量是联合国贸易和发展会议的40倍，对于理性的企业来说，目前在网上还没有理想的阿里巴巴网络替代品。要通过网站获得如此大的信息量，减低交易成本，达到高效交易的目的，阿里巴巴网络是它们唯一的选择。

2. 完善的增值服务

为了使用户能够更加高效地从海量的数据中找到所需的信息，在信息技术潮流发展的带动下，阿里巴巴网络开发出更多贴合中小企业电子商务需求的项目与产品，如商务搜索和商务软件等。此外，阿里巴巴还致力于打通各业务之间的沟通环节，使业务之间产生融合助推效应。

不断完善的增值服务增加了阿里巴巴网络平台的价值，增强了用户黏着度，实现了用户 Meet at Alibaba（交易在阿里巴巴）到 Work at Alibaba（工作在阿里巴巴）的转变。

1.2.3 盈利模式

阿里巴巴的盈利组成以会员费为主，增值服务费为辅。近年来伴随着电子商务在中国的普及，增值服务对企业的价值不断显现，增值服务费的占比逐年增加，其中网销宝和黄金展位是主要来源。阿里巴巴的收入结构如图1-2所示。

1. 会员费

阿里巴巴的利润主要来源于注册会员交纳的会员费。其付费会员有两种类型，国际交易平台的会员和国内交易平台的会员，一种是中国供应商，另一种是诚信通会员。

“中国供应商”服务主要面对出口型的企业，依托网上贸易社区，向国际上通过电子商务进行采购的客商推荐中国的出口供应商，从而帮助出口供应商获得国际订单。其服务包括独立的“中国供应商”账号和密码，建立英文网址，让全球220个国家和地区逾42万家专业买家在线浏览企业。目前，中国供应商的会员费是4～8

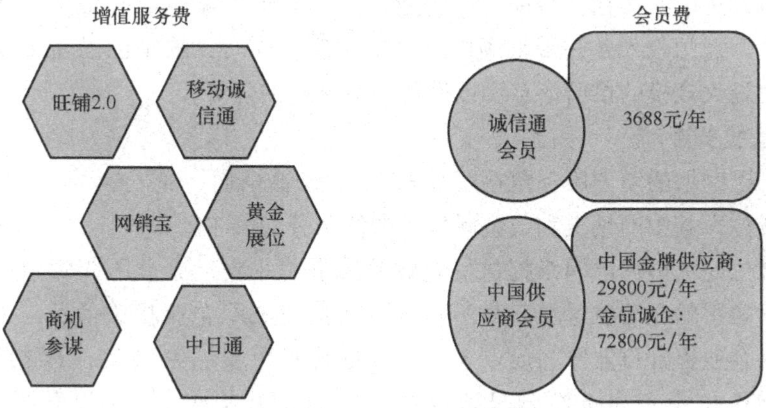

图 1-2　阿里巴巴的收入结构

万元/年。诚信通更多针对的是国内贸易，通过向注册会员出示第三方对其的评估，以及在阿里巴巴的交易诚信记录，帮助诚信通会员获得采购方的信任。中国供应商以及诚信通会员除了容易获得买家信赖外，还拥有企业信息的优先发布权，以让客户更快地找到企业。有调查显示，85% 的买家和 92% 的卖家，会优先考虑与诚信通会员合作，诚信通会员的成交率也从 47% 提高到了 72%，是普通会员的 7 倍。

会员制收费模式给阿里巴巴带来了巨大的成功。

（1）以免费入网的形式快速圈地。1988 年，中国互联网先锋瀛海威已经创办了 3 年。瀛海威采用美国 AOL 的收费入网模式，这对于经济发展水平较高、本身经济实力强而且网络信息丰富的国家是适用的。阿里巴巴并没有采用瀛海威的收入模式，而采用了免费大量争取企业的方式，一个私营公司这样做是非常有洞见和魄力的。这种抢先圈地的模式坚持下来并贯彻至今，现在阿里巴巴在中国的企业会员是 700 万家，海外是 200 多万家。

（2）通过企业认证展开收费会员服务。信用对于重建市场经济和经济刚起飞的中国市场交易来讲尤为重要，电子商务尤为突出。阿里巴巴抓住了这个关键问题，2002 年力排众议创新了中国互联网上的企业诚信认证方式。阿里巴巴既依靠了国内外的信用评价机构的优势，又结合了企业网上行为的评价，恰当配合了国家和社会对于信用的提倡。这里要特别指出，信用问题的存在并不一定导致企业愿意参与阿里巴巴的诚信通认证。在“诱导”企业交费加入诚信通方面，阿里巴巴巧妙利用了它企业资源多的成果。几百万个企业为它提供了大量的企业需求信息。这对于 60% 加工能力过剩的中国企业是非常宝贵的信息。阿里巴巴仅仅对于通过诚信通的企业提供需求信息，通过电子邮件一年提供 3600 条。这些需求信息对于众多千方百计寻求订单的企业来说，其价值不言而喻，最起码也有把握现实的市场动态的参考价值。用手中掌握的企业资源换取的关键信息吸引新企业进入创收项目，这也是难以模仿的无敌招数。

（3）大量引用外商采购企业帮助中国企业出口。阿里巴巴掌握 5000 家外商采购企业的名单，可以实实在在帮助中国企业出口。对于每家企业收费又为阿里巴巴带来每年数千万元的收入，并带来国内外的知名度。同时，阿里巴巴对于外商的采购来说，它有最大规模的供给信息和以诚信通为基础的优势。

2. 增值服务费

阿里巴巴网络的增值服务包括旺铺 2.0、移动诚信通、商机参谋、中日通、网销宝、黄金展位，其中网销宝和黄金展位是增值服务费的主要来源。

黄金展位是阿里巴巴网络提供的企业品牌展示平台。企业购买黄金展位后，在指定行业列表页的显著位置会以最醒目的形式优先展示企业相关信息，提高企业曝光率，帮助企业提升行业知名度。黄金展位的优势可归纳为三点：①醒目的位置投放，黄金展位位于列表页右侧显著位置，从首页至末页，迅速提升买家关注度；②强力的视觉营销，黄金展位可以放置超大图片，视觉冲击力强，以最醒目的形式彰显用户的推广内容；③营销对象更精准，黄金展位与产品所属行业分类或搜索关键词紧密结合，营销更具针对性。

网销宝是 2009 年 3 月阿里巴巴网络在中国市场推出的按效果付费的关键词竞价系统，原名为“点击推广”，后改名为“网销宝”。该服务类似于百度的“百度推广”和淘宝的“直通车”服务。

1.2.4 运营模式

1. 个性化服务，满足不同消费者的需要

阿里巴巴采用本土化的网站建设方式，在不同国家采用当地的语言，简易可读，这种便利性和亲和力将各国市场有机地融为一体。阿里巴巴已经建立并运作多个相互关联的网站：www.alibaba.com、www.1688.com、www.alibaba.co.jp、www.aliexpress.com 等。这些网站相互链接，内容相互交融，为会员提供了一个整合一体的国际贸易平台，所有交易市场形成一个拥有来自 200 多个国家和地区超过 7000 万名注册用户的网上社区。

阿里巴巴为厂商提供了整合完善的互动渠道和自助的贸易机会，使他们能够自己寻找所需信息并进行交易。厂商可以创建一个完全由自己更新、自己维护的自助式商务网站，更加全面、准确地宣传自己。通过网站让厂商自己提供信息，使厂商具有更大的能动性，网站的信息服务随之变得更加完善、周到和细致。

“阿里巴巴以商会友虚拟社区”提供的服务咨询和行业论坛等专栏，不仅介绍阿里巴巴各项服务的用途、用法，提供行业咨询，还给了会员参与的机会。用户注册成为会员后，既可在这些栏目中就经贸话题发言、探讨，又可观摩、借鉴其他会员的经验，还可交流电子商务心得，学习贸易常识。阿里巴巴不再只是一个冷冰冰的电子商务平台，而是一个互动互助的网上大家庭，为商人们提供了一个运筹帷幄、群策大计的场所，使各厂商在自助的同时得以互助。阿里巴巴每一位会员发布的每一条信息，都有行业专职信息编辑对其进行加工和处理，以给会员提供高质量、高附加值的信息服务，减少垃圾信息和虚假信息。阿里巴巴的专职编辑给每位会员提供的人工物化劳动是阿里巴巴得到会员认可的重要因素。在网站服务上，阿里巴巴越来越突出专业、细分的服务手段和方式，并推出了个性化的服务。

2. 成功的营销，打造一流品牌

阿里巴巴实行低会员准入门槛，聚集网络人气。在起步阶段，网站放低会员准入门槛，以免费会员制吸引企业登录平台注册成为用户，从而汇聚商流，活跃市场，会员在浏览信息的同时也带来了源源不断的信息流和创造了无限商机。阿里巴巴会员多数为中小企业，免费会员制是吸引中小企业的最主要因素。大大小小的企业活跃于网上市场，反过来为阿里巴巴带来了各类供需，壮大了网上交易平台。众多中小企业对进出口总额的提高起着重要作用，但是它们规模小，销售渠道窄，商品需求信息缺乏；它们急需开拓国际市场，但却无力负担昂贵的差旅费和广告费或在其他地方开设办事处的费用。阿里巴巴为了满足这一需求，独创式地推出了主要面向中小企业提供B2B进出口信息服务的模式，旨在宣传推广这些企业的产品，为其形象和产品进行展示，使其降低成本，创造销售机会。

阿里巴巴多次参加了《福布斯》的评选，提升了阿里巴巴的品牌价值和融资能力。阿里巴巴与日本互联网投资公司软银（SoftBank）结盟，请软银公司首席执行官孙正义担任阿里巴巴的首席顾问，请世界贸易组织前任总干事、时任高盛国际集团主席兼总裁的彼得·萨瑟兰担任阿里巴巴的特别顾问。通过各类成功的宣传运作，阿里巴巴多次被选为全球最佳B2B站点之一。2004年9月10日，阿里巴巴和杭州电子科技大学、英国亨利商学院联合成立阿里学院。阿里学院是中国互联网行业中第一个企业商学院，为企业专门培养电子商务应用型人才，并推出阿里巴巴电子商务认证。作为国内首张实战性电子商务证书，这不仅意义非比寻常，同时对阿里巴巴品牌的根深蒂固也很有帮助。

3. 构建诚信平台，开启认证先河

随着电子商务交易的不断增加，线上线下交易的持续频繁，电子商务交易中的信用问题就随之凸显出来，成为了一个制约电子商务发展的瓶颈。

阿里巴巴在信用风险的有效防范上可以说是做成了其他电子商务企业的楷模。为把阿里巴巴打造成一个诚信、安全的商务社区，2011年，阿里巴巴投入过亿元，要求所有会员必须通过实地认证，并由客户经理深入到供应商企业中，对企业申报信息进行实地考核，确保信息的真实有效。截至当年年底，已有数万名会员通过认证。阿里巴巴开启平台会员认证先河，未来阿里巴巴将会继续致力于对会员信息真实性认证的工作，为买家创造良好的平台。

1.2.5 资本模式

1999年3月，马云以50万元在杭州创建了阿里巴巴集团。1999年10月，阿里巴巴集团获得Investor AB、高盛、富达投资（Fidelity Capital）和新加坡政府科技发展基金投资的500万美元“天使基金”。2000年1月，软银与阿里巴巴集团正式签约，向其投资2000万美元。2002年2月，阿里巴巴进行第三轮融资，日本亚洲投资公司注资500万美元。2004年2月17日，阿里巴巴获得8200万美元的战略投资，投资者包括软银、富达投资、Granite Global Ventures和TDF风险投资有限公司四家公司，其中软银投资6000万美元，是阿里巴巴最大的机构投资者。2005年8月，雅虎和阿里巴巴共同宣布，雅虎以10亿美元和雅虎中国全部业务作价，换购了阿里巴巴集团39%的股权。通过这次交易，阿里巴巴前期的风险投资机构大多顺利退出，阿里巴巴员工也将部分股票套现，雅虎成为阿里巴巴集团最大的股东。2007年，阿里巴巴在香港上市。2012年2月公司管理层公开宣布私有化。

2012年6月，阿里巴巴网络正式从香港联交所退市。2012年9月，阿里巴巴集团完成对雅虎初步的股份回购并重组与雅虎的关系。2013年1月，阿里巴巴集团重组为25个事业部，以更好地迎接中国快速增长的电子商务市场。2014年3月，阿里巴巴启动该公司整体在美国进行IPO（首次公开募股）上市准备事宜。

1.3 慧聪网

1.3.1 基本情况

慧聪网（www.hc360.com）成立于1992年，是国内领先的B2B电子商务服务提供商，依托其核心互联网产品“买卖通”，通过专业服务及先进的网络技术，为中小企业搭建诚信的供需平台，提供全方位的电子商务服务。2003年12月，公司实现了在香港创业板的成功上市，为国内信息服务业及B2B电子商务服务业首家上市公司。截至2013年10月，慧聪网拥有15000万个注册会员，13000万个买家资源，10万个买卖通付费会员，每天均有100万个以上的企业发布供应、采购、招标、代理等重要信息，日均商机发布量上亿条，覆盖行业超过76个，包括9465个产品分类，成为国内最有影响力的互联网电子商务公司之一。

1.3.2 产品与服务

与阿里巴巴相似，慧聪网也是一个拥有海量供求信息的第三方平台，并且根据用户需求推出了相应的增值服务，同时由于慧聪网早年以纸媒分类广告业务起家，目前仍然在发行《慧聪商情广告》《中国行业资讯大全》，为广大客户提供专业的商情信息。

1. 买卖通

买卖通作为慧聪网B2B业务的核心产品，从2004年推出就为中小企业建立起了以垂直行业为特色的全方位网上诚信贸易平台。买卖通不仅为客户提供产品展示、精准搜索、买卖速配、人工专属服务、商务直通等功能，企业还可以使用行业资讯定制、网上洽谈、网络智能经营等综合电子商务服务，快速获得商机的优势。慧聪网委托第三方认证公司为企业提供了资质认证。2010年，慧聪网不断升级了买卖通产品功能，先后推出了炫铺2.0、买卖通3.0等多个依靠行业的特色化版本，成为中小企业网上经营的重要智能应用产品。

2. 搜索产品

2010 年，搜索产品已经成为慧聪网 B2B 业务的重要产品之一。随着搜索引擎产业的蓬勃发展，搜索服务成为了众多中小企业宣传品牌、取得商机和达成交易的重要工具。慧聪集团在推出搜索滚排、搜索黄展等基础上，于 2010 年进一步升级搜索产品，与搜索引擎和百度、搜狗、搜搜等搜索引擎同步推广独特的产品和服务，从而实现企业精准营销的目标，使企业营销费用效益更大化。

3. 纸媒咨询

1991 年 6 月 15 日，《中国商情快报》出版，意味着“慧聪商情”模式出现在市场，开创了中国商情报价广告业务的先河，引发了信息服务行业一场深刻的革命。这是中国第一份服务于行业的专业采购指南媒体。1998 年，《慧聪商情广告》经国家工商总局正式批准并允许在全国发行，成为以商情报价、产品广告、产品技术信息为主的印刷品广告信息媒体。它的信息量庞大、及时、集中、针对性强，能有效地方便行业内厂商与用户查询，成为供需双方的信息沟通渠道之一。

今天，《慧聪商情广告》已深入到数十个行业领域，在不断的探索中得以迅速发展。作为中国传递信息量最多、覆盖范围最广的商情广告媒体，它每月在全国 20 多个城市 20 余个行业共出版 85 种，总发行量近 60 余万册。它的背后是慧聪公司多年积累形成的深入行业，科学分类，每周更新十几万条产品、价格与企业信息的数据库。这是中国最大的商情数据库，可以为用户提供丰富多样的产品和服务，为厂商、各级经销商和关注市场的社会各界人士提供全面的市场信息和无限商机。

慧聪《中国行业资讯大全》依托慧聪多年来积累所形成的信息、研究、数据资源优势，以行业人士商务需求为根本，按照全新的商业视角把行业市场资讯、产品、黄页等信息加以汇编整合成册。从 2000 年慧聪首推“安全行业”大全以来，在短短几年中，慧聪《中国行业资讯大全》以丰富的内容、准确的信息、专业化行业细分、便捷的查询得到更多的行业认可，成为行业人士必备的市场实用资讯工具宝典。

1.3.3　盈利模式

由于业务的多样性，慧聪网的收入来源非常广泛，从纸质版的工商目录到网络交易平台，从在线交易到线下展览会。其中，在 B2B 电子商务平台这一核心业务领域，会员费是其主要收入来源。慧聪网的买卖通会员费 5600 ~ 48000 元/年不等，排名、广告、会展、咨询等各类增值业务作为附加值被附加到各个等级的会员服务中，等级越高的会员得到的增值服务越多。

慧聪网发布的 2013 年上半年的业绩报告显示，慧聪网上半年总营收为 3.58 亿元人民币，相比 2012 年上半年的 2.43 亿元增长了 47.33%；净利润为 5231 万元，相比 2012 年上半年增长了 155.29%；集团整体毛利率同比增长 5% 至 94%。从业务收入类别来看，来自互联网服务的收入为 3.12 亿元，来自工商业目录和黄页目录的收入为 1872 万元，来自会议及其他服务的收入为 2644 万元，如图 1-3 所示。

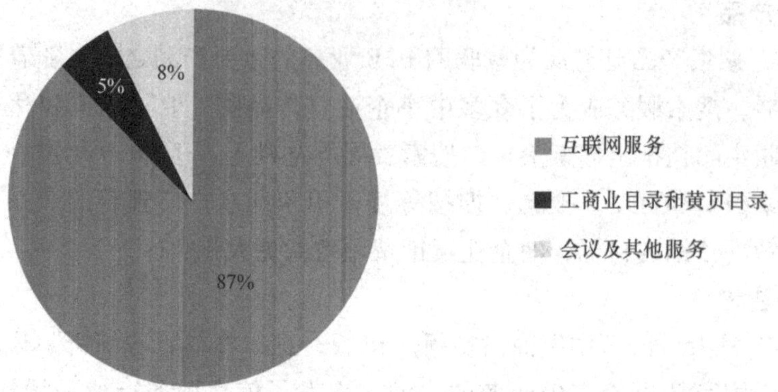

图 1-3 慧聪网 2013 年上半年销售收入组成

1.3.4 运营模式

1. 集中资源，深耕垂直行业

阿里巴巴和慧聪网都是 B2B 综合性的平台，但相较来说，慧聪网向行业交易更往前走了一步，就是进行行业深耕。

和阿里巴巴比“垂直深度”，和其他 B2B 网站比“行业关联”，这是慧聪网的差异化宣传方式之一。在慧聪网看来，企业客户的需求已经不仅仅停留在综合的大信息之上，他们更需要与行业关联度更高的信息与服务，所以，慧聪网成立了阿里巴巴所没有的独立的行业运营部门，力求在行业上垂直深耕。

通过对社会各行各业的精准分析，慧聪网发现工业品与消费品存在着极大的区别，分开经营将更有利于行业挖掘与深耕，实现慧聪网行业垂直的战略。于是 2006 年，慧聪网将公司一分为二，一个称为工业品电子商务公司，另一个称为消费品电子商务公司。工业品电子商务公司专注于 35 个工业品行业的精耕细作，而消费品电子商务公司专注于 15 个消费品行业的独立经营。

目前慧聪网已经在很多行业建立了专业媒体，2009 年以来每年举办“行业十大评选”，此举进一步加深了行业关联，在为企业提供更多交易机会的同时，增加了自身的平台价值。

2. 紧抓客户需求，注重产品创新

为了能更好地服务客户，满足客户需求，慧聪网注重产品创新。因此不管是买卖通、标王还是采购通，都具有鲜明的慧聪特色。

买卖通是慧聪网提供的会员产品，类似于阿里巴巴的诚信通。从问世以来，买卖通经过了多次升级，现在已经是 5.0 版本。大改版并不多，但微创新不断，比如仅仅在 2011 年，买卖通就经过了 4 次升级。与诚信通相比，买卖通的“精准匹配”以及“网络洽谈会”成为重要的差异化竞争力。

慧聪网的另一款产品标王与阿里巴巴的网销宝差异就更大了。经过数年的发展，标王已经成为一款开放性的产品平台，在慧聪网 B2B 的流量基础上整合进了很多的互联网资源，比如百度、搜搜、搜狗等五大搜索引擎的大众搜索流量，数千家的行业网站流量，甚至包括与中国铁路部门合作，整合了线下传统的品牌广告。2012 年年中又与百度无线合作，将标王客户整合进移动互联网。

B2B 行业自产生以来，就一直在为卖家提供服务，从卖家收取费用，对买家的关注严重不足。慧聪网意识到这一点，于是在 2012 年 5 月推出了新产品采购通。采购通是业内第一款专业级的在线采购系统，推出之后，受到了企业广泛的欢迎，几个月的时间就入驻企业数千家，其中不乏三一重工、旺旺集团这样的大企业，也有京东商城、当当网、凡客诚品这样的大型电子商务企业，签订的采购合同金额近百亿元。

3. 线上线下结合，发挥资讯优势

尽管目前国内电子商务的盈利模式基本相同，但是从综合型和垂直型网站的分类来看，这两种模式在网站内容运营方面是有区别的。慧聪网是靠资讯起家，资讯一直是其强项，这一方面慧聪网的确胜人一筹。这一点也是垂直细分 B2B 网站的一大特点，就是资讯内容的服务要比综合型更加具有高附加值。

在 B2B 电子商务领域中，慧聪网的核心能力之一，就是自己深扎几十个专业行业的信息披露能力。据调查数据显示，慧聪网每日新闻的更新量有 2000 ~ 3000 条，在 B2B 电子商务领域中排名第一，且慧聪网行业新闻报道多以原创为主，新闻主要包括行业内企业动态、新品新技术、产品行情、人物访谈、市场分析等，而其他电子商务网站的新闻系统多以转载和外包合作为主。

慧聪网内部与新浪等新闻门户网站对待新闻的流程类似，设有专业的行业编辑部，共有编辑人数 200 人左右，平均每个垂直行业配备 6 ~ 7 名专职编辑对行业进行深入的挖掘和报道。慧聪网是一个注重资讯和交易并行的 B2B 电子商务网站，与传统的交易导向型 B2B 电子商务网站（例如阿里巴巴）有所不同。慧聪网着力打造电子商务资讯服务，与其历史有很大的关系。慧聪网在未进入 B2B 电子商务领域之前，是一家专业的商情广告公司，1991 年，“慧聪商情”模式出现，开创了中国商情报价广告业务的先河。

除了以网络为表现的行业资讯服务之外，慧聪网还提供纸媒商情刊物。每月在全国 20 多个城市近 30 个行业共出版 85 种，总发行量 60 余万册。慧聪网拥有中国最大的商情数据库，可以为用户提供丰富多样的产品和服务，为厂商、各级经销商和关注市场的社会各界人士提供全面的市场信息和商机。

问题与讨论

1. B2B 有几种类型？各自有怎样的盈利模式？
2. 阿里巴巴网络和慧聪网有何不同？
3. B2B 未来的发展趋势是什么？

第2章 B2C

2.1 概述

2.1.1 B2C的定义与分类

B2C即Business to Customer，是电子商务的一种模式，即企业通过互联网向个人网络消费者直接销售产品和提供服务的经营方式，也就是通常说的网络零售。目前，我国电子商务B2C市场可以分为两类。第一类是自主销售式B2C电子商务模式，即产品销售服务等各环节由运营商自主完成，如京东商城、当当网、亚马逊中国等；第二类是平台式B2C电子商务模式，即企业只提供交易对接平台，不负责销售等环节，如天猫等。B2C电子商务是普通消费者广泛接触的一类电子商务，也是电子商务应用最普遍、发展最快的领域。

根据不同的定位，B2C可分为服务型（平台）和自营型；根据销售的产品属性不同，又可分为垂直型和综合型。两种维度可交叉出四种类型的B2C模式，分别是：综合服务型，代表是天猫；综合自营型，代表是京东商城；垂直自营型，代表是早期的京东商城；垂直服务型，目前没有典型的商家。随着电子商务的不断发展，各模式间的交融越来越多，综合平台成为主流，国外的亚马逊（Amazon）更是成功地实现了多元化发展。

2.1.2 B2C的发展历程

在我国，B2C电子商务是产生最早的电子商务模式，以8848网上商城正式运营为标志。8848成立于1999年5月18日，是我国电子商务企业的旗舰，它开创了基于互联网的B2C模式，大大节省了客户和企业的时间和空间，提高了交易效率，使购物和支付变得方便快捷。现在，B2C电子商务模式已经普及各行各业，发展前景也非常广阔。一般说来，以2000年作为分水岭，将B2C在中国的发展分为两个阶段：萌芽和发展阶段；整合和升级阶段。

1996年，网络在国内兴起，第二年夏天，王峻涛，也就是8848商城的创始人，写出了国内第一个电子商务网页，即“软件港”，它是8848商城的前身。1996～1998年，电子商务的雏形试验在我国各地快速兴起，第一代电子商务网站至此完成了将电子商务概念导入中国的使命。1999是我国B2C电子商务的起步点。哈佛大学邵亦波、谭海音创立了易趣网，李国庆和俞渝夫妇创立了当当网上书城，标志着我国B2C过渡到了一个全面发展的阶段。到了2000年，中国电子商务网站数量、规模都进入了一个高速膨胀期，其中 B2C 网站数量最多，占到整个商务网站的 60%。同年，纳斯达克股票市场持续跌落，网络新经济受到了严重的打击和质疑，整个互联网行业迎来寒冬。至此，B2C 发展的整合期拉开帷幕。在整合期内，我国 B2C 市场暴露出了诸多的问题，如重技术轻商务、简单模仿国外经营模式、缺乏创新、忽视经济效益等。期间，经历了一系列的重组并购高潮，以及 B2C 领域惨烈的价格大战，预示着中国电子商务市场注定要走一条与国外不同的发展道路，需要企业家与业内参与者去探索属于自己企业的成长路线。2003 年“非典”过后，伴随着网上交易信息体制的完善、支付系统的普及以及物流配送网络的逐步扩大，消费者的网络购买观念逐步形成。2004 年，我国 B2C 电子商务市场进入了一个全面的升级期，逐步向稳定、健康的成长态势迈进，呈现出了蓬勃的生机。

如今，这种交易模式已经淡出媒体的视线，取而代之的是 B2C 真正价值优势的彰显，包括零库存销售、跨地域实现和全球化销售等。这些优势将是开拓未来我国电子商务市场的最好切入点，也是未来电子商务企业的最佳创值点。

2.1.3　B2C 的发展现状

2010 年 11 月 1 日，淘宝商城发布独立域名；紧接着，麦考林作为中国 B2C 第一股登陆纳斯达克，整个 B2C 电子商务领域达到了一种空前亢奋的状态。这标志着中国网络购物市场竞争阵地从 C2C 向 B2C 转移，各购物网站也朝着规模化、品牌化、平台化的方向发展，B2C 企业将在广告资源、用户资源、上游货源、人才资源等方面展开更加激烈的竞争。

图 2-1 直观地反映出了我国 B2C 电子商务的发展现状和未来趋势。

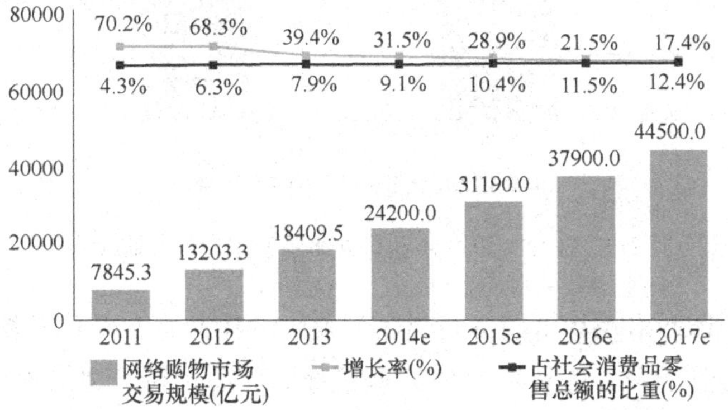

图 2-1　2011～2017 年我国网络购物市场交易规模

注：“e”表示预测，下同。

图 2-1 显示，2013 年我国网络购物交易规模为 18409.5 亿元，比 2012 年增长 39.43%。我国网络购物市场交易规模占社会消费品零售总额的比重从 2012 年的 6.3% 增至 2013 年的 7.9%，预计 2014 年这一比重将达到 9.1%。

从图 2-2 可以看出，B2C 作为网络购物市场的主流，正在逐步显示出它的优势。

尤其淘宝、京东商城等平台式购物网站的微妙转型，将会使未来 B2C 交易规模占整个网络购物市场的比重进一步提升。

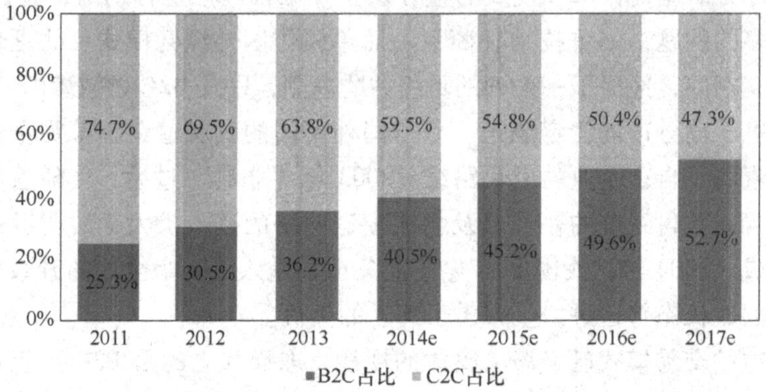

图 2-2　2011～2017 年我国网络购物市场交易模式结构

B2C 交易规模的增长也得益于我国网民规模的增长。根据中国互联网络信息中心（CNNIC）公布的数据，截至 2013 年 12 月底，我国网民规模达 6.18 亿人，全年共计新增网民 5358 万人。其中，网络购物用户规模达到 3.02 亿人，使用率提升至 48.9%。图 2-3 为 2012～2013 年我国网络购物用户数及使用率。

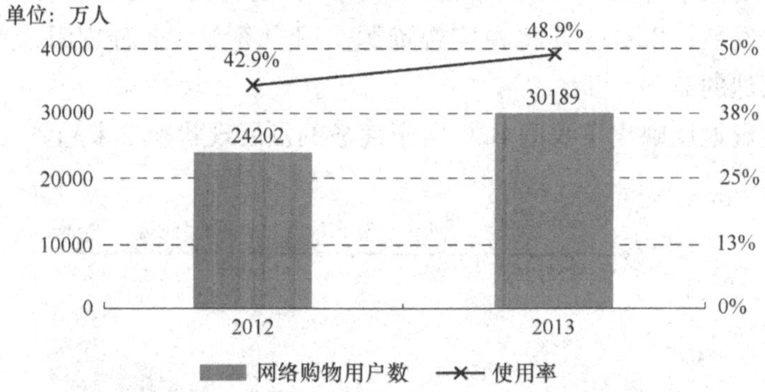

图 2-3　2012～2013 年我国网络购物用户数及使用率

2013 年，中国网络购物市场格局变化不大。在自主销售式 B2C 购物网站中，京东的市场份额仍旧第一，达到 46.5%，苏宁易购、易迅网，亚马逊中国紧随其后，唯品会和当当网的规模有所提升；在平台式 B2C 购物网站中，天猫仍然一家独大，占据市场份额 5 成以上。图 2-4 为 2013 年我国购物网站交易规模市场份额。

根据图 2-5，2013 年我国移动购物企业交易规模市场占比中，淘宝遥遥领先，占市场 76.2%，京东占比 6.0%，腾讯电商占比 1.5%，三家加总份额占比超过 80.0%。目前，移动网络购物市场格局稳定，传统电商企业优势较大。

整体上来看，由于移动端购物市场具有较强的马太效应，已经占据相当市场份额的各传统电商要比基础较弱的其他电商企业更容易扩大市场份额。

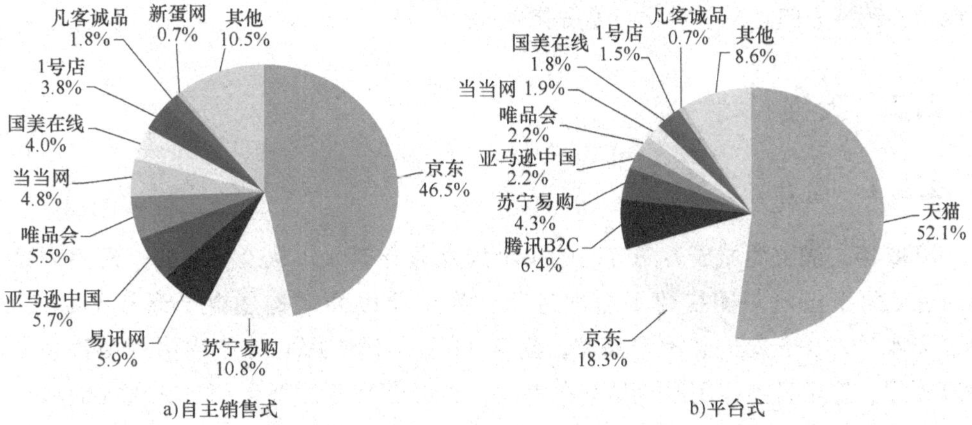

图 2-4　2013 年我国购物网站交易规模市场份额

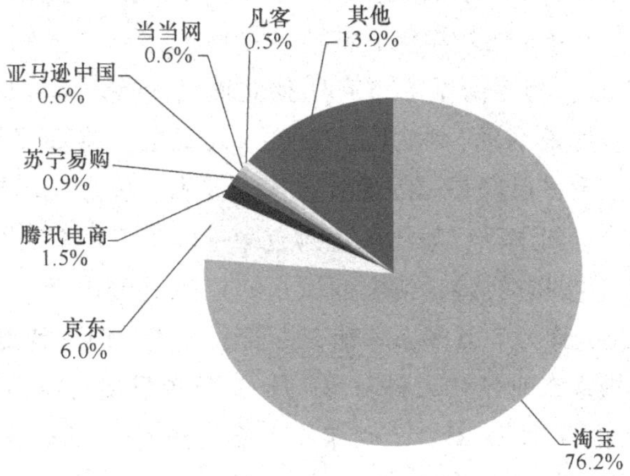

图 2-5　2013 年我国移动购物企业交易规模市场占比

2.1.4　B2C 的发展趋势

B2C 的快速发展和市场激烈的竞争，会使 B2C 电子商务行业进行洗牌，同时也给小企业转型提供了新的机遇。B2C 未来的发展趋势大致有以下两个方向：

1. “大而全”类 B2C 将面临洗牌

目前电商竞争激烈，在行业格局没有明晰、资本没有理性回归之前，简单、粗暴但有效的“价格战”仍将继续，一些实力不强的电商企业会陷入困境，市场格局面临洗牌。资金实力、物流仓储和管理水平是 B2C 电商成功的关键，根据这些成功的关键要素，可以预测未来综合商城类 B2C 电商（除天猫外）将不会保留太多。

2. “小而专”类 B2C 需转型

早期垂直类 B2C 电商可以通过品类差异化快速建立优势，但后期如果无法在品类、价格、服务等方面建立足够高的行业壁垒，未来将面临天猫、京东、苏宁易购等“大而全”电商的侵蚀压力。“小而专”类 B2C 的未来发展必须依靠转型才能获得成功，转型方向是向平台化与品牌化发展。

2.2 天猫

2.2.1 简介

2008 年，淘宝商城成为淘宝网的一个独立业务单元，从上线之初，淘宝商城就明确延续阿里巴巴集团搭建平台的理念，为企业级商家构建电子商务基础设施。2009 年 4 月，优衣库进驻淘宝商城，当年 11 月，优衣库官方旗舰店月销售额突破 1000 万元，这个日本休闲服装品牌在中国苦苦经营 9 年后终于一举在淘宝商城打开了中国市场。随后联想、杰克琼斯、李宁等知名品牌陆续入驻淘宝商城，淘宝商城平台 B2C 高效低成本渠道和直接抵达消费者的模式开始为传统品牌所认可。此后越来越多的传统品牌开始了在淘宝商城上的电子商务尝试，一批依靠外贸订单代工的企业随着外贸受阻，也开始通过淘宝商城转型内销。

2010 年 11 月 1 日，淘宝商城宣布启用独立域名 www. tmall. com，11 月 11 日联合 150 个品牌推出的促销活动，吸引了 2100 万人疯抢，单日交易额达 9. 36 亿元。2011 年上半年，淘宝商城已经是国内最大的 B2C 平台，占据国内超过 50% 的 B2C 市场份额。2011 年 6 月，阿里巴巴集团决定淘宝网一拆为三，淘宝网（C2C）、淘宝商城（B2C）、一淘网（购物搜索），淘宝商城正式以独立公司身份开始运营，到 2011 年年底淘宝商城已经汇聚了 7 万多品牌和 5 万商家，成交额达到 1000 亿元。2012 年 1 月 11 日，淘宝商城宣布改名“天猫”，11 月 11 日单日交易额高达 132 亿元，创世界纪录；而 2013 年的 11 月 11 日，支付宝全天交易额高达 350. 19 亿元。

图 2-6 所示为天猫首页，以供参考。

图 2-6 天猫首页

2.2.2　产品与服务

1. 商品信息集聚的大平台

到2013年年底，天猫已经汇聚了7万多品牌和5万商家，而且有超过40家的自营性B2C网站入驻这个淘宝大平台，包括大众所熟知的当当网、1号店等，因此天猫是一个商品信息集聚的大平台，为消费者提供琳琅满目的商品。

2. 便利的购物流程

为了让消费者更加方便地找到自己想买的商品，天猫对商品信息进行整理分类，主要分为16个大类：精选市场、女装/内衣、男装/运动/户外、女鞋/男鞋/箱包、化妆品/个人护理、手机数码/电脑办公、母婴玩具、食品、大家电/生活电器、家具建材、珠宝饰品/腕表眼镜、汽车/配件/用品、家纺/家饰、医药保健、居家百货、图书音像。大类下面继续细分，构成一套完善的产品分类体系，囊括了所有商品。天猫按照16大类的顺序轮流展示广告产品。

除此之外，天猫还为消费者提供功能强大的搜索引擎，只要用户在搜索框内输入关键词，系统就会自动匹配出相关的商品，用户还可以限定商品的发货地、价格区间、销量等，从而进一步缩小检索范围。图2-7所示为天猫搜索框，以供参考。

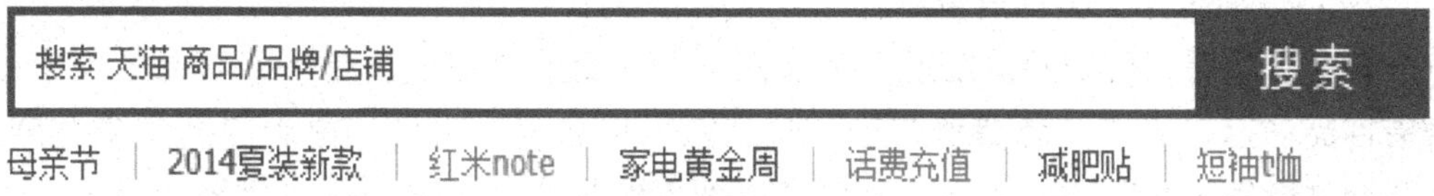

图2-7　天猫搜索框

3. 整套的网站建设方案

通过天猫的后台系统，卖家可以可视化地完成网站设计、网站发布，获得免费的二级域名，并且不用担心数据库、服务器的维护问题。相对于独立建站开展电子商务，使用天猫平台是卖家节约成本、熟悉网络销售的最佳选择。这一整套的网站建设方案，也是天猫吸引用户、扩大B2C市场份额的一大利器。

4. 丰富的营销资源

大量的产品以及便利的购物流程是买家选择天猫的原因，对于卖家而言天猫的吸引力在于丰富的营销资源。天猫会引导符合条件的卖家参加活动，提升销量，例如，每年11月11日“光棍节”活动已经有了品牌效应，图2-8所示为某年“双11”活动的界面。

除了各类活动之外，天猫还为卖家提供多种店铺推广方式，包括搭配宝、满就送、限时打折、淘宝客、广告位、直通车等，卖家可以通过组合不同的营销工具，提高流量和转化率。

2.2.3　盈利模式

天猫以自己强大的市场份额和注册用户为依托，提供更加符合卖家要求的服务，

图 2-8　天猫“双 11”活动的界面

充分挖掘注意力经济的价值，从很多环节实行收费模式，为未来的盈利奠定基础。

1. 技术服务年费和实时划扣技术服务费

天猫的技术服务费目前是 3 万元/年，商户需在入驻时一次性交纳，随着商家的不断入驻，天猫的收入会随之增加；另外实时划扣技术服务费也是天猫主营业务收入中重要的部分，标准是与支付宝成交额（不含邮费）对应的技术服务费率。

2. 广告收入和关键词竞价收费

天猫首页每天的访问量接近 1 亿人次，是一个非常好的广告平台。天猫广告主要有商品展示广告、品牌展示广告、旺旺植入广告等。另外，由于内部竞争激烈，天猫允许商家付费购买关键词，以提高在搜索结果中的排名，提高店铺的流量，这也是天猫重要的收益来源。

3. 软件和服务收费

天猫依托自己的技术团队，借助消费行为数据库，根据商家的需求开发大量的软件和附加服务，如图片空间、会员关系管理、装修模板、数据魔方、量子统计等。由于这些服务的推出是以天猫的数据库系统为依托的，因此在开发过程中迎合了卖家的需求，具有非常好的销量，几乎每一个商家都会购买相当一部分的软件和服务，以使自己的店铺能够更好地发展。

2.2.4　运营模式

1. 正品保障体系

天猫为了改变原来淘宝集市真假难辨的现状，在成立之初，就想尽各种办法塑造良好的形象，因此提出了“品牌正品，天猫保障”的口号。为此，天猫在借鉴淘宝经验教训的基础上，制定了比较完善的服务制度和售后保障体系。

（1）“正品保障”服务。正品保障是指在天猫购物后，若买家认定已购得的商品为假货，那么根据天猫规则，买家在交易后 14 天内都有权发起针对该卖家的投诉，同时申请“正品保障”赔付，赔偿的上限是实际支付商品价款的 3 倍及邮费，实现了天猫承诺的“假一赔三”。

（2）“提供发票”保障服务。为了让天猫卖家拥有更加放心的购物体验，同时更好地规范商家的经营活动，天猫要求卖家对买家均提供商品发票。这样的规则其实是根据淘宝网的两个软肋而提出的。一是淘宝网维权难的问题，无实际凭据只凭交易记录维权显然是困难重重；二是网店经营不规范，偷税漏税问题严重。“提供发票”的服务用白纸黑字明确界定了交易双方的权利和义务关系，为维权提供了证据。同时“提供发票”使网店经营者必须按照实际销售额开具发票，避免了卖家少报、漏报经营额现象的发生，能够更好地对商家的日常经营活动进行管理，对商家的经营行为起到约束作用。

（3）七天无理由退换货。在签收货物后 7 天内，若买家因主观原因而不愿完成本次交易，商家有义务向买家提供退换货服务；若商家未履行其义务，根据天猫的有关规则，买家有权向天猫发起投诉，同时申请“七天无理由退换货”赔付。

（4）“退货运费险”。目前，天猫的另一项优势在于“退货运费险”的推出，该险种规定了运费补偿的最高额度是 25 元，对于大部分订单而言，已足够支付单方运费。天猫中目前约有 35% 的卖家已购买了此险。这意味着，买家在购买时多花 5 毛钱，就能为自己的订单上一份保险，而在收到商品后，若觉得不满意，可以自己先行垫付邮资，保险公司会在退款后 72 小时内将运费自动打到买家的支付宝账户里。买家完全可以毫无顾虑地退货而不用考虑昂贵的邮费。这对于买家而言，无疑是一个激动人心的好消息，为天猫的发展又打了一剂强心剂。

2. 信用贷款

2012 年 5 月，阿里金融召开发布会，宣布旗下小微贷款产品——天猫信用贷款开放范围扩大到全国，总计投放金额 46 亿元。此举意味着天猫网上的小微企业可以凭借其网上信用分享这 46 亿元。天猫信用贷款支持申贷、获贷、支用、还贷网上完成，贷款以日计息，可随借随还；同时贷款根据商家在天猫上的综合经营业绩来评定授信等级，与银行贷款不同，天猫贷款更看重商家的信用资源，不需要任何担保和抵押，这无疑解决了小微企业融资难的问题，同时也增强了用户黏性。

3. 活动营销

2012 年“双 11”当天，天猫和淘宝共吸引了 2.13 亿个独立用户访问，约相当于整个中国网民数量的 4 成；全球最大的网上购物节“美国网络星期一”2011 年销售额不过人民币 78 亿元，这个纪录在“双 11”当天仅用 11 小时 18 分钟即被打破；而香港 8 月的日均零售额为 9.3 亿港元，线下百货巨头新光天地 2011 年营收 65 亿元，2011 年全国电影总票房也不过 131.15 亿元。

2013 年的“双 11”当天，全天的支付宝交易额约为 350 亿元。这一交易额是 2012 年美国“网购星期一”121 亿元交易额的近三倍。2013 年 10 月，我国日均的社会消费品零售额为 693 亿元，支付宝的 350 亿元超过该数字的 50%。

上面的数据无疑证明了天猫在活动策划、活动执行方面的实力，“双 11”已然成为天猫的品牌活动，事后媒体的跟踪报道也为天猫赚足了眼球，对天猫的知名度和美誉度都有很大的提升。

2.2.5 资本模式

天猫在融资能力方面具有非常大的优势，主要是内部融资和风险融资。内部融资主要是天猫背靠阿里巴巴这个庞大的集团，资金非常充裕。同时，天猫在行业中一直处于领先地位，市场发展前景好，是风险投资一直追逐的投资对象。

2.3 京东商城

2.3.1 简介

京东公司成立于1998年，创建初期以光磁产品的传统销售为主营业务。从2004年起京东正式涉足B2C行业，到2010年基本维持每年300%的销售业绩增长，目前已拥有遍及全国超过6000万个注册用户，近万家供应商，在线14大类数万个品牌百万种优质商品，日订单处理量超过50万单，网站日均页面浏览量（PV）超过1亿次。京东商城试水电子商务之初以3C产品为切入点，2010年京东商城图书产品上架销售，实现从3C网络零售商向综合型网络零售商转型；2012年京东商城开放服务（JOS）上线，标志着京东商城系统的全面开放，京东商城由3C垂直自营电商转型为综合平台型电商。

2.3.2 产品与服务

1. 主要商品

京东商城在线销售商品包括家用电器，汽车用品，手机、数码，计算机、办公，家居、家具、家装、厨具，个护化妆，运动户外，母婴、玩具乐器，营养保健等。其中家用电器，手机、数码，计算机、办公商品及日用百货这四大类就超过3.6万种商品。

2. 主要服务

京东商城提供了灵活多样的商品展示空间，消费者查询、购物都不受时间和地域的限制。依托多年打造的庞大物流体系，消费者充分享受了“足不出户，坐享其成”的便捷。目前，分布在华北、华东、华南、西南、华中、东北的物流中心覆盖了全国各大城市的货物配送。2009年3月，京东商城成立了自由快递公司，物流配送速度、服务质量得以全面提升。京东商城在为消费者提供正品行货、机打发票、售后服务的同时，还推出了“价格保护”“延保服务”等举措，最大限度地解决了消费者的后顾之忧，保护了消费者的利益。

2.3.3 盈利模式

1. 采购价与销售价之间的差价

自2004年创立至2008年，京东商城的年销售额分别为1000万元、3000万元、

8000 万元、3.6 亿元、13.2 亿元，2010 后京东商城销售额破百亿元，2012 年破 600 亿元，虽然京东商城的毛利率只维持在 5% 左右，但是逐年翻倍的营收规模还是让人们看到京东商城未来盈利的希望。

2. 店中店租金

作为一个开放的电商平台，京东商城能为各个生产商、代理商、零售商、专卖店或者其他电子商务网站的优质商户提供网店空间，同时为它们提供完善的供应链管理和协助，京东商城根据不同的配置收取一定的租金。

3. 广告收入

京东商城 2008 年的广告收入为几十万元，而 2012 年，其广告收入已接近 2 亿元。在开放广告平台后，来自广告方面的收入会更高。

2.3.4 运营模式

1. 低价正品保障

网上购物最大优势在于其价格。相比于传统实体零售企业，由于节省了实体店租金、中间商的流通环节，网上购物网站可以将这些费用节省体现在价格上，因而具有很大的竞争力和吸引力。京东商城更是将这一优势发挥到了极致，“京东价”也成为国内 3 C 领域的价格风向标。为贯彻低价策略，京东商城大打价格战，从开始几乎不盈利，不重视毛利率，提高周转率只为形成价格优势从而扩大销售量，到拥有了客观的销售量后直接从品牌厂商处拿货，能够获得自己希望的进货价格，并在完成销量之后获得更高的年终返点，从而形成更高的价格优势。为了开拓图书市场，2010 年年末，京东商城 CEO 刘强东利用微博与以图书起家的当当网开始了激烈竞争，宣布“每本书都要比竞争对手便宜 20%”的全场打折特价秒杀活动，强势介入图书市场，吸引了大量顾客，虽然开销巨大，但仍起到了市场推广的作用。

与一些网购平台的鱼龙混杂不同，京东商城保证在其平台上出售的商品皆为正品，每一笔订单都会根据消费者需求附上发票，因此在消费者心目中更有保证，尤其是 3C 类数码产品，消费者辨识能力低，在京东商城上买真品已经成为大家的共识。

2. “211” 物流服务

2010 年 3 月，京东商城推出“211 限时达”服务。其主要内容是当日上午 11：00前提交的现货订单（以订单出库后完成拣货时间点开始计算），当日送达；夜里 11：00 前提交的现货订单（以订单出库后完成拣货时间点开始计算），第二天 15：00前送达。

为了兑现“211”承诺，提高用户满意度，京东商城选择自建物流，目前已经在北京、上海、广州、成都、武汉等完成了一级物流中心的布局，在 27 个城市设配送站，在全国约 100 个城市拥有物流配送队伍。自建物流还能够支持货到付款，符合用户购买家电产品时的付款习惯，对不习惯、不方便网上付款的人群来说提供了渠道，同时可以现场验货，增加用户对品牌的信任。

3. 体育营销与娱乐营销

2010 年 3 月，京东商城高调成为中超主赞助商，根据赞助获得主赞助商荣誉称号、中超唯一的官方零售网站资格、赛场广告牌、赛场大屏幕光照、赛后发布会看板广告，以及对同类企业的排他协议等权益。比赛期间，京东商城可以通过现场大屏幕向球迷做广告营销，球迷可以通过手机短信获得商城优惠券。可以说，这一营销手段对于扩大京东商城的知名度和关注度是有利的。中超 2009 年电视观众为 1.9 亿人次，现场观众为 391 万人次，由于事件不断，大众对中超的关注度实际上是提高的；而正因为中超处于低谷，京东商城此时可以以较低价格获得赞助权。同时，中超的 16 支球队与京东商城主销城市契合，受众目标也是以男性为主、热爱体育、热衷电子类产品的人群。通过赞助中超，京东商城的名称和品牌可以获得很高频次的曝光，对于已经是京东商城用户的人群来说，这一促销可以巩固京东商城在这部分人中的影响力，培养其对京东商城的品牌信赖，使之成为具有较高忠诚度的顾客。

京东商城还将软性广告的首次尝试投放在曾热播的都市情感剧《男人帮》，同时，聘请该剧男主角扮演者孙红雷担任京东商城形象代言人，在该剧播出期间联合众多国际国内知名服饰品牌进行多场“男人帮”主题营销活动，效果不俗。由于《男人帮》的收视人群大多是都市白领和学生群体，正好与京东商城的主要消费群体重合，《男人帮》在这两个群体中热议的同时京东商城自然也收获了关注，有效确立了时尚品牌形象，有助于加盟京东商城开放平台的品牌商扩大销路，也有利于吸引更多优质服饰品牌加盟。同时，抓住市场热度的时机配合直接营销宣传，印发“男人帮”专区的宣传彩页手册发放至大学校园，不仅有电视剧出现的搭配，还有商城宣传及促销信息，这种策略的好处是在大学生这一定向目标群体中实现大规模、高频率的宣传覆盖，利用大学生热爱时尚潮流、对该影视剧的关注、对促销信息的兴趣增加客户流量。

2.3.5 资本模式

京东商城营收规模的成倍增长离不开资本的推动，迄今为止京东商城已经完成第 5 轮融资，融资历程如下：

2007 年，京东商城获得了来自今日资本千万美元的融资。

2008 年年底，京东商城获得今日资本、熊牛资本以及亚洲著名银行家梁伯韬私人公司共计 2100 万美元的联合注资。

2011 年年初，京东商城获得俄罗斯投资者数字天空技术、老虎基金等共六家基金和社会知名人士融资共计 15 亿美元。

2012 年京东商城完成 4 亿美元融资。

2013 年年初京东商城完成 7 亿美元融资，投资方包括新股东加拿大安大略教师退休基金和 Kindom Holdings 公司，京东商城其他主要股东进行跟投。

2.3.6　物流模式

京东商城并没有像其他 B2C 企业那样完全将物流业务外包出去，而是同时创办了自己的物流体系。目前京东商城的物流模式主要有两种：自建物流体系与自建体系 + 第三方物流。

1. 自建物流体系

目前，京东商城拥有由六大物流中心、27 个城市仓储中心、近 1000 个配送站点、300 多个自提点组成的覆盖全国 1170 个区县的自建物流体系，拥有超过万人的专业配送队伍。未来，随着京东商城"亚洲一号"仓储中心的全面启动，京东商城的日订单处理能力将提升数十倍，物流配送不仅可以满足日益增长的货运需求，还将开放剩余产能给开放平台的商家，进一步帮助合作伙伴降低成本、提升效率。

京东商城选择自营物流，就能对供应链各个环节有较强的控制能力，容易了解物流的动向，可以保证物流方面拥有良好的服务质量。自营物流覆盖范围广，也可以使顾客更快地收到自己所购买的商品，从而提高顾客的满意度、忠诚度，使企业更有竞争力。

2. 自建体系 + 第三方物流

随着互联网应用的深入，京东商城业务阵营已经扩展到二级城市或三级城市。可是，如果在全国每个二级城市都建立自己的物流或运输公司，成本至少要数百亿元。更何况，现在二级城市的利润不足以维持物流中心的运营。因此，在一些小城市，京东商城和当地的快递公司合作，完成产品的配送，而在配送大件商品时，京东商城选择与厂商合作。比如海尔在太原就有自己的仓库和合作的物流公司。京东商城与海尔合作，不仅能利用海尔在本地的知名度替自己扩大宣传，也较好地解决了资金流和信息流的问题。

2.4　亚马逊

2.4.1　简介

1995 年 7 月，亚马逊正式运营，网站上线不到两年就在纳斯达克上市，此后资金充足的亚马逊开始了大规模的市场推广活动。从 2004 年开始亚马逊的盈利能力逐渐变强，并且从单纯的网络零售商开始向多元业务公司转变。2005 年亚马逊推出 Prime 服务，2006 年亚马逊网络服务（Amazon Web Services，AWS）增加云计算服务，2007 年推出电子阅读器 Kindle，2010 年推出 DTP 服务，2011 年推出 Kindle Fire 平板电脑（Pad），亚马逊逐渐从销售的末端环节向产业链上游发展。截至 2014 年 5 月，公司市值达到 1417.46 亿美元。2012 年亚马逊的营收为 480.77 亿美元，2013 年营收在 610 亿美元左右。亚马逊的简要信息如表 2-1 所示。

表 2-1 亚马逊的简要信息

公司名称	亚马逊公司（Amazon）
创始人	Jeff Bezos
成立时间	1995 年
公司总部	西雅图
上市时间	1997 年 5 月
市值情况	1417.46 亿美元（2014 年 5 月 3 日）
员工规模	10.98 万人（2013 年第二季度）
营收规模	610.93 亿美元（2013 年）
用户数	2.09 亿个（美国主站，2013 年第二季度）
重复购买率	65%（美国主站，2011 年）
仓储面积	408 万 m^2（全世界，2011 年）
国家分布	美国、英国、德国、中国等

2.4.2 产品与服务

亚马逊旗下有包括主站在内的 9 个国家网站，而且在不同的细分领域拥有数十个独立网站，种类繁多的产品和服务使亚马逊成为一个多功能的服务公司。各业务之间相互促进，极大地提高了亚马逊的综合竞争实力。亚马逊成立以来，具有战略重要性的产品或服务主要有亚马逊网站联盟（Amazon Associates）、亚马逊第三方平台（Amazon Marketplace）、亚马逊网络服务（Amazon Web Services）、亚马逊 Prime 服务、亚马逊出版（Amazon Publishing）和亚马逊 Kindle 系列产品等，具体如图 2-9 所示。

图 2-9 亚马逊的主要产品和服务

1. 亚马逊网站联盟

1996 年 7 月，一个站长向亚马逊提出在其网站上使用亚马逊产品链接和评论的想法，贝佐斯觉得这种方式将大大促进亚马逊的发展，于是建立亚马逊网站联盟

(Amazon Associates)，邀请各类网站在他们网站上放置亚马逊的产品链接。根据产品的实际成交情况，联盟网站将从亚马逊分到5%～15%的佣金。亚马逊的网站联盟是电子商务行业上的首次尝试，为此，亚马逊申请了网站联盟的专利。1998年，贝佐斯称网站联盟是亚马逊最具创新价值的项目。

亚马逊网站联盟发展十分迅速：1997年9月，联盟网站即超过1.5万家；1998年2月达到2万家；1998年6月突破6万家，8月突破10万家；2000年8月突破50万家。更为重要的是，亚马逊的联盟网站几乎囊括了AOL.com、Yahoo!、Netscape、Excite、the AltaVista Search Service、the @ Home Network、the Prodigy Shopping Network、iVillage等世界最主要的网站。

亚马逊网站联盟对于亚马逊早期的快速发展发挥了十分重要的作用。为提升自身的品牌知名度，亚马逊通过给予高佣金比例吸引各大网站加入其网站联盟。可以说，网站联盟是亚马逊早期迅速发展并建立行业优势最重要的举措之一。随着亚马逊进行国际扩展，网站联盟项目也随之被运用到各大国际站点。2006年11月，亚马逊网站联盟宣布了aStore（商店界面）、Omakase（个性化产品链接）和Product Previews（产品预览）在内的三项新服务，进一步提高了网站联盟的功能。2009年12月，亚马逊宣布和谷歌达成协议，亚马逊网站联盟扩展到博客（Blogger）平台。

2. 亚马逊第三方平台

为了和eBay竞争，亚马逊于1999年3月上线亚马逊拍卖（Amazon Auctions）业务；同年9月，亚马逊发布了zShop服务，将个人拍卖业务扩展至中小商家，允许他们在zShop上开店，展示并出售其商品。2000年11月，亚马逊在拍卖和zShop业务整合的基础上，推出第三方开放平台Marketplace。美国地区运营取得初步成功后，亚马逊陆续将Marketplace业务推向英国、德国、加拿大、法国、日本、中国等站。由于亚马逊的品牌影响力巨大，加上有大量忠实用户，大批第三方商家纷纷入驻。

3. 亚马逊网络服务

和绝大多数电商网站相比，亚马逊更加重视用技术力量来驱动发展，技术也一直是亚马逊最为核心的竞争力之一。早在2001年，亚马逊就开始给其他公司提供技术相关服务，包括2001年给两家著名线下零售商Borders和Target提供网站技术支持和运营服务。2002年7月，亚马逊正式上线AWS，把亚马逊的硬件和软件资源有偿提供给第三方使用。2006年，AWS开始提供云计算服务。到目前为止，AWS提供了包括简单存储服务（S3）、弹性计算云（EC2）、简单数据库（Simple DB）、简单队列服务（SQS）在内的30多种产品或服务，能满足企业各方面的IT技术需求。

4. 亚马逊Prime服务

亚马逊自建仓储物流中心，但在最后的配送环节采用的是第三方快递公司。最初亚马逊采取100美元以上免运费政策；2002年6月下降到49美元免运费，同年8月进一步下降至25美元免运费，并沿用至今。亚马逊的免费配送采用的是Super Saver Shipping，需要5～6天才能送达。为提高用户体验，亚马逊于2005年2月启动针对消费者的Prime服务，用户只要每年交79美元的年费，即可享受亚马逊两个工作日免费送货上门的服务。除了两天免费送达，亚马逊还针对 Prime 用户提供了一系列附加服务，包括 2011 年 2 月增加的 Prime Instant Videos（流媒体服务，免费观看亚马逊的部分电视节目和电影）和 2011 年 11 月增加的 Kindle 电子书借阅服务。2010 年，亚马逊 Prime 还分别针对学生和家长用户群体推出了 Amazon Student 和 Amazon Mom 计划，给予这两类人群更多实惠。Prime 服务对很多用户来说十分实惠，因此这项业务发展得相当不错。

5. 亚马逊出版服务

亚马逊对出版行业有革命性影响的是其数字出版业务。2010 年 1 月，亚马逊发布了自助数字出版平台 Digital Text Platform（DTP），出版社和作者可以通过 DTP 平台发布自己的作品并在亚马逊 Kindle 商店里进行售卖。DTP 最开始支持英语、法语和德语三种文字出版；亚马逊 2011 年 1 月把 DTP 更名为 Kindle Direct Publishing（KDP），西班牙语、葡萄牙语和意大利语等语言文字也逐步受到支持。亚马逊的 KDP 受到广泛欢迎，越来越多的个人出版者选择绕过传统出版社直接用亚马逊的 KDP 出版作品。

6. 亚马逊 Kindle 系列产品

有感于苹果公司凭借 iPod 在数字音乐方面的成功，贝佐斯于 2004 年开始准备制造自己的电子阅读器，期望能在这方面取得成功。他聘请 palmOne 的前硬件工程部门副总裁葛雷格·塞尔（Gregg Zehr）在硅谷设立 Lab126，进行电子阅读器的秘密研制。2007 年 11 月亚马逊推出第一代 Kindle，采用电子墨水并改善了以往电子阅读器的不足之处。2009 年 2 月和 2010 年 7 月，亚马逊分别推出第二代和第三代 Kindle。2011 年 9 月 28 日，亚马逊宣布推出触屏版的 Kindle Touch，同日，亚马逊推出 Kindle Fire，正式进军平板电脑市场。2012 年 9 月 7 日，亚马逊发布新一代电子书 Kindle Paperwhite，同日还发布了 Kindle Fire HD。

2.4.3 盈利模式

1. 店铺租金

对于亚马逊而言，增添 Marketplace 的服务成本并不高，只需要将原有的软、硬件设施开放出来，并且建立一套服务于第三方的信息管理工具。对于商家和个人卖家来说，亚马逊的月租费及交易佣金不高，可以以较小的付出分享亚马逊庞大的用户资源、基础设施以及品牌影响力。亚马逊公开数据显示，2001 年第四季度，亚马逊美国第三方开放平台的订单量就已占到总体订单量的 15%。近年来，亚马逊加大了开放力度，第三方开放平台占亚马逊总体销售的比例在 2011 年达到 36%，预计到 2015 年这一比例有望达到 55%。

2. 网络服务费

AWS 目前覆盖超过 190 个国家和地区，社交网站 Facebook 最流行的 10 款游戏当中，由 AWS 提供支持的游戏达到了 6～8 款，其中就包括 Zynga 和艺电 Playfish。从 AWS 的营收规模来看，2009 年 AWS 为亚马逊带去了约 5 亿美元的营收，2011

年为 7.5 亿美元。2012 年 AWS 营收超过 21 亿美元，预计到 2015 年将接近 40 亿美元。

3. Prime 服务费

数据显示，2009 年亚马逊大约有 200 万 Prime 会员，2011 年增加至约 500 万人。对于亚马逊来说，2011 年 Prime 的营收大约为 4 亿美元，不足其整体营收的 1%。但 Prime 更大的意义在于提高了亚马逊的用户黏性，普通用户成为 Prime 会员后在亚马逊购买商品的频次明显提高，每年在亚马逊上的消费金额也比一般消费者要高很多。而且，Prime 配合 Kindle 提供免费借阅电子书服务，也对 Kindle 产品的销量有正面影响。Prime 服务在美国取得成功后，2007 年 Prime 被推广到亚马逊日本、亚马逊英国和亚马逊德国，2008 年进入亚马逊法国。

4. 出版服务费

截至 2013 年年底，亚马逊电子书店的图书已达 62000 册（包括 6000 多本免费公版图书），而且亚马逊已经和中国 300 多家出版社有合作关系。亚马逊给作者的分成比例是 70%，而且还通过 KDP Select 项目建立基金帮助作者和出版者在 Kindle Owners' Lending Library 发布作品。

5. Kindle 系列营收

Kindle 系列产品十分成功，Kindle 在电子阅读器领域的领先优势明显。虽然并未动摇苹果 iPad 在平板电脑市场中的主导地位，但 Kindle Fire 依然是 iPad 最主要的挑战对手。截止到 2008 年 7 月，第一代 Kindle 就售出 24 万台。此后，亚马逊丰富的数字内容配合低价策略，大幅提升了 Kindle 的销量。金融服务公司摩根士丹利估算亚马逊 Kindle 品牌设备在 2014 年将突破 50 亿美元，到 2015 年达到 55 亿美元。

2.4.4 运营模式

1. 注重用新兴方式进行营销推广

亚马逊很早就把社交因素融入了亚马逊网站，使购买相同产品之间的用户可以在线交流，读者甚至可以在图书商品信息页和作者进行交流。亚马逊还于 1998 年收购了社交类网站 PlanetAll；Facebook 等社交网站流行后，亚马逊积极利用这类平台进行营销，亚马逊是 Facebook 品牌页上最受欢迎的电商企业之一。移动应用兴起后，亚马逊在第一时间开发并发布自己的各类移动应用。

2. 坚持用技术驱动公司发展

亚马逊不仅仅是家网络零售商，同时也是一家技术公司。贝佐斯是技术背景出身，从建立开始就把亚马逊定位为技术公司。贝佐斯多次强调亚马逊的使命是用互联网技术来改造传统零售。从亚马逊的发展历程可以看到，AWS、Kindle 等对亚马逊有战略意义的产品和服务都是重视技术的结果。

首先，亚马逊是世界技术投入最大的电子商务企业，技术一直是亚马逊成本中除仓储物流外最大的一块，其费用率历年都保持在 5% 以上。例如，2013 年前三季度，亚马逊在科技及内容上的投入为 47 亿美元，费用率为 9.6%。

起初亚马逊在技术方面并不强，除了大量招聘优秀技术人员外，亚马逊还通过收购或者投资技术类公司来提高自身技术。1998 年 8 月，亚马逊收购数据挖掘公司 Junglee，提高自己在数据获取方面的能力；1999 年 4 月，亚马逊收购当时唯一的实时拍卖服务软件商 LiveBid. com，为新成立的 Auctions 业务服务；同月还收购了数据监测公司 Alexa。到 2001 年，亚马逊的网站技术已经在电子商务领域领先，很多企业都使用亚马逊的技术来建设自己的购物网站，如著名线下零售商 Borders 和 Target 都在 2001 年选择了亚马逊来建设自己的网站。2003 年亚马逊旗下的技术公司 A9 成立，在网站搜索和在线广告领域为亚马逊提供强大的技术支持。到 2006 年亚马逊进军云计算、2007 年通过 Kindle 进入消费电子产品行业，亚马逊在技术领域的优势已经扩展到更大的领域。

3. 将客户至上贯彻到企业的具体运营

（1）提供最实惠的价格。作为零售商，提供实惠的价格无疑是践行客户至上最重要的举措。受益于美国对电商税收上的优惠政策，亚马逊在价格上相比线下零售店有较大优势，其相同产品一般比线下便宜 15% ~20% 。

（2）日益提高网站体验。如果说实惠的价格是电商企业的共性，那么在提高网站体验方面亚马逊比绝大部分电商网站做得更好。除了比其他网站提供更为丰富的商品种类外，发展早期亚马逊努力比一般电商网站在商品描述上做得更细致：允许负面评论出现在网站上以帮助用户作消费决策；1997 年的一键下单服务（1-Click Ordering）简化了交易流程；2002 年提供书籍内容预览服务（Look inside the Book）；2003 年上线书本内容搜索（Search inside the Book）；2006 年推出搜索推荐（Search Suggestions）等。这些基本均是亚马逊最先使用的，是用于提升网站购物体验的措施。

（3）根据不同人群提供个性化服务。亚马逊力图使自己的服务覆盖不同年龄阶段的人群。例如，早在 1998 年，亚马逊就精选了 10 万本书籍，建立了儿童商店；1999 年亚马逊收购 Exchange，获得它旗下网站 Bibliofind. com 的许多稀有书籍，这满足了部分年长用户的需求；2010 年针对学生和家长用户人群分别推出 Amazon Student 计划和 Amazon Mom 计划；2011 年亚马逊针对 Kindle 学生用户推出了电子教材借阅（Kindle Textbook Rental）服务。正是这些个性化服务，满足了不同人群的需求，使亚马逊成为了各个年龄段用户都首选的购物平台。

问题与讨论

1. 淘宝商城为何更名为“天猫”？
2. 垂直型电子商务企业如何在激烈的竞争中活下来？
3. 亚马逊多元化发展为何会取得成功？

第3章 C2C

3.1 概述

3.1.1 C2C的定义

电子商务出现至今，人们习惯依据参与买卖双方的不同将电子商务区分为B2B、B2C、C2C等。其中，B指的是商家（Business），C则是指普通消费者（Customer）。C2C即Customer to Customer，按照字面上的意思，C2C电子商务就是消费者之间的电子商务模式。也就是说，C2C电子商务即为买卖双方提供一个在线交易平台，而这里的买卖双方都是普通消费者。然而这种定义在实际研究中会遇到一些难题。在一般我们所谓的C2C电子商务网站（如淘宝、eBay等）中，参与买卖的双方并不一定都是普通消费者，他们中有一些也是商家。目前的C2C电子商务网站主要还是为普通消费者提供服务，只是并不强行规定享受服务的只能是普通个人；而B2B和B2C电子商务网站一般会将其所服务的卖方限定为商家而非普通个人。

3.1.2 C2C的特征

通过考察C2C电子商务行业的服务、用户群以及与其他电子商务行业进行对比，可以发现，C2C电子商务主要具有以下一些特征：

1. 为买卖双方进行网上交易，提供信息交流的平台

电子商务将传统的交易搬到了网上，C2C电子商务更是将传统的商业领域从B2B和B2C扩展到了C2C，而C2C电子商务正是为打算上网进行物品买卖的人们提供了一个发布和获取信息的平台。网站允许卖家在其上发布待出售物品的信息，允许买家浏览和查找他人拟出售物品的信息，也允许买卖双方进行交流。电子商务之所以称为电子商务，最根本也是最基础的就是交易中信息交流方式的变化。因此，提供信息交流平台，改变信息交流方式，扩大信息交流范围，是C2C电子商务平台提供的最根本也是最基础的服务。也可以说，C2C电子商务网站提供了将网上交易的双方联系起来的信息服务，其扮演的可以说是类似于传统商务中交易的中介者的角色。

C2C电子商务网站为用户提供信息发布和获取的平台，但这种信息发布和获取并不是单调的。卖家要发布一个待出售商品的信息，可以先在网站上开设一个自己的店铺，然后把商品的信息放在店铺中。而且，卖家也可以在发布信息的页面上增加一些图片甚至动画等，来美化和推销自己的商品。而买家要得到商品的信息，既可以分门别类地进行浏览，也可以通过输入关键词直接检索。此外，在C2C电子商务网站刚刚出现的时候，主要是提供“拍卖”服务，即卖家为待出售的物品设定一个底价，然后由买家在此基础之上进行竞价，最后在规定时间内出价最高的买家获得该物品。然而，现在C2C电子商务网站除了提供物品拍卖服务外，也同时提供一口价买卖（即待出售物品的价格是固定的）、网上商城（即模拟传统的商城，聚集了大量的品牌专卖店）、团购（即多个买家联合起来购买同一件物品）等多种信息服务，以便更全面地满足不同卖家和买家的需求。

2. 为买卖双方进行网上交易，提供一系列配套服务

C2C电子商务为买卖双方进行网上交易提供信息交流平台，但这只是一项最基础的服务。除此之外，C2C电子商务还必须提供一系列配套的服务，才能使交易能够顺利地进行，并且最大限度地发挥网上交易的优势。

众所周知，电子商务中最基本的三个要素是信息流、资金流和物流。C2C电子商务企业提供的信息交流平台解决了信息流的问题，但网上交易成交以后，买方如何付款，卖方又如何将物品送到买方手上呢？实物交易的物品递送问题无法通过网络实现，仍必须借助传统的物流手段。为了降低网上支付的风险，C2C电子商务网站引入了第三方支付平台。引入第三方支付平台的做法可以较大地降低网上支付的风险，但对于参与网上交易的双方而言，都存在一个是否相互信任的问题。目前，C2C电子商务普遍采用的信用评价机制一般是在一次交易结束以后，让参与交易的买卖双方根据对方在交易中的表现对其进行评分，一般评分越高则表示评分者认为对方的信用越好。而从每次交易中累计得到的分数则可以在一定程度上代表该用户的信用程度，因此这一分数也可以作为买卖双方判断对方的信用是否良好的依据。在网上交易的过程中，由于双方无法见面，买方也不能看到卖方出售物品的实物，因此需要就物品本身的情况、价格、交易的种种细节等进行沟通。C2C电子商务又需要为其用户提供便捷的通信工具，一般包括留言、电子信件、聊天工具乃至语音通信工具等。对于不少用户而言，网上交易不仅仅是一种交易，也是一种娱乐。因此，除了买家与卖家之间需要交流以外，卖家与卖家之间、买家与买家之间也有很多经验、教训、心得需要交流与分享。

3. 商品信息多，且商品质量参差不齐

既然有着数量众多的卖家，自然也就有着数量众多的待出售物品。淘宝网曾经的一则广告写道：“只有你想不到的，没有你淘不到的，”形象地表现了C2C电子商务行业商品包罗万象的现状。C2C电子商务行业不仅有人们日常生活用品，如衣服、鞋帽、化妆品、家电、书籍等，也有各种各样的新鲜玩意，如游戏点卡、个人收藏、顶级奢侈品等。由于突破了地域的界限，人们可以享受来自其他城市的特色产品乃至海外的各类商品。此外，商品的质量也是参差不齐：既有全新的，也有二手的；既有正品，也有仿冒的；既有大工厂统一生产的，也有小作坊个人制作的。总之，C2C电子商务行业就像把传统的大商场、特色小店、地摊和跳蚤市场统统融合在了一起，因此商品信息也相当庞杂。

由于商品信息庞杂，按照网络信息组织的一般做法，C2C电子商务网站也提供商品信息的分类浏览和关键字检索功能。例如在分类浏览的时候，一般是先按照商品本身的基本属性分为如男装、女装、数码产品、运动产品、影视书籍等大类。而在小类展开的时候，在仍按照商品的基本属性进行划分的基础上，有时也同时按照品牌、价格等属性进行划分。而在关键字检索的时候，一般是将关键字与商品的名称进行匹配，返回的结果可以按照商品下线时间、价格等进行排序。

4. 交易次数多，但每次交易的成交额较小

和 B2B 完全不一样，C2C 命中注定就是“本小利薄”。数量少、批次多是目前绝大部分中国 C2C 卖家所面临的现实。由于 C2C 电子商务中参加交易的双方尤其是买家往往是个人，其购买的物品往往又都是单件或者少量的，因此和 B2B 的批量购买相比，其每次交易的成交额是比较小的。根据赛迪顾问统计的数据：在我国，B2B 电子商务交易额占电子商务总交易额的 90% 以上，C2C 电子商务交易额只占电子商务总交易额的不到 2%。全球市场也和中国市场类似，B2B 电子商务占据绝对的比例，而 C2C 在交易额上却相形见绌。这充分体现了 C2C 电子商务交易次数多，但每次交易的成交额却较小的特点。

3.1.3 C2C 的现状

当前，我国网络购物市场发展面临的政策环境宽松，市场主体购买力不断增强、消费信心逐渐恢复，技术支撑能力不断提升，网络购物市场发展的潜力巨大。

1. 网购规模不断扩大

截至 2013 年 12 月底，我国网购网民规模达到 3.02 亿人，网购使用率提升至 48.9%。与 2012 年 12 月底相比，2013 年网购网民增长 5987 万人，增长率为 24.7%。

由于我国网民基数庞大，随着新增网民网络使用逐步成熟化，以及网购相关服务不断优化，可以预见的是，我国网购网民数量在未来可能会有较大规模的增长。

图 3-1 显示，2013 年 12 月底，我国网民已达到 6.18 亿人，互联网普及率达到了 45.8%，网民增长进入了稳定增长阶段。

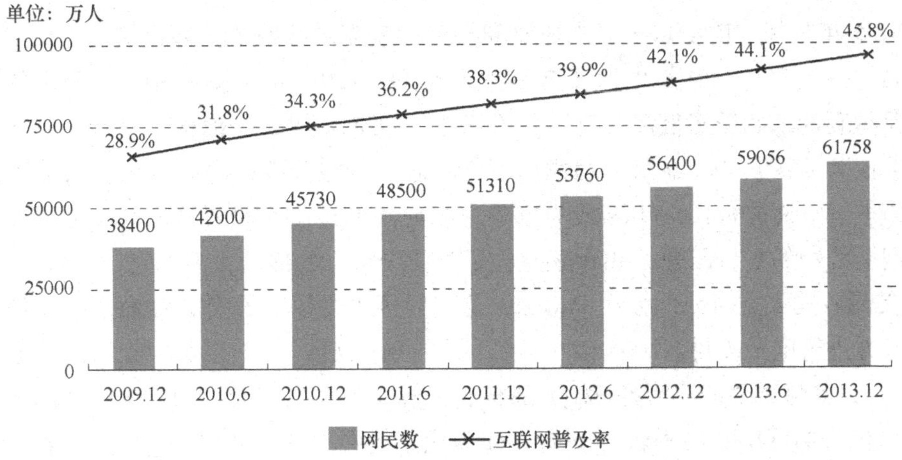

图 3-1 中国网民规模和互联网普及率

2. 网购市场的发展存在地区差异

由于各地经济、社会发展水平存在较大差异，互联网基础设施、电子商务平台、物流和支付等配套服务体系的建设也参差不齐，我国网购市场发展的地区差异十分明显。

根据支付宝2013年全民对账单显示，广东省、浙江省和北京市网上支出金额占全国总量分别达到15.99%、12.17%和9.3%。

按地区来看，2013年网上支出整体呈现“东部腾飞、中西部崛起”的格局。尽管沿海省份依然是网上支出的主力军，但是中西部省份增速要远高于东部沿海地区。

支付宝统计首次公布了2013年网络支付的百强县（市），浙江义乌、江苏昆山、江苏常熟、浙江乐清、福建晋江、浙江苍南、浙江瑞安、浙江慈溪、江苏江阴、江苏吴江这些地区位列百强县（市）前十。其中，义乌的支付宝用户2013年人均网上支出超过4万元，全国县级市中排名第一。除义乌之外，人均网上支付达两三万元的县（市）比比皆是。

从公布来看，网络支付百强县（市）主要集中在浙江、江苏和福建三省。其中，排在首位的义乌支付宝用户年支出金额总数达182.7亿元，超过排名第二的昆山市两倍，排名第三的常熟市为75.4亿元。

3. 国内C2C市场竞争现状

我国C2C市场上，淘宝集市地位依旧稳固，截至2013年6月淘宝集市占整个C2C市场的95.1%。拍拍网占4.7%，易趣网占0.2%。毫无疑问，淘宝在C2C领域的领先地位暂时还不能够撼动。尽管拍拍网曾经有着业界最快的成长速度和强劲的发展势头，但是和淘宝相比，拍拍网在市场份额上的差距是非常明显的。

3.2 eBay

3.2.1 基本情况

1995年9月，皮埃尔·奥米迪亚和杰夫·斯克尔开办了首家提供网上拍卖服务的网站——拍卖网。拍卖网1996年成立了公司，1997年更名为eBay。eBay从一开始就是盈利的，并受到很多风险投资的青睐。1998年年初，梅格·惠特曼取代了奥米迪亚成为CEO。当年9月公司成功上市。通过全国范围的广告宣传和与美国在线在网络电视方面的合作，eBay成为家喻户晓的网上拍卖交易社区品牌。为了更好地解决网上购物的支付问题，eBay还建立了类似于银行的部门，为此它在2002年花费15亿美元收购了支付处理公司PayPal，这使得买主得以对没有条件设立商业信用账户的卖方进行电子支付。2005年9月12日，eBay又斥资41亿美元收购网络电话公司Skype，其最重要的原因是Skype的核心价值在于它拥有庞大的用户社区。现在以eBay为代表的网络交易平台、以PayPal为代表的网上支付和以Skype为代表的通信服务构成了eBay的三大业务部门。在物流方面，eBay和UPS、JPS等物流公司合作，向其用户提供一个“Shipping Center”的服务。在此，用户可以快速地计算出物品从一个地方快递到另一个地方所需的费用，还可以直接打印快递单，然后快递公司会在用户指定的时间到用户指定的地点来收取包裹。这样用户足不出户就可以完成物品的递送。此外，eBay 还收购了提供比较购物服务的 www. shopping. com 和提供公寓租赁服务的 www. rent. com 等网站。

图 3-2 所示为 eBay 首页，供参考。

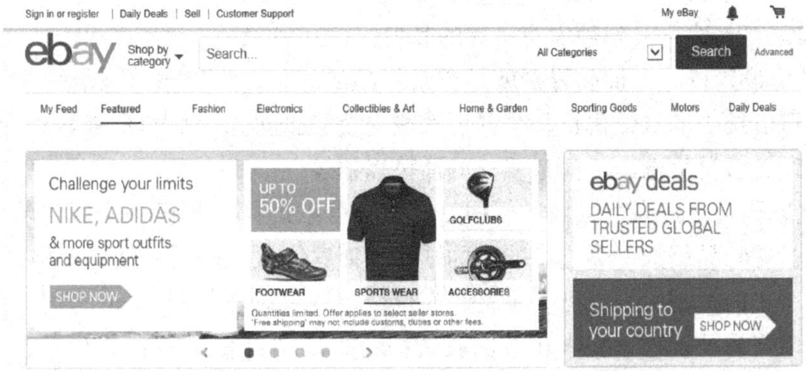

图 3-2 eBay 首页

3.2.2 产品与服务

目前，eBay 的收入主要来自其三大业务部门：交易平台、网上支付和通信服务。根据 eBay 网站的财务数据。其收入中绝大部分来自于其交易平台业务（约 70.6%），也就是其最核心的 C2C 业务。此外，还有部分收入来自与 C2C 业务直接相关的网上支付业务（约 24.5%）和通信服务业务（约 3.996%）。下面分别对来自这三大业务的收入作进一步的分析。

1. 交易平台

交易平台作为 eBay 最核心的业务，其收入也是 eBay 最主要的收入来源。交易平台的收入主要来自对交易平台各项服务的收费。eBay 有一套完整的收费体系，具体收费项目如下：

① 商品登录费：如果要在 eBay 上发布一个待售的物品，则必须交纳商品登录费。商品登录费是基于物品的定价或拍卖起价制定的。

② 商品成交费：如果发布的商品成功出售，那么卖家还需向 eBay 交纳商品成交费。这一费用是按商品最低成交价格和售出件数计算的。

③ 交易服务费：这一费用主要针对在 eBay Motors 上出售车辆的人。一旦有人出价不低于商品底价，则不管商品售出与否，商品的所有者都需要支付交易服务费。不过，在支付了交易服务费以后，在商品售出时就不需再支付其他费用了。

④ 店铺费：作为 eBay 上店铺的拥有者，每月需要根据店铺的等级向 eBay 支付一定的费用。在 eBay 上开设店铺后，可以用其他形式陈列商品，即店铺存货的形

式。用这种形式陈列商品，可以获得更长的陈列时间和较低的商品登录费。

⑤ 分类广告费：当卖家使用分类广告的方式在 eBay 上发布一个物品时，就需要交纳分类广告的商品登录费。

⑥ 陈列改良费：如果想让物品陈列形式更好或被陈列更长的时间，卖家可以支付相应的陈列改良费来达到目的。

⑦ 图片服务费：eBay 提供多图片上传、图片预览、展示大图等多种图片服务，这些服务要收费。

⑧ 卖家工具费：对各种卖家工具的收费。

⑨ 底价设置费：底价设置费就是登录物品的时候，可以选择设置一个底价，也就是卖家可以接受的最低售价，当最后的成交金额低于这个底价的时候，交易无效。这个底价设置费是可选的，而且成交的话可以退还。

⑩ 立即购买费：为了尽快出售物品，卖家可以选择为其设一个固定价格，或者给在线拍卖的物品添加一个立即购买的选项，而这样做就需要交纳立即购买费。

上面所述的费用中，商品登录费和底价设置费可以看作对 eBay 为网上出售物品的用户提供交易平台这一基本服务的收费；商品成交费和交易服务费有点类似于传统的中介费用，而 eBay 在网上交易中也确实扮演着一个中介者的角色；店铺费则类似于传统的店铺租用费用；至于分类广告费、陈列改良费、图片服务费、卖家工具费、立即购买费等，都是可选择的费用，可以将其统统归纳为“特色功能费”，即对网站提供的一些增值服务的收费。

2. 网上支付

在 eBay 网站上，使用 PayPal 的用户还需支付相应的费用，这可以看作 eBay 对交易平台的配套服务——网上支付服务所收取的费用。这些费用是通过用户的 PayPal 账户来收取的，而不是通过 eBay 账户。PayPal 费用虽然也和交易密切相关，但它又是相对独立的。PayPal 作为 eBay 旗下的公司，成立于 1998 年，致力于使拥有电子邮件地址的任何个人或企业能够安全、便捷、迅速地在线收款和付款。PayPal 目前在全球范围内拥有 1 亿个用户。在全球约 190 个国家或地区，eBay 买家和卖家、在线零售商、在线商家以及传统的线下商家，都在使用 PayPal 进行交易。也就是说，PayPal 除了为 eBay 的用户提供网上支付服务以外，也为其他在线零售商、在线商家乃至传统的线下商家提供相关的服务。

在收费方面，使用 PayPal 账户进行开户、付款和充值都是免费的。不过，要提现，进行 PayPal 余额即时转账或 PayPal 电子支票付款，接受信用卡、借记卡付款，以及多币种交易，则需支付相应的费用。根据服务的不同，收取的费用从服务金额的 1.9% 到 4.996% 不等。此外，PayPal 根据用户的不同将其账户区分为个人账户和高级/企业账户，有些服务只能高级/企业账户才能享用。另外，在收取的费用方面两者也会有所区别。

3. 通信服务

除了交易平台和网上支付以外，eBay 还有一部分收入来自 Skype 的通信服务。

当初，eBay 收购 Skype 一方面是看重了其拥有大量的用户，另一方面也是为了利用 Skype 提供的网络电话服务，让买卖双方能通过在线语音电话或视频电话互相联系，以弥补使用电子邮件沟通的不足。Skype 成立于 2003 年，致力于提供网络通信服务。使用 Skype 软件，用户可以与全球各地的人交谈，聆听语音、观看视频、使用文字交流等。和 PayPal 类似，Skype 既为 eBay 的用户提供服务，也为非 eBay 的用户提供服务。在收费方面，Skype 提供的功能包括和其他 Skype 用户通话、Skype 视频电话、一对一和团体文字聊天、多达 9 人的电话会议以及来电转接至其他 Skype 用户名。

3.2.3 运营模式

1. 发现并满足了用户的需求

从根本上讲，eBay 的成功在于它发现了用户的需求，并提供了用户所需的服务。其实，需求一直是存在的：有一部分人拥有闲置的物品，而另一部分人希望买到物美价廉的物品。如果有人能为双方提供一个信息发布和交流的平台，他们便能够将各自的需求转化成交易。eBay 正是看到了这一点，首先提出了网络拍卖的概念，并将这一想法付诸实践。由于 C2C 网站满足了人们出售或购买闲置物品的需求，那么人们自然就会聚集到 C2C 网站上来。而对于一个网站，有用户就意味着有盈利的可能。

2. 良好的用户体验与完善的配套服务

除了在服务本身上不断完善以外，eBay 也非常注重提供良好的用户体验与完善的配套服务。尤其是对于 C2C 电子商务而言，信用问题和支付问题是两大瓶颈。在信用方面，eBay 建立了一套较为完善的信用体系来保证交易的顺利进行，并且其自身的品牌优势也在一定程度上为其用户树立了信心。在支付方面，eBay 更是不惜花费 15 亿美元收购了支付处理公司 PayPal，以便使买主对没有条件设立商业信用账户的卖方进行电子支付。除此之外，eBay 对于社区的发展也相当重视，在 2005 年 9 月斥资 41 亿美元收购了拥有庞大用户社区的网络电话公司 Skype。提供完善的配套服务不仅能够吸引新用户并提高老用户的忠诚度，而且这些配套服务本身还可以转化为利润的来源。

综上所述，eBay 首先是考虑到了其为用户提供的价值，然后采取了以向用户收取服务费用为主的商业模式。其次，增加配套服务，并通过对这些配套服务收费来增加收入，使得其商业模式更为丰富。而这一模式能够取得成功还得益于国外用户具有付费的意愿与能力，以及 eBay 可以依靠其良好的用户体验与完善的配套服务而领先于其众多的竞争对手。

3.2.4 盈利模式

综上所述，可以将 eBay 的收入来源归纳如表 3-1 所示。

表 3-1 eBay 收入来源

<table>
<tr><th colspan="2">eBay 收入来源</th><th colspan="2">总占比收入</th></tr>
<tr><td rowspan="4">集市</td><td>登录费</td><td>包括商品登录费和底价设置费，是发布一件物品所需支付的费用</td><td rowspan="4">53%</td></tr>
<tr><td>交易费</td><td>包括商品成交费、交易服务费</td></tr>
<tr><td>店铺费</td><td>开设店铺需要交纳的基本费用</td></tr>
<tr><td>特色功能费</td><td>包括分类广告费、陈列改良费、图片服务费、卖家工具费、立即购买费等一系列可选费用</td></tr>
<tr><td colspan="3">PayPal 在线支付</td><td>40%</td></tr>
<tr><td colspan="3">GSI 服务</td><td>7%</td></tr>
</table>

可以看出，eBay 的收入来源可以分为三个部分：集市（Market Place）、PayPal 在线支付、GSI 服务。在集市中，又可分为必须交纳的登录费、交易费、店铺费等基本服务费用和可以选择的特色功能费这种增值服务费用。不难看出，eBay 的商业模式思路基本上就是对使用其服务的用户进行收费。根据前面对于其商业模式的分析，eBay 所提供的服务就是其创造的价值，而使用这种服务的用户就是价值的享受者，因此 eBay 自然而然地想到从这些用户身上寻求利润。而为了将这种潜在的盈利可能变为现实，eBay 选择了直截了当地对用户进行收费。在收费的时候，eBay 对其提供的服务，或者说价值，进行了进一步的细分，然后分别对其收取一定的费用。用户只要使用了一项服务，就必须支付相应的费用。至于配套服务，盈利思路与交易平台其实是类似的，选择使用这些配套服务的用户就需要为其支付相应的费用。总体来说，eBay 的商业模式可以概括为以直接向用户收取交易平台服务费用为主，以提供配套服务并收取相应费用为辅。

3.2.5 资本模式

2012 年 7 月 23 日，eBay 宣布，将通过公开发行债券的形式来融资 30 亿美元。

3.3 淘宝网

3.3.1 基本情况

淘宝网（www.taobao.com）于 2003 年 5 月 10 日成立，由马云旗下的 B2B 平台阿里巴巴投资创办。其基本架构与美国的 eBay 和日本的乐天市场相同，是虚拟商店街和商品拍卖的业务组合。目前，淘宝网已成为亚洲最大的网络零售商务圈之一。淘宝网提倡诚信、活跃、快速的网络交易文化，致力于营造和倡导互帮互助、轻松活泼的家庭式氛围。目前，淘宝网已成为广大网民网上创业和以商会友的首选。

3.3.2 产品与服务

1. 交易平台

从提供的服务上看，和所有C2C电子商务网站一样，淘宝最基础的服务是提供一个交易平台。这个平台允许卖家在上面开设店铺、发布待出售的物品信息，也允许买家浏览和查找物品信息，并出价购买。除此之外，淘宝也提供一些配套服务，这些配套服务主要可以分为网上支付、诚信安全和即时通信三大方面。

2. 支付宝

在网络购物交易中，无论对买家或卖家而言，在交易中钱货两空的情况是其最为担心的，能否找到诚信的第三方作为中间人，来确保交易的顺利完成？基于这样的需求，支付宝应运而生。

支付宝是阿里巴巴针对线上交易而特别推出的第三方支付平台，专门提供安全付款服务，其运作的实质是以支付宝为信用中介，在买家确认收到商品前，由支付宝替买卖双方暂时保管支付费用的一种增值服务，它是淘宝网安全网络交易的核心保障。目前，支付宝已经和国内外180多家银行及VISA、Masten Card国际组织等机构合作，成为金融机构在电子支付领域最为信任的合作伙伴。截至2012年12月底，支付宝用户数突破8亿大关，日交易额峰值超过200亿元人民币，日交易笔数峰值达到1亿零580万笔。

3. 淘宝旺旺

在买卖双方无法当面交易的情况下，有效的沟通方法就显得特别重要。如何详细介绍商品的情况，充分表达买卖双方的交易条件，处理解决交易过程的各项疑问，淘宝旺旺这个通信工具就是为了满足这些要求而诞生的。它不仅可以使用计算机屏幕及时显示双方对话内容，也可以通过传声器、耳机、摄像头进行声音、图像等更加直观的交流，弥补无法当面交易的各项短处。该通信工具成为淘宝网成功的关键因素之一，也可为日后处理买卖纠纷提供部分历史记录。

4. 安全体系

为了创造一个较为安全可靠的交易环境，淘宝网制定了相应的规范、制度，并采取了许多行之有效的措施，如进行身份认证、设立网络安全部、提供在线免费杀毒服务、采用数字证书、提供免费短信提醒等。此外，淘宝网的安全中心会对客户的账户进行即时的安全检查，根据账户的资金情况进行安全评估，并给出相应的安全设置建议。

5. 信用评价体系

买家如何放心地购买商品，找什么样的卖家购买，在买卖双方几乎不可能见面且所售商品表面看来似乎接近一致的情况下，查看卖家历史信用记录就显得更加重要了。信用等级越高的会员，其商品成交的概率也就越高，所售商品的超额利润也更容易体现。目前，淘宝网已建立了由双方反馈打分的多级信用评价体系。淘宝网还保证“你敢用，我就敢赔”，向顾客提供了很多拍品的质量保证，有人专门处理买家和卖家交易中发生的纠纷问题。他们都是各种商品领域的行家，对于买家和卖家提供的图片和说明看一眼，大概就知道其中的问题所在。比如说现在交易中投诉比较多的是手机交易中的水货问题，淘宝网处理手机交易纠纷的就是很多行家，他们基本知道各种品牌的手机在中国的水货情况，从图片上就可以大致知道一部手机是不是水货。对于2‰~3‰的必须要赔付的纠纷的情况，如果买卖双方有足够的证据证明，卖家的货发出时没有问题而到了买家手里时就出现了问题的时候，则支付宝将赔给卖家所有的货款，而把买家的钱退还到他的账户上。事实上，淘宝网在运行中，对赔付金额的估计值远大于现在实际的赔付值，真正做到了“花小钱，赢大市场”。

3.3.3 运营模式

淘宝网作为线上的第三方平台，连接了平台两端的卖家和买家，通过不断改版适应卖家需求，为买家提供安全、快捷的购物环境，积累了巨量的客户，已然成为网络购物的代名词。

1. 不断改版适应卖家需求

淘宝网每年都会根据运营数据优化网站，不断适应卖家的新需求。其中2013年的改版，是淘宝网史上最大幅度的改版。改版之后SNS（社会性网络服务）特征凸显，为淘宝网卖家的推广运营提供了极大的便利。其一是淘宝网官方会放宽诸多限制，从规则的制定者转变为社交网络中连接卖家和买家的平台，卖家获得更多自主权，卖家和买家之间的联系更为紧密。其二是卖家营销手段多元化，渠道更丰富。随着淘宝网卖家数量暴增，而流量增长已十分有限，广告位价格一再上涨。改版之后，SNS业务为卖家提供了宽广的运营平台，卖家可以尝试各种有创意的营销方式，如自制视频。其三是淘宝网将对卖家彻底开放数据，更有助于指导卖家的销售策略。此前卖家只能从淘宝方面获得基本数据，如多少消费者购买了商品、转化率是多少。未来阶段，卖家会看到进入自己店铺消费者的详细信息，例如，可以看到没有购买商品的消费者是在哪个环节流失的，哪种商品获得了消费者最多的关注等消费者具体的行为轨迹。

2. 为买家提供安全、快捷的购物环境

目前淘宝网上有约900万个卖家，为买家提供了海量的产品。并且随着支付宝、阿里旺旺的推出，信用评价体系、正品保障体系的构建，淘宝网已经成为安全、快捷的购物场所。

3.3.4 盈利模式

1. 通过网络广告收入盈利

网络广告，即利用网站上的广告横幅、文本链接、多媒体的方法，在互联网刊登或发布广告。与传统的四大传播媒体（报纸、杂志、电视、广播）广告及近来备受垂青的户外广告相比，网络广告具有得天独厚的优势。广告收入是淘宝网一个最主要的盈利模式。淘宝网自2007年7月正式启动网络广告业务，2013年第二季度的广告规模增幅达到46.1%。据统计，2013 年淘宝网作为广告媒体以 56.1 亿元的广告收入排名第二，仅次于百度。淘宝网将各种广告形式混合使用，从中获取利润，还向广告客户推出了增值的服务计划，包括品牌推广、市场研究、消费者研究、社区活动等。

2. 通过收取增值服务费盈利

C2C 网站为买卖双方交易提供互联网平台，卖家可以在网站上登出其想出售商品的信息，买家可以从中选择并购买自己需要的物品。与有形产品不同，C2C 网站提供电子商务服务这种无形产品，既不直接参与交易活动，也不提供物流配送、售后服务等传统商家的市场功能，而是通过增值服务费来实现高额利润。在考虑了网民的本土化特征之后，淘宝网绕开了备受关注的常规性费用，例如用户成交费、开店费、商品登录费和店铺月租费等，另辟蹊径，主要针对卖家提出，如提供有偿橱窗推荐位、店铺装饰工具、网店管理服务、付费广告等来实现盈利。增值项目收费为淘宝网盈利的一个新的增长点，但为了维持客户人数，淘宝网仍不敢贸然提高收费标准来获取更大利润。

3.3.5 资本模式

根据有限的信息来源判断，在淘宝网的发展过程中，有三次主要的资金投入，相应地，其股权结构也主要经过了三个发展阶段。

第一阶段：开曼群岛注册的阿里巴巴公司（以下简称“阿里巴巴”）和蔡崇信在我国香港注册淘宝中国控股有限公司（以下简称“香港淘宝”）。香港淘宝法定股本面值为 50000000 港元，已发行的股本面值为 7800000 港元，发行股份数目为 7800000 股，阿里巴巴持有 7799999 股，蔡崇信持有 1 股。香港淘宝的公司董事为蔡崇信和卢觉威，出身台湾的蔡崇信任阿里巴巴 CFO，卢觉威 2000～2005 年担任阿里巴巴集团财务副总裁。

第二阶段：在开曼群岛注册淘宝控股有限公司（以下简称“开曼淘宝”），作为软银进入淘宝的投资客体。蔡崇信将其持有的 1 股香港淘宝股票转让给阿里巴巴，之后阿里巴巴将其持有的香港淘宝股票转为开曼淘宝股票。根据 8-K 文件 TBSPA 协议，软银及软银全资子公司 SB TB Holding Limited 持有 4500000 股开曼淘宝股票。

第三阶段：通过 8-K 文件 TBSPA 协议，雅虎从软银及软银全资子公司 SB TB Holding Limited 购入 4500000 股开曼淘宝股票，并接着在 SPCA 协议下，将从软银及软银全资子公司 SB TB Holding Limited 受让的 4500000 股开曼淘宝股票全部转让给阿里巴巴。受让雅虎的开曼淘宝股票后，阿里巴巴全资控制开曼淘宝，进而全资控制香港淘宝。

问题与讨论

1. 大家平时都用过哪些 C2C 网站？为什么这样选择？
2. 淘宝如何成功成为 C2C 领域第一品牌？
3. C2C 未来的发展方向是什么？

第4章 O2O

4.1 概述

O2O，即 Online to Offline，是指线上营销、线上购买带动线下经营和线下消费的商务模式，从线上到线下，让更广泛的实体店分享线上汹涌的客流，同时又让在线顾客以更实惠的价格享有线下商品和服务。O2O 是继 B2B、B2C 等成功的电子商务模式之后，第一个全面将线上虚拟经济与线下实体店面经营相融合的商务模式，也是移动互联网技术发展扩散到人们日常生活中的必然结果。

O2O 在我国电子商务发展中并不新鲜，是历史较悠久的电子商务模式之一。在 O2O 电子商务发展过程中，携程旅行网就是其中的代表之一。携程旅行网成立于1999 年，2003 年 12 月在美国纳斯达克上市，携程旅行网让 O2O 模式成为中国最早的上市概念。甚至可以说，纳斯达克是先认识了中国的 O2O，后知道中国的电子商务。

在我国，O2O 电子商务模式最普遍的是团购模式。团购模式作为一种新兴的电子商务模式，通过消费者自行组团、专业团购网站、商家组织团购等形式，提升用户与商家的议价能力，并极大程度地获得商品让利，引起消费者及业内厂商，甚至是资本市场的关注。

2010 年 3 月中国第一家团购网站——“美团网”上线，在以后的半年里，国内涌现出近千家团购网站的“跟随者”，它们不仅在品牌 LOGO、页面设计、营销模式等方面步调统一，甚至犯的错误都如出一辙。除此之外，原有的老牌互联网公司也推出了团购服务，如新浪、搜狐、腾讯等，全球又一次掀起了互联网的“克隆”之潮，而被“克隆”的对象正是这些网站的鼻祖美国团购网。

中国电子商务研究中心（100EC. CN）、领团网、中国诚信网络团购联盟联合发布的《2013 年（上）中国网络团购市场数据监测报告》显示，2013 上半年，团购市场（含团购平台）成交规模达到了 238. 98 亿元（见图 4-1），同比增长 63%。与 2012 年下半年的 202. 31 亿元相比，环比增加 18%。团购已经成为一种成熟的现代 O2O 消费模式。

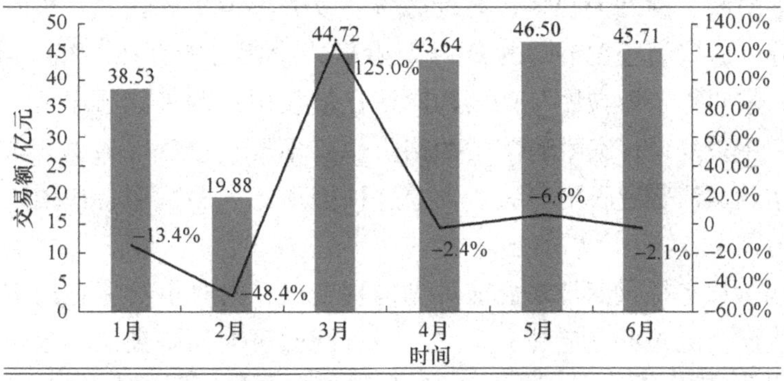

图4-1 2013年1~6月全国团购交易额

4.2 O2O模式分析

4.2.1 O2O模式分类

按照基本销售类型划分，可将O2O划分为交易型销售（即成本领先竞争战略）与顾问型销售（即差异化竞争战略）。

1. 交易型销售模式

这种模式的典型范例为团购。国内迅速发展的O2O模式中，Groupon网络团购较为突出，具有代表性。团购从竞争战略上可以归类为成本领先型，是一种以打价格战为主的商业模式，其突出的优势体现在交易型销售中的打折销售上，适合当前国内行业中间环节不透明、存在暴利的领域。团购型的O2O通过打折、提供信息、服务预订等方式，把线下商店的消息推送给互联网用户，组织其抱团采购，从而将他们转换为线下顾客。交易型销售有两个特点：第一，产品同质化，要抱团采购，产品就不能差异太大；第二，价格几乎是交易的唯一焦点。这在团购中都充分体现出来。

交易型O2O销售模式最大的制约因素是，市场一旦度过粗放期，利润就失去保障。因此它只适合存在暴利的粗放市场。

2. 顾问型O2O销售模式

顾问型销售与交易型销售相反，它考虑的核心不是成本，而是利润。顾问型销售的法则包括：产品或服务与竞争产品有所差别；产品或服务按客户需要细分或定制；客户对产品或服务如何提供解决方案或增加价值并不是完全了解；产品或服务要让人感到以客户为中心；产品或服务的较高成本可以被证明是合理的。

4.2.2 O2O模式存在的问题

1. 诚信问题

团购网站暴露出的诚信问题层出不穷，如卷款走人、网上货品描述与实际不符、线上诱人线下限制、额外消费多、高标底价、发表虚假折扣信息、服务注水、退换货比较困难等。这些问题在不同的O2O经营模式中都可能存在。2011年9月26日媒体报道，一家叫作“欧拉团”的团购网站在接收用户购买款项之后，迟迟不给用户发货，最后用户发现这家团购网站的网页也打不开，售后电话也无法拨通，突然之间这家网站就从消费者眼中消失了。像这种携款走人的案例，在团购网站中并不鲜见。

O2O可以为服务提供商带来立即可见的现金流，同时也给了它们进行暗箱操作的空间。这些现金流并不一定是安全的。O2O网站可能面临被黑客攻击的风险，即使对于服务提供商本身，面对现金流的诱惑，也难保它们不会做出违法违规的行为来。

2. 商家资质问题

拥有大量优质商家资源是O2O经营者的巨大优势，但是有时候为了获得商家资源，O2O经营者会降低对商家的资质审核，造成很多损害消费者利益的不良后果。一位姓张的女士向媒体曝光了一件离奇事件，她在团购网站上看到自己喜欢的一款手机，价格诱人，于是迅速购买。然后收到货物之后她傻了眼，打开之后，竟然是一款他人用过的化妆品。当然，一些知名的团购网站也会曝出商家资质的问题。在某团购网上，一家名为济南品墨摄影工作室的商家推出28元团购摄影写真套餐，有消费者购买之后，找到这个商家拍摄完照片，但是到取照片的时候，这个商家却没了踪影。

造成以上一些问题，固然是因为团购网站对商家资质审核不够严格，更重要还在于其对于O2O经营模式理解不到位。有些团购网站为了提升用户数量，扩大经营领域，不断在全国扩张，结果是能够为消费者提供更多的产品或服务，但却无法保证这些产品质量和服务的质量。O2O本身是非常强调本地化经营的商业模式，在某个区域内做精做透，这样才能长久地维持客户。对于O2O用户来说，他们需要的并不是远距离的物品输送，而是在近距离内线下商店的购物或服务体验。如果O2O经营者无法把握住这一点，就一定会在经营中发生策略上的失误。

3. 创新能力不足

O2O的盈利模式相对清晰，但是也容易造成发展模式的千篇一律。团购网站就是典型案例。国内很多团购网站的发展是一哄而上，小本经营，用相同的模式圈钱，最后造成所谓“千团大战”，同质化竞争太过严重，以至于团购行业的冬天提前到来。而国外在O2O的经营模式上相对多元化，如提供房屋短租、社会化租车、定制化服务等多元化的服务，而且在盈利模式上也非常灵活，有面向用户收费的，也有面向商家收费的，更有通过广告来收费的。根据具体的情况因地制宜地确定经营策略，才能够共生共存，互利共赢。

在经营思路上，O2O经营者也不能仅仅锁定低价路线，而是应当借助自身的媒体优势，帮助商家挖掘一些增值业务。很多商家并不是没有推出多元化的业务体系，但是因为宣传不到位，这些服务没有获得用户。此时，O2O经营者就可以同商家协力合作进行多元化业务的开发。

4.2.3 O2O的发展趋势

随着互联网用户的不断增加，电子商务迅猛发展，O2O这种商业模式也展现出非常好的发展前景。一方面，像看电影、旅游、美容休闲这类体验服务永远都不可能由商家打包发给用户，必须由用户到专门的场所进行，可以说，只要人们有这些需求，O2O就能一直存在并发展。另一方面，现代移动通信技术和计算机网络技术的快速发展，使O2O与其他模式相结合，衍生出多种多样的商业模式。

1. O2O + LBS模式的发展趋势

随着我国3G网络部署提速的完成和GPS手机的大力推广，用户对位置服务的认知度不断提高，中国位置服务的发展环境趋于良性。3G甚至4G时代的到来，巨大的市场需求极大地推动着中国LBS（Location Based Service，基于位置的服务）市场的发展。现在国内的LBS服务商也开始了O2O + LBS通道的摸索，更多的创新模式实现价值落地。在第二届中国切客大会暨全国LBS应用论坛上，切客网开创了以手机支付带动“O2O + LBS”的身边电子商务模式。该模式打通了线上与线下的消费环节（O2O），用户在线上完成交易，在线下进行消费。切客网试图以优惠券、团购的形式促销，力图使商家、供应商、服务商三方同时获利。

2. O2O + SoLoMo模式的发展趋势

SoLoMo是由So（Social，社交）、Lo（Local，本地位置）、Mo（Mobile，移动网络）构成的模式。“So”毫无疑问是当下乃至未来的潮流，而“Lo”和“Mo”也将在“So”的大平台下获得快速发展。

从创新模式来看，“O2O + SoLoMo”很可能成为未来网商抢滩线下市场的最佳着力点。创新工场前CEO李开复十分看好SoLoMo模式，他认为，人口稠密的大城市是“SoLoMo”的最佳舞台，“SoLoMo”加上“O2O”将改变零售和服务业的未来。虽然目前“O2O + SoLoMo”尚未践行出一个全新的产业巨人，但它重塑了本地化服务的商业形态，商家获得用户的方式从线下变到了线上，并且比传统CRM方式更有效。

4.2.4 O2O电子商务模式前景展望

传统电子商务卖的是实物，但O2O卖的却是服务。O2O模式中线上线下资源的转化只是一种形式，O2O真正代表的价值是做本地生活服务电子商务。比如团购是O2O，帮助线下商户完成了线上销售，但团购只是一个营销方式，真正本质服务的是本地生活服务商家，其实这也是O2O真正本质所在。O2O未来要服务的是线下所有商户，这才是O2O本质。

目前，O2O行业正处于一个发展机遇期，一方面是美国多家O2O企业成功上市及国内O2O企业TTG在澳大利亚上市，为中国O2O行业起到了极好的借鉴作用，并给予了行业参与者及投资者对行业前景的信心；另一方面，国家对服务业的扶持能够为 O2O 行业的发展提供良好的政策基础，同时中国互联网对于实体经济的影响与渗透不断加深，而 O2O 具有连接线上线下的天然特征，将成为互联网渗透实体经济的下一个重点。

因此，O2O 这个框架里面所包容的各种商业模式，将会在未来数年内持续不断地改变用户消费习惯，改变用户生活方式，最后必将创造出一个新的蓝海市场。

4.3 聚划算

4.3.1 概述

1. 聚划算介绍

聚划算网是阿里巴巴集团旗下的团购网站，是国内最大的团购网站之一。2011 年 2 月 23 日上午，淘宝网在其开放战略发布会上宣布，此前专注于网络商品团购的“聚划算”重心将调整为线下区域化的团购，正式加入“千团大战”，和拉手、美团、满座、高朋等公司直接竞争。2011 年 10 月 20 日，阿里巴巴集团将淘宝网旗下团购平台聚划算拆分，聚划算以公司化的形式独立运营，而这是继淘宝 2011 年 6 月一拆为三后的业务结构调整。

2011 年 12 月 28 日，聚划算对外公布，2011 年团购交易额突破 100 亿元，帮助千万聚友节省超过 110 亿元；同时，宣布了 2012 年开放战略，将全面开放聚划算的千万活跃用户、1200 万次日独立访问流量以及来自阿里巴巴集团旗下阿里金融的 6 亿元贷款和风投联盟的 6 亿元资金，并在当天正式启用独立域名 juhuasuan. com。阿里巴巴集团聚划算事业群宣布，2012 年聚划算团购数据显示，其全年交易额达到了 207. 5 亿元，是 2011 年的 2. 03 倍，占据团购行业半壁江山，日客户访问峰值突破 1600 万次，日均客户访问（日均 UV）达 800 万次。同时宣布启动 C2B 战略，推出定制产品平台——聚定制，将在家电、家居、旅游、电信等行业发力，未来通过聚定制平台聚合需求，使消费者买到个性化的商品。

聚划算页面设计样式与其他的团购站点基本相似，均是使用 SNS 社交网络进行推销。但淘宝聚划算的团购时间较长，而且聚划算的团购内容也并非单一的一日一团，而是一日多款。聚划算的商品主要由淘宝网的大卖家和品牌商提供，聚划算并不负责资金流和物流，用户在“聚划算”下订单之后，把费用直接支付给商品的卖家，再由商家直接对下单客户负责，淘宝网并不从“聚划算”获得任何费用。

聚划算要求集市店必须是五钻以上消保旺铺，如果店铺是化妆品店铺，则必须要加入假一赔三，且要求好评率 >98%；如果是商城店，必须是店铺综合动态评分 4. 5 分及以上，“宝贝与描述相符”项 4. 5 分及以上。同时，要求店铺不得处在处罚期，不得涉嫌信用或交易炒作；店铺有较强运营能力，承诺遵守聚划算活动卖家服务规则。

聚划算对产品的要求是单个报名宝贝的数量在 1000 件及以上；报名团购价需是

非盈利性体验价，需在同等商品中达到最大限度的低折扣，报名团购价根据类目不同有不同的折扣要求；宝贝一个月内销售记录需在10个及以上。目前，聚划算已形成多个地区、多个频道的格局，如图4-2所示。

图4-2　淘宝聚划算首页

2. 聚划算发展历程

2010年3月22日，淘宝聚划算平台上线开团。

2010年10月18日，聚划算推出本地化服务，首个地方站上海站试运行。

2011年2月23日，聚划算本地化服务发布全国合作计划。

2011年5月27日，聚划算夜场开团。

2011年6月11日，新疆哈密市哈密瓜开团，拉开原产地农副产品团购序幕。

2011年7月14日，澳门豆捞，国内首个本地化团购1000万元大单诞生。

2011年10月20日，阿里巴巴集团宣布旗下团购平台聚划算分拆，聚划算正式独立运营。

2011年12月28日，发布2012开放战略，2011年交易额破100亿元，帮助1083万人节省了110.5亿元。

2013年1月5日，启动C2B（消费者驱动）战略，推出大规模定制产品平台——聚定制。

4.3.2　聚划算模式特征分析

1. 活动品牌化

聚划算在将活动品牌化的同时，推出了独立域名，用户在记住聚划算的同时还记住了这个域名。通过域名，客户就能时时刻刻登入活动页面，使活动有了非常强的延续性。聚划算日均UV已经突破800万次，其中50%以上的流量都是直接通过输入域名进入。而且，这一积累还在增长，过不了多久，页面流量就能超越任何一种直接推广（首页焦点图等广告资源）所能达到的最大流量，这就是品牌的重要作用。

2. 营销SNS化

聚划算本质是团购活动，团购只不过是一种促销手段，如果仅仅是这样，则很可能回到“秒杀”的老路。当聚划算引入了SNS的推广以后，就蜕变成了一种营销模式。

SNS的特点就是好友给好友推广信息，有了一个聚划算的忠实用户以后，就会连带将这个用户的购买信息传递个他周边的朋友。同样，在一个团没有满团之前，这些用户也会通过拉动周边的朋友参团，以满足团购的条件。如此连带效应，只有SNS的平台才可以实现。

通过SNS的运用，活动的传播效率被极大地开发，购买转化效果被极大提高。

3. 品质保障化

以往一个活动几十件商品都是由一个运营小二单独执行。因此，活动本身仅仅是商品挑选，商品品质无法保证。而聚划算采用团长负责制，一个运营小二只负责一个团，一个团仅三件商品。因此，在活动运营的过程中，团长还有时间和卖家洽谈商品选择，让卖家寄商品样品，指导活动准备工作提高服务质量等。如此下来，聚划算的推荐商品品质有保障，口碑的积累效果会越来越明显，达到临界点后，呈急剧爆发的趋势。

4. 活动良性化

以往参加秒杀活动，最让卖家纠结的就是不知道是否会亏本。造成这种情况最主要的原因就在于，活动本身的形象塑造所吸引的用户人群。“秒杀”所吸引的是对“价格低廉的某一件商品”感兴趣的人群。用户状态是抱着捡便宜的心理，碰一碰运气，秒到就走，不便宜不买。用户人气质量、消费能力都值得商榷。

而聚划算一直以来塑造的形象是“某一类高性价比的商品”。精准营销吸引的是想要购买某一类商品的人，而活动本身的商品并不是一味低价。经过长时间的积累，聚划算的人群是相对高端的。在团购的时候，通常会连带购买店铺里的其他商品。

4.3.3 聚划算模式成功因素分析

聚划算创造了高流量、高曝光率、高转化率以及极强的广告效应，它究竟是怎样出奇制胜的呢？

1. 嫁接淘宝网平台

聚划算嫁接在淘宝网平台上，而淘宝网平台提供庞大的用户资源和团购商户。聚划算利用淘宝网的流量，获取流量和人气的成本极低，这给了聚划算成功的基础。淘宝网拥有大量的客户流量，越来越多访问淘宝网的人开始被聚划算吸引。

2. 实物团购和线下区域性团购并举

聚划算实现了实物团购和线下区域性团购并举，从而取得了不错的收益。依托淘宝网商户，聚划算有大规模开展实物团购的天然优势。聚划算网罗了丰富的商品品类，涵盖无区域性的实物商品，而实物团购能够迅速冲高团购网站的毛利和销售额。而相比之下，其他团购网站主要提供的是线下区域性团购，即城市生活服务类，而较少涉及无区域性的实物团购，这就限制了它们的收入增长。聚划算借实物团购获得忠诚客户，再扩展到线下区域性团购，收入增长自然水到渠成。

3. 成熟的信用机制和支付机制

聚划算依托淘宝网成熟的信用机制和支付机制，使得消费者后顾无忧。支付系统和信用系统正是大量团购网站所遇到的难题之一。团购网站被投诉最多的就是诚信问题，而聚划算可以利用淘宝网多年积累成熟的信用体系、保证金制度和交易争议解决机制，而这些都已被网民广泛接受。聚划算规划推出“消费者全程保障计划”，包括严格的商家认证、参团保证金、第三方质检、入仓发货体系、神秘客户抽检和商品价格监控体系，重新定义团购行业的服务标准，更给消费者吃了定心丸。

4. 商家推销平台

卖家将聚划算视作推销平台，目标不在赚钱，因此定价低，这给消费者带来了其他团购网站不能给的实惠。很多商家参与聚划算主要的目的是为短时间内迅速增加店铺流量和曝光度，而不是依靠团购单品赚钱，因此能够单品定价非常低，甚至亏本销售。聚划算从某种意义上说更像是一种广告媒介，淘宝网卖家通过聚划算集聚人气，短时间内增加流量，一次成功的聚划算带来远远不止一次的流量，商家更看重的是后续买家的关注并进行二次消费。参加聚划算一般都能让商家的宝贝加入到爆款的行列，在宝贝搜索页里也能第一时间搜到该店铺。在接下来的时间内商家的宝贝与店铺都会增加曝光率。

4.3.4 未来发展趋势

聚划算团购活动直接为企业邀约消费者，通过赋予消费者一定的利益，让消费者自发地投入企业的营销实践中，帮助企业完成客户开发和商品销售。这种新型消费合作的交易方式，不仅能给交易的各方带来经济利益，同时借助网络的力量，还为消费者与消费者之间及消费者和厂家之间创造了更好的沟通平台，既能满足消费者之间的信息索取需求，也便于厂家和消费者直接接触，加深对市场的了解，降低调研成本，制定出有针对性的营销措施。

但是，这种全新的消费模式，相当于淘宝网与众多消费者签下了数千种生活服务产品的契约，产品质量、产品服务、商家信誉，任何一个环节都有可能出现问题。而此时，消费者的心理预期更高，性价比要求更高，服务要求更好。稍有差池，消费者就可以利用网络快速投诉并传播负面口碑。因此，聚划算在拥有超级人气的同时，在运营能力，尤其是线下执行力方面所承受的压力也越来越大。

2012 年 12 月 4 日，阿里巴巴集团旗下聚划算事业群与窝窝商城、满座网联合宣布，窝窝和满座在“淘宝生活”开设店铺，并将城市生活服务接入“聚划算”。这是继高朋网、千品网之后，更多独立团购网站决定投奔聚划算。目前，这种整合趋势越来越明显，大量的团购网站会依靠聚划算的品牌和流量，来为自己带来生意。因此，聚划算已经发展成为多种团购网站融合的团购平台，而且未来这个平台会发展得越来越成熟。

4.4 拉手网

4.4.1 拉手网概述

1. 拉手网介绍

2010年3月18日，拉手网（首页如图4-3所示）在北京正式上线，是全球首家团购与位置服务相结合的社会化网站，目前也是中国最大的团购网站之一，开通服务的城市超过500座，是国内第一个获得风险投资的团购网站。

拉手网全球首创了“一日多团”模式，推出了基于LBS的创新产品“午餐秒杀”，基于无线技术的“拉手秒杀”，是中国团购行业公认的领军企业。拉手网积极创新，开通了酒店频道、化妆品频道。同时拉手网扩大呼叫中心、建立同城物流、自建实体体验店等做法，更是极大地提高了用户满意度。

拉手网每天会推出一款超低价精品团购，使参加团购的用户以极具诱惑力的折扣价格享受优质服务。拉手网推出的这些超低价精品团购，有强烈的地域性。拉手网凭借其强大的市场拓展团队，在中国一线城市如北京、上海、广州、深圳和500多座二、三线城市，不断发掘优质的、符合当地品味的餐饮娱乐商家。

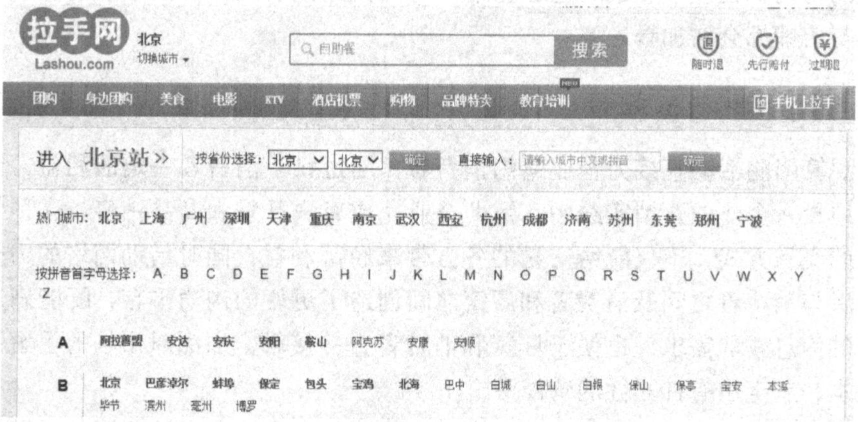

图4-3 拉手网首页

2. 拉手网的发展历程

2010年3月18日拉手网北京站开通。

2010年4月22日获“泰山天使”A轮投资。

2010年5月14日拉手网获欧洲投资。

2010年6月4日收购西安团乐乐。

2010年8月3日首推个性化团购。

2010年9月15日拉手网推一日多团。

2010年11月2日拉手网推团购2.0模式。

2010年11月24日拉手活动上线，再创团购新模式。

2010 年 12 月 18 日酒店团购频道上线。

2010 年 12 月 29 日化妆品团购频道上线。

2011 年 10 月 29 日向 SEC（美国证券交易委员会）提交了 IPO 招股书，计划在纳斯达克上市募集 1 亿美元。

2011 年 12 月 25 日拉手加（拉手 + ）频道上线。

2012 年 6 月 20 日拉手网撤销 IPO 上市。

4.4.2　拉手网的盈利模式

如今的网站想单纯依靠流量、广告来盈利已经非常困难，网站必须要有自己清晰的商业模式才能发展壮大，也才有核心价值。拉手网的盈利核心在于收取商户高达 30% ~50% 的交易佣金，回款周期为两个月，即网上团购活动结束当天结算 1/3，一个月后结算 1/3，两个月收结算剩余的 1/3，如此能迅速回笼资金。人多折扣大，商家都会提出这样的“团体优惠”的概念，在行业淡季，很多商家愿意通过折扣来笼络客人。基于这样的想法，拉手网立足于城市的本地化消费信息挖掘，充分调动了当地消费者的需求，也满足了商户的需要。拉手网的盈利模式包括以下几个方面：

1. 商品直销

以“团购”的名义直接在网站上登录商品信息进行销售，网站上的货源既可以是自己组织进货，也可以和一些商家进行合作代销，这样可以通过直销的形式获得商品销售利润。商品直销是网站运作中实现基本盈利的一种传统方式。

2. 活动回扣

网站作为商家与买家的中间桥梁，组织有共同需求的买家向商家集体采购，事后商家向网站支付利润回报，这就是生活中常见的“回扣”形式。团购商品小到生活用品，大到电器、建材、装修、汽车、房产等，如果成功组织一个大型采购团，如买车团、买房团，仅一次活动的商家利润回报小到上万元、大到十几万元甚至更多。现在一些大型团购网站都有千人团购会或万人团购会，这种大规模的采购产生的利润回报之大可想而知。

3. 商家展会

网站可以不定期举办商家展览交流会，商家可以借此机会进行新产品的推广、试用，可以面对面与客户交流、接受咨询与订单，并借此了解客户的需求与建议。网站向商家收取展位费获得收益。

4. 广告服务

拉手网网站除了具有区域性特征外，它的受众一般都是具备消费和购买能力、欲购买的人群，对于商家来说定位精准、目标明确，成本低廉，故必将成为商家广告宣传的最佳平台。这样，商家通过支付固定的广告费给拉手网、不仅能够提升知名度，还可以获得更多的客户。

5. 会员制度

“VIP 会员”是用来凸显用户“尊贵身份”的常见方式，在年轻人，特别是学生人群中非常受欢迎。拉手网通过发放会员卡的形式来让用户提升“身份”，网站可以为持卡会员提供更低廉的商品价格、更贴心的服务，可以让持卡会员直接在合作的商家实体店铺进行“团购”。这样，拉手网通过会员卡在团购企业所掌握的商户资源中进行折扣消费。

6. 分站加盟

加盟的形式对于实体店还有团购网都是很好的运营模式。当网站发展到一定程度、具有一定影响力时，获得加盟费的同时也扩大了自身规模的影响力，无形中增加了网站的项目招商机会。这样，可以提供授权给加盟者成立分站，为加盟者提供网络平台、运作经验、共享网站品牌等。

7. 线下活动

不定期的线下活动不仅是一种盈利的好方式，更拉近了与会员的距离，增加了满意度和忠诚度，提升了品牌的价值。

4.4.3 经营模式

1. G+F 创新模式

所谓 G+F，是指 Groupon+Foursquare，实际上是指传统团购加地理位置服务。拉手网在开始团购业务时就已经开发了多款基于 iPhone 和 GPhone 的移动互联网应用，比如“拉手离线地图”“开心生活”和“拉手四方”。拉手网推出的第二版也是通过团购签约商家的优惠券去刺激大家使用 LBS。要给签到用户像团购注册用户一样的实惠，没有实际回馈的签到很难留住用户。这种判断来自于对拉手网主要用户群体的了解，他们大部分是较高收入的高端白领。到目前为止，拉手网已经开发出了 iPhone、iPad、Andriod、WAP 和 Win8 客户端软件，为移动团购提供了更大的便利。

2. 一日多团模式

拉手网于2010年9月15日凌晨全面升级，采取一日多团的新模式，在同一天的主页面中向用户推出多款团购活动。

拉手网这一动作不仅再次突破了国内团购行业之前一成不变的商业模式，更是跳出了对团购网站鼻祖 Groupon 的一味模仿，自成一体，首创了一日多团的新型团购模式。这是拉手网自成立以来，第二次向传统的团购模式发起挑战。

目前，拉手网无论是从公司规模、商业模式还是服务质量方面来说，都名列团购行业的前列。拉手网首创的这种一日多团的全新商业模式，已经被用户接受并且得到业内人士的认可。

4.4.4 拉手网存在的问题

现在，团购网站还存在着很多问题，拉手网作为中国的最大团购网站之一，也或多或少存在以下问题：

1. 用户忠诚度不高

对于团购，国内的消费者更多的是奔着商品的低折扣而来的，消费一次即离开，如果另外一个网站有更低的价格，那么用户就会很轻易地背叛。他们并不能成为商家眼中希望长期拥有的“回头客”。这也成为了国内团购网站无法回避的伤痛。因此，由于团购网站进入门槛低，盈利周期短，盈利速度快，不少创业者纷纷淘金这个看似前景无限的领域。这必然招致大量的创业者投身团购网行业，这也必将导致激烈的竞争。所以，虽然各大团购网站的访问量大幅增加，但是销售量并没有大幅增加，更不会提升用户的忠诚度。用户忠诚度不高一直是各大团购网站面对的一个共同难题。

2. 推广方式单一

拉手网的推广方式比较单一，过多依赖广告，用名人代言来扩大影响力，提升品牌知名度，从地铁、公交到电视，拉手网广告铺天盖地。从 2011 年 2 月开始，拉手网投放了价值约 5 亿元的广告，并不惜重资邀请名人作为广告主角，登陆中央电视台做广告。这自然会给网站刷出高流量，但是这种地毯式轰炸的广告投放，投入产出比并不高。虽然拉手网的广告占据了电视、公交、户外和互联网等各大媒体，但除了培养用户团购习惯外，自身实力并未因广告获得足够提升。

3. 客户服务水平不足

团购网站的售后服务是相当重要的，售后服务的好坏直接影响到口碑和客户黏性，拉手网目前还没有建立起足够席位的呼叫中心。用户有时反映客服电话几乎打不通，即使打通，到选择按键的时候就自动断掉了，导致售后的很多问题无法及时解决，严重影响了网站的口碑和用户的忠诚度。

4. 人才流失严重

拉手网虽然员工规模已达数千人，但其管理存在一些问题，典型的是核心圈子把持着所有要害部门，而各地一线团队——这些为拉手网创造最大业绩的人员，既在薪酬上毫无竞争力，同时在情感上也缺乏归属感。2011 年 5 月中旬，拉手网爆出集体出走的事件。2012 年，先后有拉手网副总裁宋黎明、拉手网公关总监杰雯离职，这对管理层震动很大，对拉手网的打击非常沉重。

5. 实物配送问题

拉手网的上线产品以服务类商品为主，但是也有很多实物类商品，这类团购会涉及商品配送环节。拉手网遭到客户投诉的 50% 是来自物流环节。客户的投诉主要集中在发货慢、包装不规范、包装破损等方面。虽然商品是由不同的供应商提供，但是消费者直接面对的是拉手网的购物平台，所以物流环节出现的问题将直接影响拉手网的诚信值。

4.4.5 拉手网的应对措施

1. 提升消费者忠诚度

基于电子商务的产品类团购模式想象空间非常大，此时如何整合商户资源、完善用户服务体验，以引导消费趋势、加强用户眼球指数是团购网站需要关注的。

拉手网可以通过创新团购模式、建立点评中心、提供针对性商品、提高用户体验等方面来提升消费者的忠诚度。

2. 充分利用导航网站和社交网络

单纯用投放广告的方式进行推广，不仅投入巨大，也不能实现吸引大量用户和提高销售量的目的。利用导航网站平台和社交网络进行推广，是目前比较好的推广方法。一方面，可以购买团购导航平台的推荐链接进行推广，它不仅能够稳定增加用户群，而且能够降低网站运营推广的成本。另一方面，可以通过社交网络如微博、开心网、人人网、天涯社区等，利用社交网站的传播信息模式，快速地把团购网站的信息及时地在广大的受众中传播，以达到吸引更多潜在用户的目的。

3. 提高售后服务水平

团购网站的售后服务是相当重要的，售后服务的好坏直接影响到网站的口碑和客户忠诚度，因此，可以通过建立网络呼叫中心来挽回客户，这对增强用户体验起着至关重要的作用。努力提升客服人员的服务水平、业务能力和素质，做到真正为用户解决问题，而不是推诿拖延。同时，要建立完善的线下服务中心。在实体服务中心，消费者还可以进行现场投诉，网站可以更直接地面对用户，更好地了解用户的需求，从而提升自身的服务品质。

4. 培养并留住人才

团购作为新兴产业仍然处于急速扩张阶段，繁荣背后却是更多不确定因素。员工更看中团购网站和整个团购行业的发展前景，更关心是在这能学到什么，能实现多大的个人价值。拉手网应该创造条件让所有有志于加盟本企业的人才都能得到系统的培训。通过深入学习行业知识，提升专业技能，从而真正把握住团购服务的本质，进而承担起对用户和商家双向负责的责任。另外，要建立起具有竞争力的薪酬和期权制度。对于大多数一般员工，利益驱动其努力工作仍然是非常重要的因素。

5. 建立完整的物流体系

团购网站的物流环节需要相当高的管理水平和信息网络质量，大多数传统物流业在这方面能力还显得不足。物流是实物类团购的支点，没有完善的物流体系做保障，即便商品再有诱惑力，团购网站的有形商品交易也很难实现良性发展。拉手网可以采取自建物流加第三方物流的方式来减少物流带来的问题。可以在团购活动比较集中的一线城市建立自己的仓储中心。在团购活动开始前，将商品集中发到网站的仓储中心，到团购活动开始后，就可以按时分批发货，有效地保证供货的时效性。网站还可以与有实力的第三方物流公司合作，借助第三方物流公司强大的物流网络和各地的仓储将服务延展至二三级城市，满足不同地域消费者的需求。

4.5 美团网

4.5.1 美团网概述

1. 美团网介绍

美团网作为最早一批团购网站的代表，由王兴创办。美团网每天推出一单精品消费，包括餐厅、酒吧、KTV、SPA、美发店等，其服务范围已扩展至全国多个省市（其首页见图4-4）。

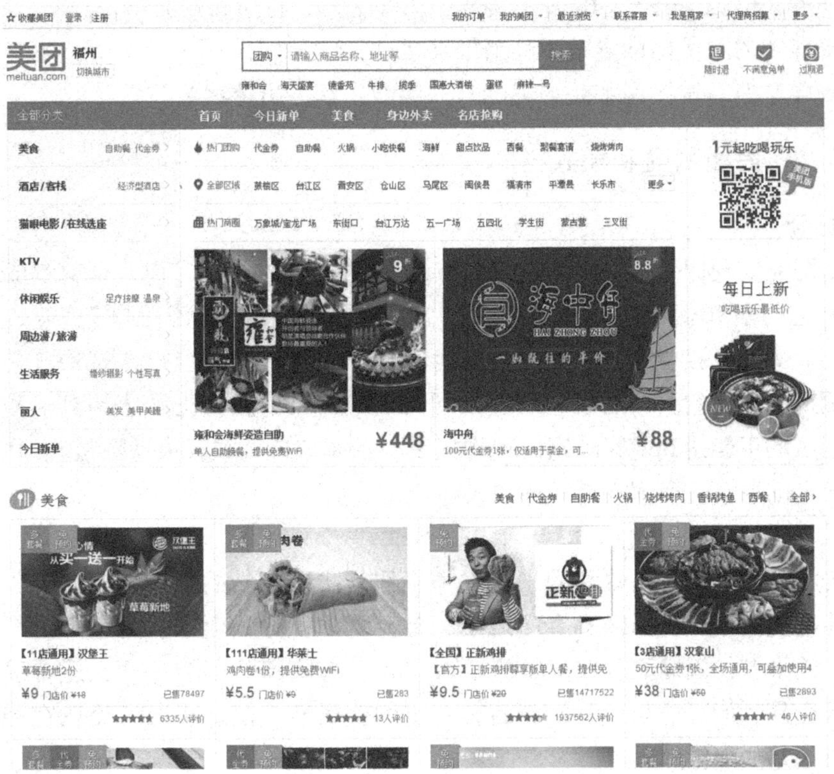

图4-4　美团网首页

美团网作为国内第一批模仿Groupon模式的团购网站，定位于独立的第三方的团购组织者，通过团购网站发布相关团购产品信息。美团网服务群体是消费者和商家，对于消费者，美团网提出：美团网每天帮您推荐一种优质的本地生活服务；美团网的推荐一定物超所值，美团网同时致力于帮助消费者发现最好玩、最新鲜的生活方式；美团网为您提供最满意、最快乐的团购乐趣。对于商家：24小时独占式宣传、推广结果完全量化、口碑效应快速传播、无须向美团网支付任何营销宣传费用，美团网将为您带来数量可观的直接消费者，并以新客户为主。

美团网宣布，2012年的全年销售额超过了55亿元。这个数据不仅在团购行业遥遥领先，而且还创造了中国商业史上的奇迹，在此之前，还没有任何一家公司在成立不足三年的情况下实现55亿元的销售额。

2. 美团网发展历程

2010年3月，饭否创始人王兴重出江湖创建团购网站美团网。

2010年5月，美团网开通上海站。

2010年7月，创立4个月后，美团已拥有20多万个会员，并成为国内领先的团购网站。

2010 年 8 月，美团网广州站上线，日访问人数超过 10 万。美团网开通广州站，这是继北京、上海、武汉、西安之后，第五个成功上线的美团分站。

2011 年 12 月，美团网 11 月销售额超 2.5 亿元，稳居团购业第一。

2012 年 4 月，美团网宣布 3 月销售额超过 3 亿元。

2013 年 7 月，美团网荣获“移动互联网新生活杰出贡献奖”。

4.5.2 美团网盈利模式

1. 佣金

美团网能实现佣金模式完全是靠其庞大的团购群体规模，而非高交易费。美团网为商家进行折扣促销后，只收取一定比例的销售佣金（新用户 2.5%，老用户 1.2%），商家愿意接受这样的费率，因为考虑到在其他媒体上投入费用宣传有可能收不到预期的宣传效果，而通过与美团网的合作，可以直接把顾客请到店里来，且如果促销活动不能达到商家既定的购物数量（需要宣传的顾客最低数量），团购促销活动就会自动取消，商家没有任何的风险。

2. 广告收入

广告收入一直是网站盈利的来源之一，作为团购网站的美团网，广告收入也是其盈利的来源之一。美团网具有高流量、多会员的优势，商家认为它是一个非常好的广告投放平台，因而愿意在美团网上做广告。有些商品可能并不太适合以团购的方式进行交易，但可能与团购的商品有一定的关联性，把这些商品投放在美团网上也能获得很好的促销效果。

3. 售会员卡

持卡会员可以享受更低廉的商品价格和更贴心的服务，甚至能够实现个性化的定制。目前，美团网发售会员卡的收入还不太多，它最主要的功能是能吸引更多的买家，有利于商品交易量的快速增长。

4. 抽取差价

抽取差价是指网站以高出商家提供的商品价格出售商品，赚取差价。美团网对商品进行一定幅度的提价，这样可以赚取丰厚的利润。当然，提价会使客流量有一定的减少，需要进行权衡。

4.5.3 美团网运营模式

美团网每天推出一个折扣足够低的精品团购项目，限时限量，过期不候。网站只是搭建起一个平台，充当中介的作用，把有意购买低价打折物品的人们召集到一起组成一个团购队伍，当这个队伍的人数达到最低限度时，则可成功进行团购，享受最低价格购买商品。美团网赚取的是团购过程中的成交费，因为美团网是按效果收费的，每增加一个购买人，就能获得一份佣金。如果人数没有达到最低限度，则此次团购失败，款项会退回到消费者账户，消费者不用承担任何风险。而商家则当作体验了一把免费的网络推广。

4.5.4 美团网面临的挑战

1. 行业失信的拖累

团购自2010年进入中国以来就负面影响不断，先后有不少团购网站因为抽奖作假、卖假冒产品、拖欠商家款等原因而被迫出局。客观地说，美团网在保障消费者利益方面较大多数团购网站要强，包括2011年3月提出“过期退”和2012年7月推出“随时退”，这在消费者当中积累了良好的信誉。但仍有很多消费者因为团购行业的负面问题而抛弃团购，美团购也难以幸免。

2. 转型O2O之困

团购行业由于负面新闻和消息太多而被大量消费者所抛弃，大多数的团购网站寻求O2O转型之路，试图去掉“团购”这个略带负面的词汇。美团网也不例外，也在向O2O转型。但美团网除了更换域名之外，和其他团购网站相似，在消费者当中已经很难摆脱团购的标签。

3. 竞争对手的挑战

在团购格局中，美团网已经占据了一定的市场地位，但竞争者仍然不可小视。例如，大众点评网具有十多年的本地生活服务经验，积累了大量的商家和客户资源，在消费决策入口方面保持着优势地位。而且，2011年4月和2012年8月大众点评网以10亿美元估值分别融资1亿美元和6000万美元。尽管美团网在团购业务上销售额领先，但在企业估值上仍然比不上大众点评网。

4. 上市受制于团购模式

2013年美团网实现了160亿元的交易额，但从营业收入的角度看量级依很小。因为当前中国团购行业的毛利率较低，160亿元的交易额去掉“随时退”和“过期退”，按10%估算，美团网2013年的营收入约在16亿元左右。2012年，美国团购鼻祖Groupon营收达到了23.3亿美元。与Groupon的营收相比，美团网仍有很大的差距。目前，美团网依然处在交易额大营收小的尴尬境地。在团购重拾资本市场信心之前，美团网的上市前景也能言乐观。

5. 电子商务巨头的挑战

目前，美团网放出2015年实现销售额千亿元、2020年实现销售额万亿元的目标。美团网确实有成为下一个淘宝网的可能，但难度很大，理想与现实之间存在着巨大的鸿沟。因为，美团网要实现千亿元甚至万亿元目标，必须走平台而不是自营的路线，而如果走的是平台路线，这就要和逐步发力生活服务的淘宝网、腾讯微信、百度地图等巨头形成最直接的竞争。无论从品牌知名度还是资金资源，与淘宝网、腾讯微信、百度地图等巨头来比，美团网都处于劣势地位。

问题与讨论

1. 上网查询最新的团购网站排名，对前三名进行优势比较。
2. 目前的O2O有哪些创新做法?
3. 搜集资料，尝试以某一个团购网站为分析对象，做一份案例分析报告。

中　篇

不同信息服务的电子商务案例分析

第5章 门户网站

5.1 概述

5.1.1 门户网站的定义及发展

1. 门户网站的定义

门户网站目前没有一个权威的定义。微软公司网站上的专业术语字典将其定义为：一定范围内的网络信息入口。为了吸引使用者重复到访，门户网站会整合各方面的服务与资源，如新闻、体育、娱乐、天气、商业、旅游、公告栏、聊天室以及搜索等。百科名片的解释为：门户网站是指通向某类综合性互联网信息资源并提供有关信息服务的应用系统。

门户网站的概念最早起源于互联网商业中的ICP（Internet Content Provider，即互联网内容提供商），是指在互联网上进行信息收集、加工并向其用户或访问者发布的公司。在国际上，门户网站仅包括如ZDNET、CNET等的网络公司，它们拥有自己的专业记者、专栏作家等进行采访和在线发布内容。然而在我国，ICP被定义为除ISP（Internet Service Provider，网络接入服务提供商）以外从事其他网络服务的公司统称。在本书中，我们进一步特指综合门户网站，即指主要提供新闻、搜索引擎、聊天室、免费邮箱、影音资讯、电子商务、网络社区、网络游戏、免费网页等服务的网站。在中国，典型的综合门户网站有新浪、网易、腾讯和搜狐等。

2. 门户网站的发展过程

回顾互联网的发展，当前的门户网站主要经历了两个阶段，我们称之为Web1.0时代和Web2.0时代。从时间段上看，2003年以前称为Web1.0时代，自2003年以后称为Web2.0时代。

Web1.0时代的典型特征是网站工作人员贡献内容，更被大家形象地称为“内容为王”的时代，国外典型门户网站如Yahoo、AOL，国内如网易、搜狐、新浪。

随着2000年互联网泡沫的破灭，门户网站“内容为王”的时代也走到了尽头，各大门户网站积极探索新的发展之路。2004年3月，Tim O’Reilly等技术精英在讨论因特网发展趋势时，以列举方式对一系列极富创新的互联网新应用进行概括，提出了Web2.0的概念，包括博客、维基、RSS、网摘、Tag等，互联网迎来了重要的一次变革。门户网站正是紧紧抓住这一契机，积极布局Web2.0，使原来被动接受信息的普通网民也变成了互联网内容的积极创作者。Web 2.0给每一个有任何些许创意的人以平台，并通过活跃的反馈激活人的思维，激发网民的创造热情，从而使网民成为了这一互联网时代的真正主体。

互联网的发展往往让人震惊，在 Web2.0 有待进一步深入发展的今天，Web3.0 正逐渐被业界所重视。关于 Web3.0 目前并没有一个统一的认识，但从根本上来说，Web 3.0 的最大价值在于提供基于不同市场需求的过滤器，也就是解决最优化信息聚合的问题，从而实现个性化信息服务的高效性、精准性。

5.1.2 门户网站的盈利模式

参阅我国各大门户网站历年财报，门户网站的盈利模式已经从单一走向多元化，其当前主要的盈利模式包括：网络广告、网络游戏、信息内容收费、服务功能收费、其他盈利模式。

1. 网络广告

网络广告的收费方式主要有 CPM、CPC、CPA、CPR、CPP、包月等方式。CPM（千人成本）指的是广告投放过程中，听到或者看到某广告的每一人平均分担到多少广告成本。传统媒介多采用这种计价方式。而网上广告，CPM 取决于“印象”尺度，通常理解为一个人的眼睛在一段固定的时间内注视一个广告的次数。比如，一个广告横幅的单价是 1 元/CPM 的话，意味着每一千人次看到这个横幅就收 1 元。CPC（每点击成本）以每点击一次计费，这样的方法加上点击率限制可以加强作弊的难度，但有很多网站不愿意做这样的广告。CPA（每行动成本）计价方式是指按广告投放实际效果，即按回应的有效问卷或订单来计费。CPR（每回应成本）以浏览者的每一个回应计费。这种广告计费充分体现了网络广告“及时反应、直接互动、准确记录”的特点，但是，对于那些实际只要亮出名字就已经有一半满足的品牌广告要求，大概所有的网站都会给予拒绝。CPP（每购买成本），只有在网络用户点击旗帜广告并进行在线交易后，才按销售笔数付给广告站点费用。包月方式是按照“一个月多少钱”这种固定收费模式来收费，很多国内网站采用这样的方式。

2. 网络游戏

“网络游戏”也就是人们一般所指的“在线游戏”，是通过互联网进行、可以多人同时参与的计算机游戏，通过人与人之间的互动达到交流、娱乐和休闲的目的。网络游戏不仅是目前互联网收入最强劲的模式之一，即使在门户网站这一特定领域也大放异彩。其主要的盈利方式包括：按时间收费；按道具收费。

3. 信息内容收费

信息内容收费主要包括三个方面：新闻和信息内容打包向其他网站或媒体销售；用户付费方能浏览指定内容；用户付费进行数据库查询。

4. 服务功能收费

服务功能收费是指门户网站通过提供特定功能进行收费，常见的收费项目为 VIP 邮箱。

5. 其他盈利模式

除了上述几类盈利模式外，其他常见的如门户主页搜索竞价、移动增值业务等。

移动增值服务也称为SP业务，主要是通过互联网与电信、移动等通信行业的结合，提供短信、彩铃、信息支持等服务。2000年网络经济泡沫破灭时，它曾经是中国互联网的救命稻草。

5.2 新浪网

5.2.1 网站概述

新浪公司当前由门户网站新浪网（sina.com）、移动门户手机新浪网（sina.cn）和社交媒体新浪微博（weibo.com）组成。

新浪网通过旗下多家地区性网站提供针对当地用户的特色专业内容，并提供一系列增值服务。手机新浪网为WAP用户提供来自新浪门户的定制信息和娱乐内容。新浪微博是基于开放平台架构的寄存自生和第三方应用的社交媒体，提供微博和社交网络服务，帮助用户随时随地与任何人联系和分享信息。

新浪通过上述主营业务及其他业务线向广大用户提供包括移动增值服务（MVAS）、网络视频、音乐流媒体、网络游戏、相册、博客、电子邮件、分类信息、收费服务、电子商务和企业服务在内的一系列服务。新浪凭借其优质的服务，自成立以来深受广大网民的欢迎和社会各界的高度认可。在全球范围内注册用户超过2.8亿个，日浏览量超过9亿次。

5.2.2 商业模式

1. 战略目标

新浪网作为中国第一门户网站，但长期以来却股权分散，其战略目标由于“掌舵人”的几经易变而饱受质疑。2009年9月28日，新浪创始人曹国伟和新浪管理层通过MBO（管理层收购）这一举措实现新浪管理层对公司的控制性持股，至此，新浪十年来的“无主”状态宣告结束，曹国伟也顺理成章成为掌门人，其战略目标也被清晰地确定为：在未来十年缔造一个跨平台的、多媒体的平台，所谓跨平台就是跨PC互联网、手机和电视终端。

2. 产品与服务

（1）业务频道。新浪网拥有一系列形式和内容均具有特色的频道。新浪最受欢迎的频道包括：体育频道（包括国内足球、国际足球、NBA、综合体育等重头栏目）、汽车频道（提供最新的汽车新闻和服务资讯）、财经频道（即时捕捉与传达资本市场最新资讯，提供全球各地主要交易所的股票报价以及上市公司突发新闻和市场趋势分析，拥有丰富的个人理财专栏）、娱乐频道（第一时间报道娱乐圈重大新闻事件）、新闻中心（与国内外上千家主流媒体合作，用户可轻松获得多个来源对即时新闻的报道和不同观点)、科技频道（第一时间追踪全球各大高科技公司资讯信息和前沿技术动态)、新浪数码（对各类数码产品进行深度评论，并提供产品搜索和软件下载服务)、女性频道（提供健康、服饰、美容、美体等时尚资讯及情感交流平台，第一时间报道全球时尚圈重大活动，实现网友与时尚潮流的零距离接触)、新浪尚品（报道涵盖美酒、雪茄、顶级服装服饰在内的各类奢侈品牌动态)、新浪收藏（提供古董、艺术品、钱币、邮票等收藏品资讯和鉴定收藏知识，以及收藏投资、展会拍卖、古董鉴赏家和知名评论家的访谈)、新浪视频（涵盖新闻、娱乐、音乐、体育、财经、生活、VIP 访谈、电影和新浪电视等各类垂直领域，同时提供大量电视节目内容的实时和点播流媒体服务，还拥有供用户上传、发布和管理影音信息的视频共享平台新浪播客)。

（2）微博。新浪微博允许用户随时随地与平台上的任何人联系。新浪微博的设计思想是便于使用、能频繁互动和有利于信息快速传播，用户可通过 weibo. com、weibo. cn（WAP）和合作伙伴网站访问新浪微博，也可通过 iPhone、iPad、安卓、黑莓和塞班 S60 设备上的应用程序进入。新浪微博的主要功能包括：微博、私信、社交网络服务、微博相册、微音乐、微活动、微投票、微群及开放平台。

微博典型应用主要包括：社交游戏、看点（它允许用户分享来自新浪自己的视频频道，以及来自土豆等第三方视频网站或用户自产生的视频，或某些电视节目的视频内容)、微广播（允许用户收听中国的广播电台，欣赏音乐、新闻、体育和访谈节目，同时可参与其他的微博或微博之外的活动。通过在电台节目页发表评论，可与电台 DJ 或其他听众进行互动)、轻博客（允许用户维护个人日记、评论、随笔及图片库的博客服务。用户可将递送给微博追随者的帖子直接链回自己的轻博客网站)、微博桌面（这一应用程序允许微博用户上传、管理和分享处于私密环境中的文件。最初的 2G 存储空间是免费的，追加的存储空间可能需要通过奖励性活动赚取)、微币（一种网络虚拟货币，帮助用户在新浪微博上购买游戏中的虚拟商品或其他类型的基于收费的服务。用户可通过借记卡、信用卡、支付宝或移动充值来购买微币。)

（3）新浪无线。通过新浪无线，用户可获取新闻和信息，下载手机铃声、游戏和图片，参与约会和交友等社交活动。新浪借助中国移动公司的移动梦网和中国联通公司的联通在线等移动运营系统向终端用户提供无线增值服务，并采取包月或按信息条目收取费用。

新浪无线的业务涵盖三个主要领域：新闻和信息、社区以及多媒体下载。新浪无线的主要产品线包括：短信（包括用户定制的付费信息、个人问候、用户定制的手机屏幕装饰、个性化铃声和移动游戏等)、K-Java（涵盖一系列运行于中国移动 K-Java 移动平台的服务)、MMS（借助通用分组无线服务（GPRS）技术，帮助用户下载彩色图片和复杂铃声，以及让每条信息传送更多的数据)、IVR（用户在手机上拨打一系列固定号码并跟随一系列预先录制信息的指导就可获得所需资讯，如天气预报)、CRBT（使手机用户可定制自己的被叫回铃音)、WAP（借助 GPRS 技术为用户提供新闻和其他专门信息、多媒体下载、聚会和社区服务，以及移动搜索服务)。

(4) 其他业务和产品。其他业务主要还有：新浪游戏、新浪读书、新浪企业服务。新浪企业服务为小型企业及政府机构提供量身定做的、基于互联网信息化的企业服务，帮助它们与目标受众更有效地保持联系、沟通和交流。

其他产品如：新浪邮箱（个人免费邮箱、VIP 收费邮箱、企业邮箱）、新浪博客、新浪分类广告（帮助个人和企业用户免费发布广告信息）。

3. 收入来源

新浪公司收入的大部分来自网络品牌广告、移动增值服务和收费服务。

(1) 广告收入。新浪的优质服务及优良的推广效果赢得了客户的一致赞誉，新浪成为许多广告主网络推广的首选品牌。根据新浪 2013 年第 1 季度财报，新浪广告收入为 9430 万美元，较上年同期增长 20%。当前，新浪采用的主要的广告计费盈利模式包括：按时长计费、CPA 计费。

(2) 其他收入。2013 年第 1 季度财报显示，非广告营收 3170 万美元，较上年同期增长 14%。

4. 核心能力

新浪拥有强大的内容资源，与国内外 2000 多家主流媒体建立了合作关系，不仅新闻更新速度快，能及时提供大量讯资，而且强大的媒体资源优势奠定了新浪网媒体网络品牌的影响力。

新浪的版块丰富，涉及社会生活各个方面的信息资源，十多年的发展更是赢得了庞大用户群体。Web2.0 技术得到广泛应用，进一步增强了网民的参与性，提升了网民忠诚度，而新浪博客、微博有众多政府单位、名人入驻，权威性更强。

5.2.3 经营模式

从经营的角度看，新浪强调中国文化特色，主要体现在以下四个方面：

(1) 突出新浪广告产品的文化特征。新浪广告是特征明显的产品，其独特的品牌形象通过互联网与公众沟通，有利于其广告客户实现其广告目标

(2) 大规模的广告产品上市宣传。新浪对自己的各种广告产品有比较详细的介绍，对广告新产品上市，都有较大规模的宣传，并尽力争取广告客户，较好地取得产品的市场先机。新浪的竞争对手主要是国内各著名的门户网站，但新浪在网络广告市场上保持了主导地位。

(3) 利用鲜明的差异化服务提高客户满意度。以新浪客户为中心，利用电子化手段，让客户通过互联网参与广告的个性化选择，大大加强了公司与客户的交流，提高了客户的满意度。新浪有针对性地为客户提供大量的广告产品，如提供客户自行在线修改广告、根据需要随时停播广告、随时恢复播出广告等周到的差异化服务，这与传统的方式形成了鲜明的对照。

(4) 强化新浪广告的品牌形象。新浪通过互联网使广告客户认识了其广告产品和服务，强化了自己的品牌形象，建立和保持了客户忠诚度。

5.2.4 管理模式

1. 管理团队

新浪的核心管理团队：由首席执行官、总裁、首席财务官、首席运营官、执行副总裁、总编辑、副总裁、总经理等组成。

2. 资源管理

新浪的内容来源非常广泛，主要来自政治、财经、体育、娱乐、时尚、文化、汽车、房产等11类媒体，这些媒体横跨通讯社、电台、报纸、杂志、网站等。建立这个内容体系来源的合作方式主要也是版权购买和资源交换的模式，所体现的外在表现其实是早期电视台、电台、报纸和新闻摘要内容的一种复制。目前，新浪聚集和建立了拥有2800多家媒体合作伙伴的资源平台，而且这个资源平台已经建立了针对每一个媒体，甚至针对每个被使用的咨询条的流量和成本的评估体系。

3. 客户服务

新浪不断推出满足特定客户和消费群体个性化需求的新产品（包括广告产品），用网络广告迅速提高了客户和消费者的响应度。新浪把先进的管理思想、方法和技术根植在其客户关系管理之中。由客户参与广告的设计和投放，使企业能够缩短信息发布的周期，降低成本，提高客户的参与度和满意度，融洽了现代经营中十分重要的客户关系。

5.2.5 技术模式

1. 全面的网络编辑体系

在新浪网的技术模式中，其网站的编辑技术是非常有特色的，也正是依靠强大的内容编辑能力，使其成为国内领先的综合门户网站。

新浪建立了一套完整的编辑体系和编辑准则。新浪从1998年的世界杯开始建立第一套编辑工作流程，从五六名编辑开始，到现在的五六百名编辑，每天要制作和更新近百个专题，已经逐步形成了比较全面的编辑操纵和规范体系，其中包括发布规范、原创规范、行为规范、流程规范、信息安全规范和其他相关的嘉宾聊天、功过通报规范，以及手机短信发布规范等。

2. 快速的业务开发模式

新浪针对一些产品性的业务，一般都会采用软件工程的方式去管理，如需求、开发、测试、部署等，这样可以更好地保证产品的质量；而针对一些支持性的业务，如配合商务来做一个专题，则满足时间的要求远远高于满足软件工程的要求，先使业务流程转起来后再努力用软件工程的思路去收回，争取整个开发流程的快速。

5.2.6 资本模式

1998年12月28日，四通利方与华渊合并建立全球最大华人网站——新浪网。

1999年11月8日，新浪网宣布完成6000万美元融资。其中，美国戴尔作为主投资人领导了这次融资，其他新投资者包括：新加坡电脑多媒体制造商——创新科技（Creative Technology Ltd.）、台湾著名防毒软件公司——趋势科技（Trend Mirco）、日本住友商社（Sumitomo Corp.）、新加坡大华银行（United Overseas Bank of Singapore）、Pacific Century Cyber Works 与香港盈科集团（Pacific Convergence Group）等。除增资之外，新浪网也与选定的这些投资者建立了策略业务伙伴关系。

2000 年 3 月 29 日，新浪网正式申请在美国纳斯达克上市，新浪在中关村崛起，成为全球华人第一门户网站。2005 年 1～2 月，盛大 2.3 亿元收购新浪近两成股份。

2009 年 9 月 28 日，新浪宣布以新浪 CEO 曹国伟为首的新浪管理层以约 1.8 亿美元的价格，购入新浪约 560 万普通股，成为新浪第一大股东，这是中国互联网行业内的首例 MBO 案例。新浪 2013 年 4 月 29 日宣布，新浪微博与阿里巴巴集团签署战略合作协议。阿里巴巴集团通过其全资子公司，以 5.86 亿美元收购新浪微博公司发行的优先股和普通股，拥有 18% 的股份。2013 年 11 月 14 日，新浪公司依据市场形势，发行本金金额为 6 亿美元的可转换高级债券，2018 年到期。

表 5-1 为新浪网财经频道“美股”板块给出的新浪主要股东情况，以供参考。

表 5-1 新浪主要股东情况

机构持股			
持有者	持股比例	占投资组合比例	报告日期
Thornburg Investment Management, Inc.	7.82%	1.5%	2013-12-31
Platinum Investment Management Ltd	6.88%	—	2014-02-13
Wells Capital Management Inc.	6.61%	0.5%	2013-12-31
T. Rowe Price Associates Inc.	6.09%	0.1%	2013-12-31
BlackRock Advisors LLC	5.37%	0.3%	2013-12-31
Platinum Asset Management	4.41%	1.4%	2014-01-31
Delaware Management Business Trust	3.07%	0.3%	2013-12-31
Indus Capital Parteners. LLC	2.57%	12.4%	2013-12-31
Artisan Partners Limited Partnership	2.39%	0.2%	2013-12-31
Fidelity International Ltd	2.24%	0.5%	2013-12-31
Criterion Capital Management, LLC	2.01%	3.3%	2013-12-31
Orbis Investment Management Limited	1.85%	0.7%	2013-12-31
Morgan Stanley Investment Management Inc	1.61%	0.2%	2013-12-31
Allianz Global Investors 1	1.43%	0.3%	2013-12-31
Viking Global Investors LP	1.38%	0.3%	2013-12-31
共同基金持股			
持有者	持股比例	占投资组合比例	报告日期
Thornburg Intemational Value Fund	4.27%	0.7%	2014-02-28
AMP Platinum International	2.84%	1.3%	2014-01-31
Wells Fargo Advantage Emerg Mkts Eq Fd	2.66%	2.3%	2014-02-28

（续）

共同基金持股			
持有者	持股比例	占投资组合比例	报告日期
Delaware Emerging Markets Fund	1.64%	2.6%	2014-02-28
OnePath Platinum Asia	1.49%	1.7%	2014-01-31
T. Rowe Price Media & Telecommunications	1.38%	1.6%	2014-03-31
T. Rowe Price Science And Technology Fund	1.23%	1.3%	2014-03-31
T. Rowe Price Emerging Markets Stock	1.03%	0.5%	2014-03-31
T. Rowe Price International Stock Fund	0.97%	0.3%	2014-03-31
Morgan Stanley Inst Mid Cap Growth Port	0.86%	0.6%	2013-12-31
Metropolitan Ser BlackRock Cap Apprec Pt	0.72%	1.7%	2013-12-31
Matthews China Fund	0.68%	2.5%	2013-12-31
Laudus US Large Cap Growth Fund	0.65%	1.7%	2013-12-31
Dynamic Power Global Growth Class	0.63%	4.8%	2013-12-31
Oppenheimer International Value Fund	0.59%	2.3%	2014-02-28

5.3 腾讯网

5.3.1 网站概述

腾讯公司成立于1998年11月，以无线互联网寻呼解决方案进入市场。1999年2月10日，腾讯正式发布第一个测试版本即时通信服务（Tencent Instant Messenger）——QQ99b0210，迅速吸引了庞大的网络用户群。腾讯公司更是以此为依托，积极发展多元化服务，先后打造了通过即时通信QQ、腾讯网（QQ.com）、腾讯游戏、QQ空间、无线门户、搜搜、拍拍、财付通等网络平台，全方位满足互联网用户沟通、资讯、娱乐和电子商务等方面的需求。目前，它已经发展成为中国最大的互联网综合服务提供商之一，同时也是中国服务用户最多的互联网企业之一。2012年5月18日，腾讯宣布，调整公司组织架构，将现有业务归类为六大事业群，分别为企业发展事业群、互动娱乐事业群、移动互联网事业群、网络媒体事业群、社交网络事业群、技术工程事业群。为了更灵活、敏捷地把握中国电子商务的巨大市场潜力，腾讯控股公司成立全资子公司——腾讯电商控股公司（Tencent E-Commerce Holding Company，ECC），以赋予该团队更高的独立性去运营电商业务。

腾讯网（qq.com）于2003年12月1日正式发布，陆续推出新闻、教育、娱乐、时尚、体育、游戏、汽车等资讯频道。2006年，腾讯网首次报道世界杯，用户量达到4560万个。同年，腾讯网总流量在各大门户中保持第一，成为中国互联网第一大综合门户。2007年“两会”期间，腾讯网推出的“向总理提问”栏目，收录网友提问逾16万条，为普通网民搭起问政渠道，掀起互联网参政热潮。2008年，腾讯网对北京奥运会组织了多方位的播报与互动，并在网站流量、冠军访谈、传播速度、网友互动、视频覆盖率等多项关键指标上取得第一，缔造了奥运第一网络主场。5·12汶川大地震发生后，腾讯网搭起网络捐赠平台，发起网友捐款接近2400万元，大灾大难面前体现大爱。2009年，腾讯网精心策划了国庆60周年《中国传奇》之“我是传奇”，获得215万人参加该互动活动，原创输出30多万件作品。2010年，腾讯网为上海世博会唯一互联网高级赞助商，腾讯世博超过6500万名网友参与志愿者接力活动，网络访问量达50亿次，发布图文视频40万条，超过8000万名网友体验网络世界，打造了亿万网友的完美世博旅程。

2011年，腾讯网已经成为中国访问量最高的门户网站，并在娱乐、汽车、财经及体育等主要垂直市场占据主导地位。2012年7月3日凌晨，腾讯正式启用新版首页，用户打开新版腾讯网首页时，可以一键登录享受腾讯全部产品服务，并获得更加清晰的栏目导航指引，以及看到一个聚合了媒体资讯、微博社交属性、腾讯视频的全新门户形态。该次改版是在整个互联网媒体社交化、个性化大趋势下的主动求变，也是大数据时代尊重用户习惯、满足用户需求的一次重要尝试。2013年6月，搜狐公司及搜狗公司与腾讯共同宣布达成战略合作，腾讯向搜狗注资4.48亿美元，并将旗下的腾讯搜搜业务和其他相关资产并入搜狗，交易完成后腾讯将获得搜狗36.5%的股份。

5.3.2 商业模式

1. 战略目标

目前，腾讯以为用户提供“一站式在线生活服务”为战略目标。

2. 产品与服务

（1）新闻与资讯。紧紧围绕“一站式在线生活服务”这一战略目标，腾讯网信息服务几乎涵盖了网民生活的方方面面，大的方面包括新闻、财经、教育、体育、视频、娱乐、女性、动漫、汽车、房产、科技、数码、游戏、读书、儿童、育儿、微博、公益。同时，为更好地提供信息准确性，腾讯网已经开通了北京、上海、广东、四川、重庆、陕西、湖南、湖北、福建、河南等地方站。

同时，新改版的腾讯网一键登录以后，提供了微博、空间、邮箱、朋友等消息提示功能；首页设置了“大家爱看”栏目，分享最受网民关注的热点；财经/股票版块可自动设置“我的自选股”，首页显示自定义股票的涨跌情况；影视中心、读书版块的“个人中心”能实时提醒相关最新、更新信息。

（2）通信与社区。通信与社区服务主要包括三个方面：通信、社区及软件下载。通信包括如QQ、TM、RTX、邮箱、微信等。腾讯通RTX（Real Time eXchange）是腾讯公司推出的企业级即时通信平台。企业员工可以轻松地通过服务器所配置的组织架构查找需要进行通信的人员，并采用丰富的沟通方式进行实时沟通。社区包括QQ空间、朋友网及微博等。软件下载提供了电脑管家、QQ浏览器、输入法、QQ旋风、QQ网盘、QQ浏览器、QQ影音等。

（3）腾讯游戏。腾讯游戏是腾讯四大网络平台之一，是国内最大的网络游戏社区。腾讯游戏采取内部自主研发和多元化的外部合作两者结合的方式，已经在网络游戏的多个细分市场领域形成专业化布局并取得良好的市场业绩。2010 年 12 月，腾讯游戏以全新的品牌形象闪亮登场，以“用心创造快乐”的理念，打造了四大子平台：腾讯游戏嘉年华（Tencent Games Carnival，TGC）、腾讯游戏竞技平台（Tencent Games Arena，TGA）、腾讯游戏公会（Tencent Games Guild，TGG）、腾讯游戏爱心联盟（Tencent Games Social Responsibility，TGSR），致力为玩家提供“值得信赖的”“快乐的”和“专业的”互动娱乐体验。

（4）商务与生活。商务与生活服务是腾讯为互联网用户提供的电子商务服务，主要包括网购、支付和便民。腾讯网购主要包括：拍拍、QQ 网购、QQ 团购、QQ 电影票、QQ 美食、QQ 旅游、QQ 返利、QQ 速递、彩票、聚惠、高朋网、QQ 彩贝。

腾讯电子商务支付功能主要依托腾讯在线支付平台“财付通”实现。“财付通”提供了充值、提现、付款、付款到银行卡、还款、快捷支付、手机支付、微支付、手机财付通等功能，实现了安全、便捷、专业地为互联网用户和企业提供在线支付服务。其便民服务包括手机缴费、信用卡还款、财付通彩票、水电煤缴费、话费宽带、游戏充值、机票订购等。

（5）手机与无线。手机与无线功能包括：提供手机软件下载，如超级 QQ、手机 QQ、手机管家、微博等应用软件下载；提供大量手机游戏，如魔钻、部落守卫城、QQ 梦想城等。

（6）搜索与服务。腾讯旗下的搜索引擎网站搜搜于 2006 年 3 月正式发布并开始运营，目前已成为中国网民首选的几大搜索引擎之一，主要为网民提供实用便捷的搜索服务，同时承担腾讯全部搜索业务，是腾讯整体在线生活战略中重要的组成部分之一。

秉承腾讯一切以用户价值为依归的经营理念，腾讯网提供了多样化的服务平台：客服中心、开放平台、腾讯体验中心及热腾网。客服中心主要提供 QQ 号码安全服务、服务开通支持、游戏自助、安全举报专区等服务。当前，腾讯开放平台提供了依托于 QQ 空间、朋友网的社交类开放平台，依托于腾讯微博的开放平台，依托于 Q + 的桌面类开放平台，拍拍开放平台，SOSO 开放平台，腾讯应用中心开放平台等，并积极探索与其他企业和网民共赢的模式。腾讯体验中心是腾讯为广大用户提供的产品体验平台，在这里用户可以优先体验新产品、反馈心声、成为体验达人，甚至有可能到腾讯现场体验。热腾网是为热爱腾讯、关注腾讯的网友进行分享、查看腾讯产品资讯的一站式平台。

（7）广告服务。腾讯几乎提供了现有的网络广告的所有形式，其价格根据具体的投放位置、形式、规格、时间的不同而相差甚大。其计费标准主要采用时长和 CPM 两种形式。

3. 收入构成

腾讯 2013 年度上半年财报显示，腾讯集团总收入为 279.321 亿元，比 2012 年同期增长 38.4%。其收入构成主要包括互联网增值业务收入、网络广告业务收入、电子商务交易业务收入。其中互联网增值业务所占比重最大，网络广告所占比重最小。

（1）互联网增值业务。腾讯的互联网增值业务是基于腾讯公司的核心服务——即时通信平台之上的，为 QQ 用户提供更加丰富多彩的个性化增值服务，主要服务包括会员特权、网络虚拟形象、个人空间网络社区、网络音乐、交友等。其 2013 年度上半年增值服务收入为 214.182 亿元，比 2012 年同期增长 25.9%。

（2）网络广告业务。2013 年度上半年网络广告业务收入为 21.468 亿元，比 2012 年同期增长 51.2%。网络广告业务收入实现大幅增长，主要受更大曝光量的社交网络效果广告所推动。传统品牌展示广告持续增长的同时，视频广告收入也因广告位库存增加及售卖率提高而达到 2012 年同期约两倍的收入。

（3）电子商务交易业务。2013 年度上半年电子商务交易业务收入为 41.128 亿元，比 2012 年同期增长 155.4%。在竞争更加激烈的市场环境下，腾讯的电子商务交易业务 2013 年第二季度持续扩张。来自自营业务的收入较 2012 年同期大幅增加，交易量及每笔交易收入都有增长。来自自身交易平台的服务费收入也有所增长。

4. 核心能力

普遍的认识是 IM（即时通信）是整个腾讯竞争力的基础、平台和核心，腾讯的所有后续产品（包括腾讯网）均依赖于腾讯 QQ 培养的庞大用户群迅速获得发展。

与海量用户之间信息双向沟通的能力也是其核心竞争力之一。信息双向传递继而可以产生独特的竞争力：信息实时直接送达最大范围用户的能力和用户反馈回收的能力。这使得平台上的应用产品可以被用户快速地发现和认知；同时使得产品在滚动、迭代的过程中，会越来越成为一个好的产品。

同时，腾讯网本身强大的技术研发团队、海量信息发布内容、媒体见解及用户参与性，进一步增强了用户忠诚度。

5.3.3 经营模式

1. 经营理念

腾讯始终秉承“一切以用户价值为依归”的经营理念，注重长远发展，不因商业利益伤害用户价值；关注并深刻理解用户需求，不断以卓越的产品和服务满足用户需求；重视与用户的情感沟通，尊重用户的感受，与用户共成长。

2. 营销策略

2008 年，腾讯提出了“腾讯智慧”（MIND）式的营销策略：M（Measurability），用可衡量的效果来体现在线营销的有效性、可持续性以及科学性；I（Interactive Experience），用互动式的体验来提供高质量的创新体验和妙趣横生的网络生活感受；N（Navigation），用精确化的导航来保障目标用户的精准选择和在线营销体验的效果；D（Differentiation），用差异化的定位来创造在线营销的不同，满足客户独特性的需求。2012 年，腾讯进一步深化为 MIND 3.0，其核心在于“人脉”。具体来说，在效果衡量上，MIND3.0使多元化的衡量标准趋于谱系化，满足广告主更细分的营销目标；在互动式体验上，则是互动的方式和渠道更趋多元化，品牌与合作伙伴一同为用户创造价值；在精准化的导航上，“腾讯智慧”开始利用动态、多维、开放的社会化标签的自由组合，通过智能平台实现精准定向；最后在差异化定位上，腾讯MIND3.0则体现在基于用户的个性需求提供因人而异的内容和创意输出。

5.3.4　管理模式

1. 管理理念

腾讯秉承“关心员工成长”的管理理念，为员工提供良好的工作环境和激励机制；完善员工培养体系和职业发展通道，使员工获得与企业同步成长的快乐；充分尊重和信任员工，不断引导和鼓励，使其获得成就的喜悦。

2. 组织架构

腾讯组织架构如图5-1所示。

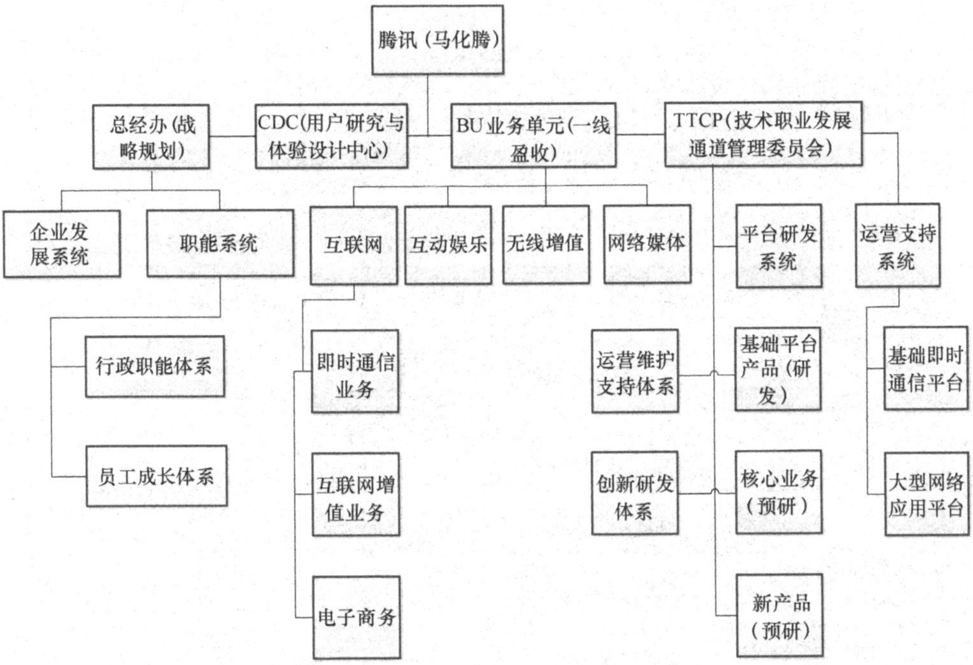

图5-1　腾讯组织架构

3. 用户研究与体验设计中心（CDC）

CDC是一个设计团队，是腾讯的核心部门之一。CDC自成立以来，就一直向着“做世界一流的互联网设计团队，为用户创造优质‘在线生活’体验”这一愿景努力，致力于不断提升腾讯全线产品的用户体验，关注互联网视觉设计、交互设计、用户研究、前端开发。

4. 员工成长体系

（1）技术职业发展通道管理委员会（TTCP）。TTCP负责腾讯全公司技术人员的职业发展通道的管理，各个业务部门成立 TTCP 分会负责该部门技术人员职业发展通道的管理。人力资源部作为 TTCP 委员会的秘书机构，负责建立并维护腾讯公司技术职业发展通道管理体系，并负责体系的日常管理和运作。

（2）双通道的员工职业发展体系。腾讯员工可以根据自己的特长和兴趣，选择走管理的发展通道，也可以选择技术、设计、产品、市场等专业发展通道。在专业通道上发展可以获得和管理通道发展相同的认可和回报。

同时，公司针对不同专业类别员工的不同职业发展等级，设计了配套的能力要素和职业培训，使员工清楚地知道自己应该努力和发展的方向，并获得一系列的职业培训，帮助员工尽快达到能力要求，实现发展目标。

（3）完善的培训体系。为了公司员工发展工作的进一步推行，2007 年 8 月 24 日，腾讯公司成立了自己的企业大学——腾讯学院，负责运作腾讯员工的培训与发展工作。为构建公司的培训体系，腾讯学院把服务对象分为三个层面，即新人培训、职业培训和干部培训，如图 5-2 所示。

图 5-2 腾讯培训体系

5. 薪酬福利

薪酬包括：固定工资、年度服务奖金、绩效奖金、专项奖励及股票期权。

福利除五险一金外，还包括员工带薪休假、商业保险、年度旅游、安居计划及员工身心健康计划等。

5.3.5 技术模式

1. 六大基础技术

对于应用基础技术，腾讯建立了一套基础技术的快速应用通道。公司内部现已形成一套完善的金字塔形研发架构，包括腾讯互联网技术研究院、创新中心、产品业务部门。这三级研发体系着力不同的研发阶段，并推进包括存储技术、数据挖掘、多媒体、中文处理、分布式网络、无线等六大基础技术研发。

2. 即时通信系统

腾讯即时通信系统具备了支持10亿数量级海量数据库存储和千万级的同时在线用户的能力，此项技术全部为腾讯自主知识产权，在业界已经达到世界领先水平。腾讯QQ目前每天平均在线的QQ用户达到数百万个，甚至上千万个，后台拥有数千台数目庞大的服务器机群，分布在不同的数据托管机房，为用户提供品质优异的通信服务。

3. 客户热线服务系统

腾讯客户热线服务系统也采用最新的技术支持，应用6路中继180线服务的华为Call-Center系统，以满足116个座席与庞大专业客服团队7×24小时的运作。而且，全国12个大区建立的当地客服，相互之间协调运作，成为腾讯客户服务系统有力的技术保障，以便及时、有效地为用户解决问题。

5.3.6 资本模式

腾讯开始成立集团时，考虑到英属维尔京群岛（BVI）注册的免税政策，为合理避税，增加利润，在此地注册，而国内则通过腾讯科技及几家IT公司来运作。但在外注册的时候，为创业融资，先后引入了IDG，及MIH（南非传媒集团的公司，初占50%），这些资金支撑保证了腾讯创业前几年业务的高速增长，但也为后来的管理层重新控股带来了难题。

上市前，腾讯管理层通过与战略投资者谈判，回购了一部分股份，使MIH从绝对控股（50%）变成相对控股（37.5%），管理层本身的控股总数也差不多达35%，从而牢牢把握住了董事会的控制决策权。

2004年6月16日，腾讯控股有限公司（在开曼群岛注册的有限公司）在香港交易所主板开始交易。腾讯的普通股首次公开招股，上市集资净额估计约为港币14.378亿元。

5.4 凤凰网

5.4.1 概述

1998年6月，凤凰网（www.ifeng.com）以企业网站的形式诞生。2005年11月，刘爽出任凤凰网首席执行官，正式开展在新媒体领域的拓展。2006年10月18

日，凤凰网改版，凤凰新媒体正式上线。如今，凤凰网是凤凰新媒体旗下三大平台（凤凰网、凤凰手机网、凤凰视频）之一，秉承“中华情怀，全球视野，兼容开放，进步力量”的媒体理念，为主流华人提供互联网、无线通信、电视网三网融合无缝衔接的新媒体优质内容与服务。

凤凰新媒体不仅是控股的凤凰卫视传媒集团优质电视内容的网络传播渠道，更整合了众多专业媒体机构生产的内容、用户生成的内容以及自身生产的专业内容，依托凤凰网平台提供国际、国内的时政、社会、财经、娱乐、时尚、生活等综合新闻信息；以博客、论坛、辩论、调查等 Web 2.0 应用为用户提供互动与共动交流空间；以 RSS、Tag、点播、轮播、个人节目表等可定制的多媒体服务满足用户的个性化信息需求。

5.4.2 商业模式

1. 战略目标

其战略目标陈述为：融汇主流华人声音，秉承主流媒体使命，以更广阔的视角、更丰富的资讯、更实用的服务，成为高端网民的首选门户、品牌提升的第一选择。

2. 产品与服务

（1）资讯频道。凤凰网资讯频道是综合门户中最具海外特质的新闻频道，提供全面、高端、权威、多元的资讯、评论、视频、互动产品。

（2）财经频道。凤凰网财经频道第一时间传递新闻，解析信息价值所在，为中国用户提供全球财经服务，为全球用户提供中国财经服务，是高端人群最为关注的财经门户。它致力于全天24小时运转，传递及时、准确、全面、专业的财经金融信息，以独到的价值判断、独立的报道角度覆盖财经、股票、基金、理财、金融、商业、消费等领域。2010年11月的《第五次中国互联网络品牌认知、消费行为及满意度调查报告》显示，凤凰网财经频道的用户满意度、用户忠诚度、推荐指数等多项指标上都名列财经类品牌第一。

（3）娱乐频道。凤凰网娱乐频道立足全球华人视角，力图呈现华人全景娱乐生态。在提供最快速、最热门、最深入的娱乐新闻和专题报道的同时，深入挖掘娱乐内部价值及其延伸社会意义，在单纯的娱乐八卦之外引入专业解读与厚重思索。该频道涵盖明星、电影、电视、音乐、访谈、视频、综艺、评论、图片、论坛、演出等丰富内容。

（4）体育频道。凤凰网体育频道于2007年上线，锁定25~45岁的以男性为主的主流网民，提供文字、图片、视频、数据主流体育资讯服务。频道理念是以凤凰网媒体价值观深度挖掘体坛资讯背后的故事，专注1.2亿个高端互联网用户的体育阅读需求，打造互联网门户唯一属于他们的门户体育频道。

（5）时尚频道。凤凰网时尚频道坚持以“引领品位生活”为宗旨，涵盖服饰、美容、减肥、奢侈品、旅游、家居、艺术、情感等多个潮流领域，为都市金领、时尚达人提供大量原创时尚潮流信息，为最具时尚格调的用户品牌商家把握国际流行趋势、提供时尚新锐观点。

（6）健康频道。凤凰网健康频道提供专业和权威的健康资讯，包括健康、健身、传统保健、养生、食疗、营养、中医、传统医学、心理、健康新闻、疾病查询、医改、医患、医药产业新闻、专家访谈、专家咨询、病友论坛、内科、外科、男科、妇科、两性、塑身、整形、护肤、减肥、药品、急救、美容和医院查询、医生查询、疾病查询、药品查询、检查查询、症状查询、疾病自测等小板块。

（7）汽车频道。凤凰网汽车频道是一个在华人世界高速崛起，且具有广泛影响力的门户汽车网站。它是集购车、用车、车坛大事报道于一体的优质营销传播平台，为中产阶层和白领提供最全面的汽车资讯和服务。

（8）房产频道。凤凰网房产频道是全球华人房地产及家居专业网络传媒，2009年12月2日正式上线。它从全球人居视野的角度，传播健康人居理念，以推动人居环境改善为己任；为致力于人居改善的机构、地产行业企业和相关知名学者及行业先锋人物搭建一个展示与交流的平台；关注人居条件改善，为高端置业人群提供全面的消费信息参考与服务，着力推荐跨区域城市人居典范，搭建跨区域置业信息交流平台。

（9）科技频道

凤凰网科技频道2010年3月22日上线，主要锁定25～45岁的男性网民，聚焦于电信、传媒和科技（TMT）行业从业者、研究者、高端数码产品消费者，以及对科技资讯和产品有强烈兴趣者。凤凰网科技频道提供最新最快的科技资讯、独到深入的趋势分析，以及全面详尽的人物、产品、企业信息库。

（10）旅游频道。凤凰网旅游频道为广大网民提供权威的旅游景点介绍、旅游攻略、旅游地图、旅游活动及旅游线路信息，以及大量国内游、出境游、周边游、户外、休闲、住宿、交通、美食、娱乐等信息，并努力打造服务高端人群的互动平台。

（11）读书频道。凤凰网读书频道力图引领人文阅读、严肃阅读趣味，提供上万部优质历史、文学、艺术、思想、财经、职场、生活等诸多图书的在线阅读、分享与订购，提供优质在线创作平台。

（12）教育频道。凤凰网教育频道全力打造全球华人最大的教育服务网络平台。该频道第一时间报道教育新闻，发布留学新政，提供培训资讯，关注商学院、民办教育，追踪产品热点，为考生、家长提供考试资讯、政策解读、备考辅导和权威考试数据。

（13）文化频道。凤凰网文化频道致力于为网友提供当下时代的文化资讯及对文化现象的深度解读，驻足于现代，同时回顾文化的过往。

（14）历史频道。凤凰网历史频道以凤凰之大视野，着重梳理中国和世界的近现代政治史，还原历史真相，结合纪念日及突发事件新闻策划专题，整合凤凰卫视丰富的人文历史资源，以浓厚的人文情怀报道现实，打造最具历史人文品质和高端影响力的历史平台。

(15) 军事频道。凤凰网军事频道掌握最新的防务新闻，解读最透彻的军事情报，为读者展现全方位的国防评论。无论是专业读者，还是普通爱好者，都可以在凤凰网军事频道找到属于自己兴趣范围的一片天地。

(16) 凤凰视频。凤凰视频内容涵盖新闻、纪实、军事、播客、娱乐、影视、风尚等优质视频资源，是覆盖 PC、手机、移动终端的综合视频内容服务提供商。

(17) 博报频道。凤凰网博报频道秉承凤凰网的包容、进步精神，逐步成长为全球意见平台。凤凰网博报频道以理性为宗旨，从全球角度解读中国，用中国视角关注世界。

(18) 论坛频道。凤凰网论坛频道延续着凤凰品质，与凤凰网各频道紧密互动，目前已成为一个包含社会、人文、军事、体育、娱乐、时尚、财经、科技、教育的大型综合性论坛。

(19) 网络广告。凤凰网广告形式分为常规广告、富媒体广告、专题类广告、视频广告及商讯类广告。其资费方式主要采用按时及 CPM 计费。

3. 收入来源

凤凰新媒体的盈利模式主要是付费服务和广告。

付费服务具体包括移动互联网增值服务、视频增值服务以及互联网增值服务三大类。移动互联网增值服务包括手机报、手机游戏服务和无线增值服务（WVAS），公司主要通过向手机用户提供内容、向中国移动等相关移动运营商收取内容服务的收入分成或固定费用的方式从 WVAS、数字阅读服务和手机视频服务获得收入。视频增值服务包括公司的在线视频订阅和按观看次数付费的服务，以及将凤凰卫视独家提供的电视节目和纪录片进行视频内容分销。互联网增值服务包括提供一系列在线推广解决方案，以及股票预测平台“优股”。

凤凰网（凤凰新媒体）2013 年第二季度财报显示，第二季度总营收为 3.642 亿元，同比增长 28.5%，总营收的增长主要得益于净广告营收同比增长 41.9% 以及付费服务收入同比增长 14.0%。

2013 年第二季度扣除广告代理服务费用后的净广告营收为 2.095 亿元，较上年同期的 1.476 亿元增长 41.9%，增长主要是由于每名广告客户平均收入（ARPA）同比增长 9.2% 至 71.02 万元，第二季度广告客户总数同比增长 30% 至 295 个。

2013 年第二季度付费服务营收为 1.547 亿元，较上年同期的 1.358 亿元增长 13.9%。第二季度移动增值服务（MVAS）营收为 1.315 亿元，与上年同期的 1.31 亿元持平，收入持平的主要原因是基于按次收费服务的 2G 短信业务售卖下降。第二季度游戏和其他业务营收为 2320 万元，较上年同期的 480 万元增长 383.3%，增长主要是由于公司游戏平台中的在线游戏平台收入增长。

4. 核心能力

凤凰网的优势在于整合，充分发挥凤凰卫视等各种资源的优势，提供高品质的信息内容。在视频领域实施可持续的差异化竞争，就是要做新闻视频。

5.4.3 经营模式

1. 经营理念

其经营理念是：致力于通过深度洞察，提供差异化的内容和媒体价值。

2. 营销策略

面对经济起伏不定、媒介碎片化等挑战，凤凰网结合自身媒体核心价值与成功营销经验，提出4I for ROI营销理念，即以精准力（Intended Target）、洞察力（Insight）、整合力（Integration）、影响力（Influence）为客户带来高效营销投资回报率（ROI）。

精准力——受众精准性与定向力是高效营销的前提。凤凰网细分受众的针对性与消费力保障了目标受众匹配下的营销传播的精准性，相对于许多主要依赖规模优势的媒体，大大减少了无效传播及无效点击数，提升了营销回报率。

洞察力——在信息过剩的时代，人们希望得到非同质化的高品质稀缺性内容。凤凰网以“中华情怀、全球视野、包容开放、进步力量”的媒体价值主张，引导社会多元意见的对话，以探寻事件深层意义、寻求社会价值共识。基于内容洞察、受众及消费者洞察、行业及广告主洞察，打造客户的品牌美誉度与用户忠诚度。

整合力——凤凰新媒体融合互联网、电视网、无线网三大网络，结合内容策划、互动应用、落地活动、公共关系、口碑营销、媒体合作，整合集团内外电视、平媒、电台、户外大屏、社区等多种资源平台，提供多层次的媒介接触点，打造跨媒体、跨平台的整合营销解决方案，为营销提供了更佳的投资回报。

影响力——在媒体经济从注意力经济转向影响力和品牌力的时代，凤凰网竭力塑造强大的媒体公信力与权威性，影响有影响力的人，把脉时代、引领舆论、传播价值，用强大的影响力保障了客户的投资回报率。

5.4.4 管理模式

1. 管理理念

凤凰网秉承“以人为本”的管理理念，积极打造“精英意识、先锋精神、媒体气质”，坚守“正直、坚韧、协作、拼搏、创新”核心价值观。

2. 培训与发展

在凤凰新媒体的管理团队中，许多管理者都是从创业期的专业技术人员成长起来并担任管理岗位职能的，这全都有赖于凤凰新媒体一贯重视员工的培训与发展。

凤凰新媒体不但打造了互联网行业中独特而完善的员工培训体系，更为员工的发展创立了自由而具有前景的双通道体制。

（1）新员工培训。新员工可以了解公司的规章制度、企业文化，还可以结识新朋友，共同协作，共同成长。凤凰新媒体人的学习不仅渗透在日常培训中，还能够通过传统培训项目“凤凰夜校”得到多方位的培训。通过“凤凰夜校”，员工们可以了解专业技术前沿信息，分享实战工作经验，探讨管理前沿趋势，全方位提升职业素养。

（2）中层管理干部培训班。为助力员工由技术型人才转型成为管理型人才，凤凰新媒体为员工特设“MTP（Management Training Plan）培训”，从管理技能、带领团队及领导力三个层面加强转型员工的管理意识，帮助他们更好地带领团队达成愿景。

（3）高管培训。凤凰新媒体管理层是打造学习型企业的领军团队，通过沙龙、研讨、管理会议等方式，不断探讨企业文化、管理技巧，带领凤凰新媒体员工达成愿景。

（4）员工发展。每个加入凤凰新媒体的员工都能够获得一个充分施展才智的平台。为了实现共同发展的目标，凤凰新媒体特别为员工的发展设计了“职业发展双通道”，员工到达职业发展成熟期，可以选择继续向“专业技术型专家”发展或向“管理型人才”发展。

3. 薪资与福利

为了吸引优秀的人才，公司根据最新市场趋势和行业动态为员工提供极具竞争力的薪酬和各项贴心的补助。

公司还提供了完善的福利保障计划，包括五险一金和补充商业保险。

公司鼓励高绩效的文化，致力于构建完善的绩效管理机制。同时公司为了鼓励绩效表现持续优秀且立志与凤凰共荣辱的骨干员工，提供了股票期权，让优秀员工分享公司快速发展的喜悦。

5.4.5 资本模式

2011 年 5 月 12 日，凤凰新媒体在纽约交易所首次上市，上市融资 1.4 亿美元。在主要持股商方面，凤凰卫视控股有限公司（Phoenix Satellite Television（B. V. I.）Holding Limited）成为最大股东，持股 64.84%。Morningside China TMT Fund I，L. P.（或 Morningside）持股 12.64%，Intel Capital Corporation（或 Intel Capital）持股 10.54%。另外，Bertelsmann Asia Investments AG（或 Bertelsmann Asia）也持有其 3.16% 的股份。

5.5 网易网

5.5.1 网站概述

1997 年 6 月创立以来，凭借先进的技术和优质的服务，网易深受广大网民欢迎，曾两次被中国互联网络信息中心 CNNIC 评选为中国十佳网站之首。

在开发互联网应用、服务及其他技术方面，网易始终保持业界的领先地位，并在中国互联网行业内率先推出了包括中文全文检索、全中文大容量免费邮件系统、无限容量免费网络相册、免费电子贺卡站、网上虚拟社区、网上拍卖平台、24 小时客户服务中心在内的业内领先产品或服务，还通过自主研发推出了一款率先取得白金地位的国产网络游戏。

自2001年12月，网易推出了首款自主研发的大型网络角色扮演游戏《大话西游Online》以来，网游陆续推出了《大话西游OnlineⅡ》《梦幻西游Online》《大唐豪侠》《新大话西游3》。网易依托自主研发的引擎技术，其游戏画面在世界2D游戏产品中达到了首屈一指的水平，成为国内2D游戏顶峰之作。2009年5月15日，网易首款Q版3D飞行网游《新飞飞》公测，开启了网游飞行时代。随后，《大唐无双》《大话西游之战歌》《天下3》《精灵传说》《倩女幽魂》等全面运行。

2008年8月，网易宣布和暴雪合作，把全球第一的即时战略游戏《星际争霸Ⅱ》以及为上述游戏提供在线多人互动服务的战网平台引入中国；2009年4月，网易获得暴雪旗下全球首屈一指的在线角色扮演游戏《魔兽世界》在中国大陆三年的独家运营权；2012年3月，在陆续成功引进《魔兽世界》的第二部以及第三部资料片——《巫妖王之怒》和《大地的裂变》后，网易进而获得了对《魔兽世界》在中国大陆未来三年的运营权。

网易在门户网站业务方面保持市场领先地位。据www.alexa.com网站查询，2014年5月5日网易流量位居全球互联网站第34位，在中国网站中处于第9位。

2010年11月推出公益性教育视频产品“网易公开课”，也受到了社会各界的广泛认同与关注。

网易门户内容业务一直处于国内领先地位，除了拥有快速、全面、准确的资讯平台外，网易在专题策划、跟帖等新闻核心产品上保持着绝对的领先优势，其“有态度的门户”理念更是受到亿万网民的喜爱。同时，博客、相册、游戏社区等也取得了不俗的业绩。

作为中国率先开展无线业务的门户网站之一，网易一直在跟踪无线互联网的最新发展，与运营商、设备提供商建立了紧密的合作关系。网易是首批提供WAP服务的内容提供商之一，也是较早加入提供短信息及彩信服务的网站之一。

网易作为中国网站的领先者，始终致力于电子商务及IT产业的持续发展，同时也在努力促进中国人民的数字化生活。为了这个目标，网易把亿万网民聚集在一起，实现资讯的共享，为用户提供更好的服务，为他们创造更愉悦的在线体验。

5.5.2　商业模式

1. 战略目标

始终致力于电子商务及IT产业的持续发展，同时也在努力促进中国人民的数字化生活。

2. 产品与服务

目前，网易主要开展四大业务，分别为：网站、在线游戏、无线增值服务和广告服务。

（1）网站。网易网站为互联网用户提供了以内容、社区和电子商务服务为核心的中文在线服务。网易同国内外上百家网上内容供应商建立了合作关系，为中国用户提供新闻、信息和在线娱乐服务，推出了新闻频道、体育频道、娱乐频道、财经频道、汽车频道、女人频道、科技频道、手机频道、数码频道等。

网易网站也提供一系列的免费和收费社区服务，其中包括：博客、论坛、同城约会、同学录、全民 DJ（音乐互动共享平台）、梦幻人生（专属游戏社区）、网易八方（基于地理位置的移动社交产品）、网易摄影、LOFTER（不同于博客的厚重和微博的繁杂，LOFTER 旨在为用户提供一个舒适、安静、精致的记录工具和创作平台）、iStyle（真人搭配社区）及通信联络（微博、POPO、网易 CC 语音及邮箱）等。

网易还推出了网上商城，此外，还为广大的用户提供个性服务，其中包括网易靓号、印像派、有道搜索推广、网络营销、网易短地址等。

（2）在线游戏。网易在线游戏专业经营网络娱乐及相关产业，目前，主要提供大型多人在线角色扮演游戏（MMORPG）的开发和运营。网易正在运营中的游戏产品有：自主研发的 MMORPG《大话西游 Online Ⅱ》《梦幻西游 Online》《新大话西游 3》《大唐豪侠》、泡泡游戏休闲平台、《天下 2》等。

（3）无线增值服务。网易与中国移动、中国联通紧密合作，为满足不同的用户需求，提供了一系列服务，以短信服务的形式提供给用户，分为四个主要类别：新闻和资讯订阅服务、互动交友服务、互联网相关服务（如邮件到达通知）和图铃下载服务。

（4）广告服务。网易具备丰富的广告资源，提供了网易首页、频道、邮箱、游戏等平台广告，及富媒体、行为定向等新广告形式。

其主要计费方式有两种：按照时间或按照播放数量计费，即按天（全流量）购买或按 CPM 购买某广告位。

3. 收入来源

网易公布的 2013 年第二季度财报显示，网易总体营收为 24.1 亿元，同比增长 20.4%，环比增长 6.9%，其同比及环比增速均高于第一季度。净利润为 11.0 亿元，同比增长 25.1%，环比增长 3.0%。在 2013 年第二季度网易的营收份额中：

（1）在线游戏占比为 85.6%，总体上看仍然占有主导地位，是网易营收的最重要来源。

（2）网络广告营收占比为 11.3%，其份额较 2013 年第一季度增长 4 个百分点，增长较为明显。

（3）邮箱、移动增值及其他业务占比为 3.1%，同比增速最高，达 46.1%。

4. 核心能力

网易凭借自身强大的游戏研发能力，让自主研发的《大话西游 Online Ⅱ》和《梦幻西游 Online》等创造了网络游戏的神话，毫无争辩地形成了网易的核心竞争力。

5.5.3 经营模式

1. 经营理念

2000 年，网易提出了“网聚人的力量”。此后，网易便一直坚持着“以中国智慧，网聚天下大同”的理念。

2. 营销策略

网易门户网在营销上表现为不遗余力地使用高新技术开发新产品，靠产品应用聚拢人气。网站创立同年，网易自主研发了首个全中文免费电子邮件系统，接着又开发了著名的《大话西游 Online》网络角色扮演游戏。邮箱和游戏这两样产品为网易带来了旺盛的人气。除此之外，网易还推出了即时通信工具、搜索工具、电子贺卡等产品。网易用自己的产品换来了社会公众对它的认可，扩大了网站的知名度，吸引更多的用户浏览网站。

5.5.4 管理模式

1. 管理理念

网易坚持员工与网易共同成长，极力创造员工与网易双赢的管理理念。

2. 培训体系

（1）新员工培训。新员工培训分为公司层面和部门层面的培训，以帮助员工快速适应公司的文化。公司层面的培训包括了解公司历史、公司文化、公司规范、部门制度等内容，并且不定期地为员工提供各种素质课程。部门层面的培训将实行导师制。新员工上岗后，将由部门指派一名老员工实行“导师制”培训，一对一地带领新员工加入新集体。

（2）专业技术培训。网易一向注重核心技术的开发与应用。为使员工能在技术上不断发展和进步，公司为不同岗位的技术人员设计不同的技术类培训。每个月网易都会由不同部门的精英开设知识讲坛。

（3）管理技能培训。网易注重管理队伍的培养，建立了一套管理人员培训体系，致力于培养出适应 IT 业快速发展的优秀管理人才。

（4）岗位轮换。考虑员工的个人发展要求，公司依据相关管理制度对员工进行合理的岗位调动和岗位轮换，以保证人尽其才。

（5）双阶梯职业发展通道。员工既可以选择在自己的专业领域延续其职业发展道路，也可以发挥其管理才能，开启职业大门。公司施行 9 级员工管理制度。如果员工工作努力，取得了优异的成绩，且彼此合作愉快，那么升职加薪就是这么顺理成章。

3. 薪酬福利

网易为员工提供业内极具竞争性和吸引力的薪酬福利，并根据公司业务发展状况和员工的业绩表现进行绩效评估并调整薪酬。这主要包括：基本工资、专项奖励、社会保险、住房公积金、工作用餐、带薪年假、带薪病假、健康关怀、员工俱乐部、节日礼物等福利待遇。

5.5.5 技术模式

网易作为中国领先的互联网技术公司，CEO丁磊先生一向信仰并注重互联网技术创新带给人类的福音，将之确立为公司的核心生产力，并亲力主持多项技术创新，例如，中文全文检索、全中文大容量免费邮件系统、无限容量免费网络相册、免费电子贺卡站、网上虚拟社区、网上拍卖平台、24小时客户服务中心、大型网络角色扮演游戏。这些技术创新不但实现了中国互联网行业多项零的突破，而且使得网易公司凝聚的技术实力足以傲视整个互联网行业。

5.5.6 资本模式

网易的创业者丁磊于1997年5月创办网易公司。与众不同的是，网易创业的启动资金既不是天使资本，也不是向亲朋好友借款，而是靠丁磊自己从1993年起为他人编写软件所赚的钱，总计50万元，随后依然坚持自己开发软件。两年之后，丁磊首次从朋友处借到200万元资金。2000年3月，网易第一次引入了国外投资。2000年6月30日，网易终于在纳斯达克挂牌上市。国际传媒大鳄默多克旗下的新闻集团以256万可转换优先股的方式获得了网易8.5%的股权。网易上市后，这批优先股转为普通股。由于较少进行股权融资，丁磊成为网易最大的股东。在上市前，他拥有的股权接近70%，上市后其股权虽被摊薄，但仍占58.5%。

问题与讨论

1. 什么是门户网站？门户网站经历了哪几个发展过程？
2. 搜集最新资料，尝试以某一门户网站为对象，做一份案例分析报告。

第6章 搜索引擎

6.1 概述

6.1.1 搜索引擎的定义

搜索引擎（Search Engine）是指根据一定的策略、运用特定的计算机程序从互联网上搜集信息，在对信息进行组织和处理后，为用户提供检索服务，将与用户检索相关的信息展示给用户的系统。目前的搜索引擎主要是以提供信息检索服务的网站为主，它使用某些程序把 Internet 上的所有信息归类以用来帮助人们在茫茫网海中搜寻到所需要的信息。搜索引擎技术已经成为仅次于门户网站的互联网第二大核心技术，要用到信息检索、人工智能、计算机网络、分布式处理、数据库、数据挖掘、数字图书馆、自然语言处理等多领域的理论和技术，具有很强的综合性和挑战性。伴随互联网的普及和网络信息爆炸式的增长，搜索引擎的概念越来越引起人们的重视。

电子商务的搜索引擎与普通搜索引擎的区别在于，前者搜索的信息更具针对性和商业价值。到目前为止，国内只有很少一部分电子商务网站使用了比较良好的搜索工具。尽管研发搜索引擎需要一定的费用，但拥有高质量的搜索引擎，对改善用户体验、促进电子商务发展具有重要意义。

6.1.2 搜索引擎的分类

1. 全文索引

全文搜索引擎是名副其实的搜索引擎，如百度搜索。它们从互联网提取各个网站的信息（以网页文字为主），建立起数据库，并能检索与用户查询条件相匹配的记录，按一定的排列顺序返回结果。

根据搜索结果来源的不同，全文搜索引擎可分为两类，一类拥有自己的网页抓取、索引、检索系统，有独立的"蜘蛛"程序，或"爬虫"程序，或"机器人"程序（这三种称法意义相同），能自建网页数据库，搜索结果直接从自身的数据库中调用，百度就属于此类；另一类则是租用其他搜索引擎的数据库，并按自定的格式排列搜索结果，如 Lycos 搜索引擎。

2. 目录索引

目录索引虽然有搜索功能，但严格意义上不能称为真正的搜索引擎，只是按目录分类的网站链接列表而已。用户完全可以按照分类目录找到所需要的信息，不依靠关键字进行查询。目录索引中最具代表性的有 Yahoo、新浪分类目录搜索等。

3. 元搜索引擎

这类搜索引擎一般都没有自己的网络机器人及数据库，它们的搜索结果是通过调用、控制和优化其他多个独立搜索引擎的搜索结果并以统一的格式在同一界面集中显示。元搜索引擎虽没有“网络机器人”或“网络蜘蛛”，也无独立的索引数据库，但在检索请求提交、检索接口代理和检索结果显示等方面，均有自己研发的特色元搜索技术。比如“MetaFisher 元搜索引擎”，它就调用和整合了 Google、百度等多家搜索引擎的数据。

4. 垂直搜索引擎

垂直搜索是针对某一个行业的专业搜索引擎，是搜索引擎的细分和延伸，是对网页库中的某类专门的信息进行一次整合，定向分字段抽取出需要的数据进行处理后再以某种形式返回给用户。

垂直搜索引擎和普通网页搜索引擎的最大区别是对网页信息进行了结构化信息抽取，也就是将网页的非结构化数据抽取成特定的结构化信息数据，好比网页搜索是以网页为最小单位，基于视觉的网页块分析是以网页块为最小单位，而垂直搜索是以结构化数据为最小单位。然后将这些数据存储到数据库，进行进一步的加工处理，如去重、分类等，最后分词、索引再以搜索的方式满足用户的需求。

在这个过程中，数据由非结构化数据抽取成结构化数据，经过深度加工处理后以非结构化的方式和结构化的方式返回给用户。

6.1.3 搜索引擎未来的发展趋势

新一代搜索引擎的发展目标就是采用新兴的搜索技术为用户提供更方便易用、更精确的搜索工具来满足用户的信息查询需要。技术上，应该在自然语言理解技术上有所突破，以 XML（可扩展标记语言）为主，并使用向导技术。

1. 垂直化专业领域搜索

由于社会分工的加大，用户从事的职业有很大不同，不同用户对信息搜索也往往有自己的专业要求。由于综合性的搜索引擎收录各方面、各学科、各行业的信息，因而搜索到的不相关的信息太多，需要引进专业垂直引擎来解决这个问题。垂直搜索引擎只面向某一特定的领域，专注于自己的特长和核心技术，能够保证对该领域信息的完全收录与及时更新。因此，基于专业领域的“垂直搜索引擎”开始成为搜索引擎发展的一个新趋势。

2. 智能化搜索

传统的搜索引擎使用的方法是被动搜索，而准确的搜索应建立在对收录信息和搜索请求的理解之上。基于自然语言理解技术的智能化搜索引擎如果可以同用户使用自然语言交谈，并深刻理解用户的搜索请求，则查询的结果更加准确。

3. 关联式综合搜索

所谓关联式综合搜索，是这样一种一站式的搜索服务，它使得用户在搜索时只需要输入一次查询目标，即可以在同一界面得到各种有关联的查询结果，这种服务的关键在于有一个架构在XML基础上的整合资讯平台。

4. 个性化搜索

提高搜索精确度的另一个途径是提供个性化搜索，也就是将搜索建立在个性化的搜索环境之下，其核心是跟踪用户的搜索行为，通过对用户的不断了解、分析，积累用户的搜索个性化数据来提高用户的搜索效率。

5. 结构化搜索

结构化搜索充分利用XML等技术使信息结构化，同时使用结构化查询，从而使搜索的准确度大大提高。

6. 本土化的搜索

世界上许多著名的搜索引擎都在美国，它们以英语为基础，完全按美国人的思维方式和观点搜集和检索资料，这对于全球不同国家的用户来说是显然不合适的。各国的文化传统、思维方式和生活习惯不同，对于内容搜索的要求也就存在差异。搜索结果要符合当地用户的要求，搜索引擎就必须本土化。

7. 多媒体搜索

随着宽带技术的发展，未来的互联网是多媒体数据的时代，开发出可查询图像、声音、图片和电影的搜索引擎是一个新的方向，这也将极大地满足用户的需求。未来的搜索引擎应该信息量更大、搜索速度更快、搜索精度更高和更能够满足用户的信息查询需求。

6.2　一淘购物搜索引擎

一淘商品搜索是淘宝网推出的一个服务产品。一淘网立足淘宝网丰富的商品基础，放眼全网的导购资讯。网站主旨是解决用户购前和购后遇到的种种问题，能够为用户提供购买决策，使用户更快找到物美价廉的商品。

6.2.1　基本情况

一淘网于2010年10月9日正式上线，2011年6月16日阿里巴巴集团宣布，把淘宝分拆为三家公司：一淘网、淘宝网和淘宝商城。其口号是：一淘让购物更聪明、更实惠！

2011年11月2日，阿里巴巴宣布10亿元投资一淘网，帮助B2C网站向网购用户推广，以获取外部流量，主要体现两点：第一，一淘网绝不是纯粹的比价网站，这并不是一淘网的目的，它要为用户提供整套购物的选择方案，价格只是元素之一，也是有意要弱化的元素；第二，当今电子商务已不是某家B2C想一揽子全都自己干就能做成的生意，而是整个生态链的孕育，作为淘宝网的外环，一淘网的使命就是开放，为更多淘宝网外的独立 B2C 带去流量。一淘网还宣布，将向所有电子商务网站开放用户资源。

一淘网收录了淘宝网数百万家网店和 5000 余家 B2C 购物网站，包括天猫（淘宝商城）、京东商城，当当网、亚马逊等各大 B2C 网站，实时获得全网最新商品信息。

图 6-1 所示为一淘网首页，供参考。

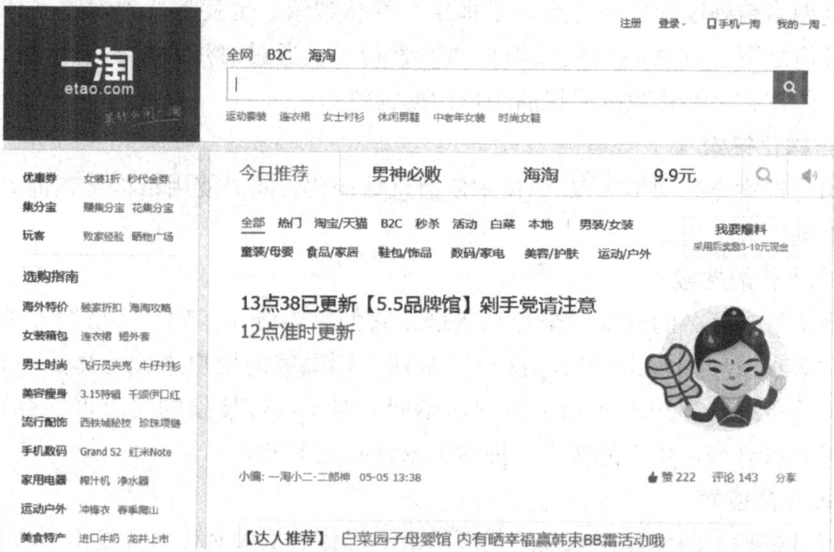

图 6-1 一淘网首页

6.2.2 商业模式

1. 战略目标

一淘网的目标是成为用户的互联网购物入口，通过提供用户购物所需的决策信息（促销打折、评价、排行、论坛、问答、新闻等）和数量最全的全网商品，为用户打造全新的一站式购物体验。一淘网会索引互联网与购物相关的各种信息（促销打折、评价、论坛、问答、新闻等），通过基于不同用户提交的关键词，来组合出不同的综合结果页面，以满足用户的不同购物需求。一淘网总裁吴咏铭表示帮助消费者找到物美价廉的商品和服务只是一淘网战略的一部分，一淘网的目标是成为网购人群的消费入口。

阿里巴巴集团向一淘网投资 10 亿元人民币，三年内不考虑盈利，力求在 3 ~ 5 年后，使 15% ~ 20% 的中国互联网用户将一淘网作为购物的决策平台。一淘网一方面是要成为用户的消费入口，抢夺百度通用搜索中有购物需求的目标用户；另一方面则是为百度客户中的电商企业提供流量导入及营销服务，抢占百度的广告市场。

2. 产品与服务

一淘网提供的产品和服务非常全面，包括购物搜索服务、开放搜索、一淘团购、一淘专享、买就送、巨优惠等。其中开放搜索功能都是对 B2C 的商家提供的。通过开放搜索，外部的独立电子商务网站可以和淘宝旗下的一淘网实现无缝对接，向一淘网搜索引擎传送数据。

用户只要在一淘网商品搜索页面中输入想要检索的关键词，就能搜索到全网的商品。若使用淘宝网 ID 或支付宝 ID 登录一淘网后点击商品，用户将以登录状态直接访问独立电子商务网站自建的购物页面，并可使用淘宝网的收货地址，最终利用支付宝结算完成交易，这极大地方便了用户的购买。在服务中购物搜索是其最主要的服务，其他产品和服务都是围绕购物搜索服务发展起来的。一淘网的特色服务如图 6-2 所示。

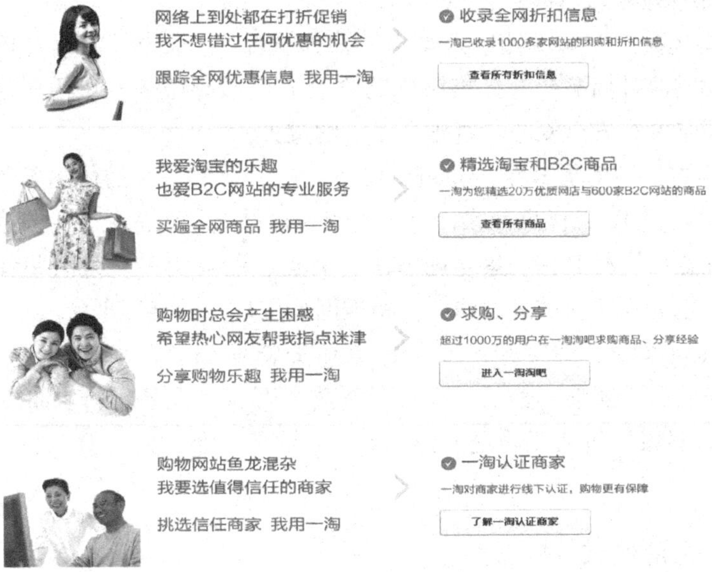

图 6-2 一淘网的特色服务

3. 盈利模式

目前，一淘网的盈利来源一是页面广告等，二是按照交易价格提佣金。但总的来说一淘网暂时不会关注盈利问题，而是将扩大市场份额当作首要任务，即希望三年内使一淘网占据中国网络购物市场 15% ~ 20% 的份额。

4. 核心功能

（1）一淘发现。一淘发现是国内首个开放式导购平台，包括蘑菇街、LC 风格网等购物分享网站都是平台的合作伙伴。它致力于帮助消费者在购物时作出最好的购物决策，用户在一淘的平台上可以自由分享、交流及寻找自己喜欢的商品、资讯、图片、人等信息。

（2）一淘返利。覆盖广：一淘返利涵盖近两百个返利商家，通过一淘去这些商家下单均有返利。其返利的特点是：①极速返，独享淘宝网极速返利，淘宝网返利订单 1 ~ 15 个工作日内到账，无须等待两个月。②无门槛，即便你只获得了 1 分钱返利，也可以使用。③返利高，一淘网店淘宝网返利金额比同类网站更高。

（3）全网实时价格动态展现。全网实时价格动态展现包含三个部分：

① 全网价格概况展现。让用户一眼就明白，当天全网商品的价格变化幅度，有多少商品涨价，有多少商品降价了；也可以看到一周内的价格变化趋势，全网热门类目的价格变化，如零食特产、服饰配件、美容护肤、数码配件、生活电器等这些与生活息息相关的商品类目。

② 各商家价格概况展现。精选了 5 家知名网站——天猫、京东商城、当当网、亚马逊、苏宁易购，告诉用户每个商家价格变化最大的 10 大商品类目，告诉用户今天应该在哪个商家买什么类目的商品最划算。

③ 主要类目价格概况展现。精选 9 大热门类目，进行不同商家横向对比和纵向对比（一周价格趋势），告诉用户和以前比是不是贵了。

（4）海淘优品。一淘海淘频道推出“海淘优品”，致力于向用户推荐海外 B2C 网站高性价比的海外商品，并提供海外购物全方位指导服务，让用户足不出户，直接淘到海外质量好、安全安心、真正白菜价的宝贝。

（5）优惠券。一淘优惠券（quan. etao. com）是全网最大的优惠券平台，截止到 2013 年 5 月共收录 10 万优惠商家，每天为用户提供上亿张优惠券。打通一淘网整体购物环节，涵盖所有行业，汇集全网 B2C、天猫、淘宝卖家，为消费者提供了网购省钱的服务，也为商家提供了面向广大精准网购用户群的推广平台。

目前已收录天猫、淘宝知名品牌，包括美特斯邦威、Me & City、韩都衣舍、GXG、江南布衣、七匹狼、美的、阿芙、兰芝、百丽、爱慕、新农哥等；以及绝大多数知名 B2C 商城，包括亚马逊、当当网、1 号店、唯品会、梦芭莎、太平鸟、乐蜂网、国美等。

6.2.3 经营模式

（1）深度数据整合。要实现这些价格之外的服务，只有和商家实现深度数据整合。深度对接后，对电商价格的随时变动，都能随时抓取，即时展现给消费者。而最大的意义还在于呈现各商家独特的服务价值。

（2）多种聚合方式。一淘网通过多种聚合方式，让用户能够搜索出更多乐趣和实惠。比如，在一淘网的搜索框中搜索“当当”，除了可以看到来自当当网的商品外，还可以看到当当网提供的优惠券信息。如果用户的目标很明确，也可以直接到搜索框中搜索当当优惠券。

（3）搭建“一站式”入口。使一淘网是网购者的全网消费入口，帮助其找到逛商场的乐趣，既方便又不漏掉任何实惠的产品。购物搜索的核心不在于核心关键词出来的结果，其实做的是导购的行为，让一淘网成为商家面向消费者的消费入口。

6.2.4 技术模式

1. 搜索技术

一淘网有三个数据来源：互联网、外部合作方和淘宝主站。其中，互联网数据通过 crawl（爬虫）的方式获得，而后两者则通过 feed（离线处理）的方式提供。一淘网搜索技术示意图如图 6-3 所示。

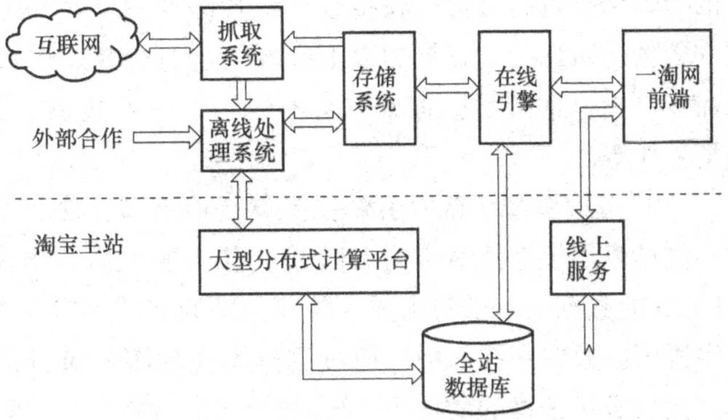

图 6-3 搜索技术示意图

抓取系统的功能包括：网页抓取、抓取调度、域名解析、死链检测、JavaScript 执行等。目前，一淘网的资讯、话题、问答中的大部分数据都是通过抓取系统从互联网获得的。它是一淘网一个重要的“原料厂”。

离线处理系统功能众多，可灵活定制，其主要功能有：网页编码识别与转换、网页解析与内容抽取、购物相关站点发现、列表页识别、网页分类与消重、链接提取与合并、关键词提取、网页静态特征的提取。它是一淘网的“加工厂”。

存储系统负责存储抓取系统和离线处理系统的产出，同时向这两个“厂”提供高性能、大容量的存取服务。目前采用的是 Hadoop + HBase 的体系结构，将网页、链接、图片进行了分类存放。存储系统是一淘网存放原料、半成品的“核心仓库”

在线引擎负责对一淘网前端搜索请求返回查询结果，它生成索引的数据来自存储系统。在线引擎是一淘网面向用户的“成品生产车间”。值得一提的是，一淘网采用了阿里巴巴集团新一代的 HA2 引擎技术。HA2 结合了开源引擎和阿里巴巴上一代引擎技术的设计优点，在支持全文检索的同时，兼备了商品搜索的各种功能。

2. 数据挖掘技术：分析用户查询意图

该技术是通过用户输入的关键词来分析用户查询的意图。其系统架构如图 6-4 所示。

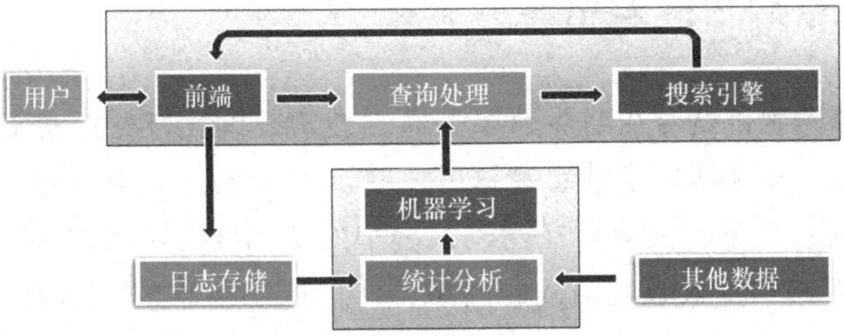

图 6-4 预测用户查询意图的技术系统架构

（1）前端。前端负责直接和用户进行交互，当收到用户搜索请求之后，往后端系统传递请求，并接收搜索引擎返回的结果，组织到网页上，展示给用户。前端还肩负着一个重要的记录日志的工作，即通过用户在页面上进行搜索或点击等行为时，调用 JavaScript 向指定的日志服务器发送特征 URL。发送的 URL 会包括从 Cookie 中解析出的用户特有的数据。

（2）查询处理。查询处理是线上服务系统，它是对用户意图进行分析后，对用户的搜索结果进行改进。在接收到前端的请求之后，系统会利用线下对查询分析得到的数据，对用户的查询和上下文环境进行分析，附加更多的条件到搜索引擎的请求命令之中。常见的查询处理会有以下的一些内容，如查询改写、查询分类预测、查询导航等。

（3）搜索引擎。搜索引擎主要负责检索和排序，一般由一些倒排表和正排表组成。倒排表用于查找对应的文档 ID，能快速地检索出命中文档，再根据正排表来查对应 ID 的数据。一般将需要字符串类型的文档字段作为倒排表来进行检索，字符型的字段可以放在正排表中，通过倒排表找到满足条件的文档，再在正排表中进行过滤。找到满足条件的文档后，再进行过滤、统计，并根据排序参数进行排序。

（4）日志存储。日志存储系统收集前端记录的日志，存储在数据仓库中，解析后用分布式文件系统来存放。有几类日志比较重要：①搜索日志，一般会包括如用户 ID、Session ID，用户搜索查询、用户当前搜索的分类、用户搜索时间等内容；②点击日志，包括用户 ID，Session ID、用户搜索查询、用户当前搜索的分类、用户点击的项目，用户点击时间等内容；③可能还有其他的，如交易记录等内容。

（5）统计分析。日志分析主要是一种统计分析，数据源来自于访问日志。另外还可以分析数据库中存储的用户的购买、收藏等行为，例如，可以从日志中分析出用户搜索“nike”时最想找的是运动鞋还是运动服。

（6）机器学习。统计的算法也是机器学习的一种，如果用户行为数据足够多，那直接使用统计分析应该可以解决大部分问题，剩下的小部分问题则可以交给机器学习其他算法来完成。可以将较好的数据进行训练，并对长尾的查询进行分类预测。这里的训练数据的特征是用户查询中的每个词，词出现对应这一种分类。分好类后，对每个类中文档的排序也可以通过机器学习来进行，以作出最优的排序。

6.3 惠惠购物搜索引擎

大部分网络购物消费者在购买前要先通过搜索查询比较。汇集上百家商城信息的惠惠购物搜索，正是适应了消费者这一需求。实际上，有 44% 的网民只尝试过 1 个网上商城，而大部分网上商城在网购人群中的认知度均不超过 5%。面对林林总总的各类购物网站和令人眼花缭乱的商品，网民们总会感到无从比较、难以选择，一方面不知道其他网上商城在哪里，同时也不知道商誉如何，因此也不敢贸然尝试。有道购物搜索的推出，如同一座网购商城间的“跨街天桥”，让消费者可以自由比较产品与价格，看到来自消费者的真实商家评论，让网络购物变得更踏实、省心。

6.3.1 基本情况

惠惠网（http：//www. huihui. cn/）是网易旗下的购物搜索和网购推荐平台，它整合了网易返现、有道购物搜索和有道购物助手等产品。惠惠网提供主流购物网站的商品比价，推荐高性价比的网购产品，同时提供淘宝、京东、亚马逊、苏宁、当当、凡客诚品等各大商城的购物返现服务，为用户打造超值的网购体验。

图6-5所示为惠惠网首页，以供参考。

图6-5 惠惠网首页

2007年7月1日，全面采用网易自主研发的有道搜索技术，与原来的综合搜索和网页搜索合并，2007年12月11日推出正式版。

2009年1月6日，有道购物搜索上线。有道购物搜索目前的主要功能有：找到稀缺的商品——输入产品型号，搜索引擎会在 *N* 个而不是1个B2C商城里找；比出划算的价格——除了产品简介外，给出该货品的多家价格比较，一目了然；提供独立的评价——对不熟悉的商家，可以先看看独立的用户评论再作决定。

2009年12月底，有道购物搜索推出了2010正式版（内部代号为“犇牛”），该版本优化了网页预览功能和智能结果功能，并且增加了安全保护功能、搜索条目优化。

2011年4月15日“物有我，省钱有道”——有道购物助手全新发布。有道购物助手就是这样一款提供购物比价功能的浏览器工具，目前已经提供了IE（包括IE9）、360、Chrome、Firefox等主流浏览器上的版本。有道购物助手的主要功能有自动启动、多站比价、低价提醒。

2011年9月22日有道购物助手2.0版本上线：让网购更快捷，省钱有品质。有道购物助手2.0版本在原有功能的基础上进行了多项升级与改进，再一次大大提升了网购一族的购买乐趣。

2012年3月16日有道购物助手新版上线，轻松查看价格历史，网购更精明。有道购物助手2.3版本新增价格历史功能，不仅能看到当前商品在不同商家的价格比较，同时可以看到这款商品近两个月内的价格历史，多商城比价+历史价格参考。

2012年4月23日网易返现新版上线，网购优惠一网打尽。这次改版一方面让用户可以继续便捷地使用返现购物；另一方面重点打造了折扣优惠资讯，不仅会和商家沟通优惠方案，为返现用户提供各种专享价，而且会在所有电商网站中为用户搜罗最新的超值折扣。所有推荐内容都会经过网易专业的购物团队审核，网易返现推荐的全是“真正的优惠”。

2012年5月3日有道购物助手版本新增优惠券功能，网购省钱再升级。有道购物助手升级到2.4版，增加了网购优惠券功能，使用新版购物助手用户不仅可以通过多商城比价，查看商品价格历史的功能，更可以使用对应商城的优惠券享受折上折的优惠。

2012年5月16日，有道搜索又推出新版（内部代号为“唐古拉”），新版采用简洁的首页风格，新增精选搜索并优化了即时提示。

2012年9月6日，网易返现、有道购物搜索和有道购物助手等产品被整合，形成惠惠网。

6.3.2 商业模式

1. 战略目标

惠惠继承有道购物公正、中立的态度，提供主流购物网站的商品比价和购物返现服务，每天推荐高性价比的网购产品。其目的是打造一个中立、客观、包容的购物搜索平台，成为用户到商家比较好的桥梁。

2. 目标用户

它主要是面对国内的所有有购物需求的目标用户以及在网上购物的用户群体。在过去几年中，亚洲在全球新增网民中所占比率最高，并且中国互联网用户人数正在以非常快的速度增长，由此可以看出惠惠的目标用户数量非常巨大。

3. 产品与服务

惠惠提供的产品和服务非常全面，主要包括几种：

（1）购物搜索。搜索上百家网上商城的近千万商品。在惠惠购物搜索中，用户可以按照品牌、价格、类别进行搜索。在操作过程中，用户可以比较各个商家该商品的价格。

（2）购物助手。购物助手具有浏览商品时自动比价的工具、多站点比价（支持200多家商城的商品页面自动展示其他商城的报价、运费信息、价格走势（在商品页面查看商品时，自动呈现商品价格走势）、淘宝网同款服饰（在浏览淘宝网服饰页面时，购物助手自动为用户在淘宝网商品中查找相同款和相似款）、自动提醒优惠券（网上商城购物时，自动提醒可以使用的优惠券）、多站搜索（当用户在网站搜索商品或查看商品分类时，自动为用户呈现全网及其他商城搜索结果）、全网商品搜索（可以在商城页面更方便地进行全网商品的搜索，还会根据用户正在查看的内容自动为其找到想要的搜索词）、优惠精选（网站编辑人工挑选全网超值的优惠信息，汇聚各商城打折信息）、豆瓣书评（支持在各大商城图书商品页面自动展示该书在豆瓣的评分和评论情况）、分享商品（当用户发现一个超值好商品的时候，可以分享给朋友）等功能。

（3）返现。通过惠惠网提供的链接去网上商城购物，惠惠网站会给用户一定比例的现金返还。购物返现已经形成一个产业链，包括商家、返现平台、购物返现网站，市场已经颇具规模。惠惠网采用购物返现金的形式聚集了大量的网购会员，会员从惠惠网去各大网上商城购物，订单完成后（无退货），惠惠网作为该商城的合作伙伴，可从该商城得到一定比例的销售佣金，惠惠网再把佣金的绝大部分返还给会员。

4. 盈利模式

（1）增值服务收益。这项收益现在是公司的主要收入来源，而并不是一般认为的那样主要靠广告收入。惠惠通过提供免费的服务，然后在用户使用的过程中加入一些收费的附加业务，以达到盈利的目的。

（2）广告收入。这一项收入在前面也已经提到了，虽然广告收入并非最大的收入来源，但是庞大的用户数量以及广阔的覆盖面，使其具有较高的媒体价值，所以广告所带来的收益也是相当可观的，这也是惠惠网非常重要的收入来源。

（3）未来精准广告。惠惠购物搜索目前暂未盈利，仍处于用户积累阶段，也不看重盈利。尽管已有150万余用户数，每月订单量超25万个，月订单成交金额5000多万元，但惠惠的“搜索+比价+返现”模式平均利润率不高，收入少部分用于运营推广，大部分都返还给了用户。等用户数量到一定数量级时，不排除会有推送精准广告等其他盈利模式。

问题与讨论

1. 什么是搜索引擎？
2. 一淘网的核心功能是什么？
3. 搜索引擎中需要哪些技术支持？

第7章 社交网站

7.1 概述

社交网络服务已经在中国走过了七八年的发展历程，从2006年校内网开始在大学校园中的迅速扩张，到2008年开心网的“全民偷菜”，再到2009年微博服务上线，增长势头迅猛，吸引了国内大部分网民的眼球和时间。艾瑞咨询网民连续用户行为研究系统iUserTracker监测数据显示，2012年10月，微博服务月度覆盖人数达到3.01亿人。而在商业化层面，2012年5月18日，Facebook在纳斯达克上市，开盘后大跌，股价从此低迷，未能突破发行价。反映了市场普遍对Facebook货币化能力的担忧，以及对Facebook在移动端的变现能力缺少信心。而国内，2012年新浪微博正式开始商业化进程，广告、游戏和会员增值等盈利模式均有所尝试，目前取得一定收入，但仍未实现盈利。

7.1.1 社交网络服务的含义

社交网络服务（Social Network Service，SNS）是一个系统的概念，包括硬件、软件、服务及应用，是Web2.0体系下的一个技术应用架构。

它的理论依据来源于美国著名心理学家米尔格伦（Stanley Milgram）于20世纪60年代提出的“六度分割”（Six Degrees of Separation）理论，又叫小世界现象（Small World Phenomenon）。SNS基于“六度分割”理论运作，放在Web2.0的背景下，每个用户都拥有自己的Blog、自己维护的Wiki和社会化书签等，用户通过Tag、RSS或者即时通信、邮件等方式连接到一起。按照六度分割理论，每个个体的社交圈都不断放大，最后成为一个大型网络，这就是社会化网络。

互联网及各种信息服务在这么多年来，已经不断渗透并影响到了人们社会生活的方方面面，直到Facebook这样的真实社交网站兴起，才让人们意识到，互联网完全构建了一个人作为个体在传统社会生活中的环境，将一个拥有个人页面的用户与现实生活中的人，如此真实而又密切地联系到了一起。

用户从匿名到实名经历了一个逐渐的演变过程。在社交网站兴起以前，BBS及各类论坛社区是互联网用户最活跃的地方，但是这类社区的功能，仅以获取信息、交流信息及娱乐消遣为主，因此用户身份缺乏真实有效的信息。

但随着电子商务的发展，当用户信息与实际生活产生必要的联系之后，就渐渐开始朝实名化的方向发展。为确保其交易的安全可信度，就加入了对商户、用户的身份信息的验证，以维护真实社交关系或交友为主的社交网站，使得用户信息真实化又迈出了最重要的一步。

中国互联网络信息中心发布的《2014 年第 33 次中国互联网络发展状况统计报告》显示，截至 2013 年 12 月，我国社交网站用户规模为 2.78 亿人，使用率为 45.0%，相比 2012 年年底降低 3.8 个百分点。近年来，虽然社交网站用户使用率下降，但社交已发展成为各种互联网应用的基本元素，如网络购物、游戏、视频等服务纷纷引入社交元素以促进发展。

7.1.2　社交网站的发展历程

社交网络服务的概念推出后，社交网站大体经历了三次震荡发展阶段。相关情况如表 7-1 所示。

表 7-1　社交网站发展的三个阶段

	第一阶段	第二阶段	第三阶段
时　　间	2003～2004 年	2005～2007 年	2007 年年底至今
模式	在线约会交友	MySpace Facebook 模式	Facebook 模式，SNS 开源建站程序，游戏组件应用
代表性网站	UUZone（UU 地带） 友友网（yoyo. net） UUME 亿友（yeeyoo. com） 中国缘	51. com 赛我网	开心网 校内网（人人网）
目前状态	死亡或半死亡	半死亡或活跃	活跃
盈利模式	无	VIP 会员、功能化收费	VIP 会员、广告、虚拟物品交易、第三方收入分成
盈利状况	大部分没有盈利，小部分有较少的盈利但不稳定	少数盈利	一部分开始盈利
备注	前两阶段的大部分网站经过并购、重整走向新的模式，且同第三阶段的网站一起摸索新的盈利模式，以持续提高其盈利性		

第一阶段：由于在线使用率太低，用户黏性不强，用户不活跃，新用户少；对搜索引擎开放。

第二阶段：用户对象的特征为：校园、网吧、城市流动人口、三线城市、同城约会、视频认证；对搜索引擎开放（MySpace. com 模式）或不开放（Facebook 模式）。

第三阶段：封闭搜索引擎，邀请注册模式，病毒式营销，APP 社区游戏，SNS 社区游戏化。

实名制和封闭搜索引擎是 Facebook 在 SNS 发展过程中的两大重要创举，也是第三阶段的基本特点。

虽然社交网络已经经历了十余年的发展，一批批的站点涌现，又有一批批的站点难以为继被市场所淘汰，但目前社交网络市场依然还处于起步阶段。如图 7-1 所示，其特征是产品应用不断丰富，市场进入者不断增多，市场预期仍然处于相对高涨的态势，但仍面临着一些根本的问题，即流量的变现问题。在不久的将来社交网络市场回归理性之后，成熟的社交网络会逐步地越来越多地走向更多人的家庭，成为不可或缺的应用工具。

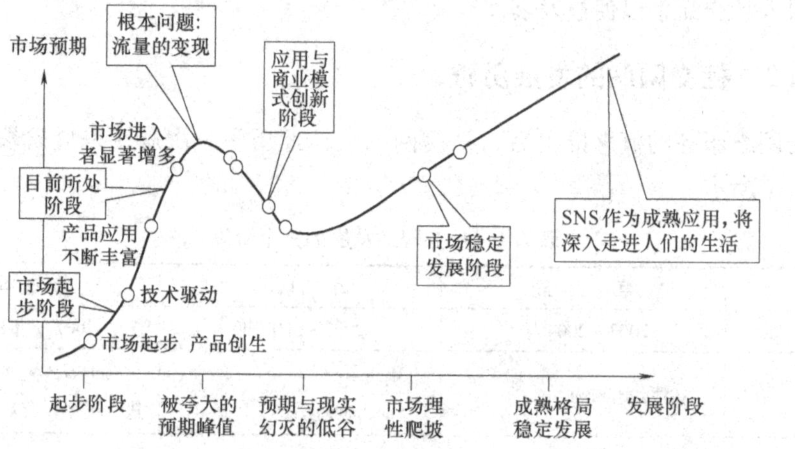

图 7-1 社交网络发展历程

7.1.3 社交网站分类

社交网站经过十余年的发展，各种各样的社交网站先后出现，中国的社交网站从初期的单纯模仿、定位相似而进入服务细分，开始出现针对特定人群的社交网站。目前，国内主要的社交网站大体有以下几种类型：

1. 校园生活型

校园生活型社交网站以校园生活人群，尤其是以大学生为核心，已经出现巨头化趋势。其典型站点为人人网（renren. com），目前注册人人网账号已经成为国内大学生开展社交活动的重要环节。

2. 休闲娱乐型

休闲娱乐型社交网站以休闲娱乐人群为核心，该种类型的社交网站从数量上看是在各大类型中最多的，规模大小不一，关注的焦点也各有侧重。目前仍处在上升发展阶段，为突破盈利瓶颈有重心向游戏转型的趋势。典型站点有 51 游戏社区（51. com）、开心网（kaixin001. com）等。

3. 职业商务型

职业商务型社交网站以职业商务交流人群为核心，目前部分站点发展态势已经放缓，部分站点有向休闲娱乐化转型的趋势。典型站点有宾至网（binzhi. com）、若邻网（wealink. com）、天际网（tianji. com）等。

4. 交友婚恋型

交友婚恋型社交网站以交友婚恋为目的人群为核心。该类社交网站近年来迅猛发展，从匿名到实名，管理也走向规范。目前典型的站点有百合网（www. baihe. com）、珍爱网（zhenai. com）、世纪佳缘交友网（jiayuan. com）等。

5. 服务扩展型

服务扩展型社交网站针对原有用户的服务进行扩展，在原有网站基础之上引入更多社交网络元素，或考虑建设独立社交网站，主要为解决用户流失的问题。该类社交网站比较专注核心服务竞争力，主要目的是追求大而全，黏着用户。典型站点有：腾讯以即时通信为基础的扩展（Qzone），百度以搜索为基础的SNS扩展，阿里巴巴以电子商务社区为基础的扩展，中国移动139社区、中国联通“新势力”以电信服务为基础的扩展等。

6. 地域型

这些网站服务于地方市场的需求，以本地为单位，加上对本地的市场的了解，形成了本地化的交友和生活服务。

7. 垂直细分型

垂直细分型社交网站以特定人群为核心。该类型的社交网站用户群在某些方面具有相同的特性，市场更加细分。例如从事同一类工作，海内网（hainei. com）最初就是一个IT从业人员聚集的社交网络；或者具有相同的爱好，如驴友网（traveler365. com）等。

8. 微博模式

关于微博是否属于社交网络的范畴还存在一定争议，但无可否认目前微博的发展越来越具有社交网络的特征，因此本书选择将微博列入社交网络的一种重要类型。微博，即微博客（Micro Blog）的简称，是一个基于用户关系的信息分享、传播以及获取平台，用户可以通过Web、WAP以及各种客户端组建个人社区，以140字左右的文字更新信息，并实现即时分享。由于其信息传播速度快，话题参与度高，交友灵活性大，正在成为社交网络的重要类型。典型的微博有新浪微博、腾讯微博等。

用户的需求是一个不断进化的过程，在用户初级需求被满足的情况下，绝大多数用户就会更进一步要求得到更深层次需求的满足。在社交网站里面，交友是用户加入社交网站后的初级需求，在交友欲望得到满足之后，用户会对社交网站提出更多的服务需求。这时，社交网站就会从初期的单纯模仿、定位相似而进入服务细分，开始会出现针对特定人群的社交网络，垂直细分的社交网络是今后的主要应用。专业网站社交化、社交网站垂直化是未来社交网络发展的重要趋势。

7.2 社交网络分析

7.2.1 社交网站发展的意义

社交网站对于互联网正在产生重要意义。在国外，几乎所有网站都急不可待地想与这些掌控着全世界十几亿个用户的社交网站开展合作，用户和流量的导入使得整个市场流动性更强。依仗庞大的用户资源，社交网站又极易产生巨头，于是怎样才能攀上这门亲戚，成为令国外网站头疼的事情。从腾讯等领头企业纷纷加大对社交网络的投入力度来看，未来社交网络仍将引领互联网的潮流和发展，而社交网络带给互联网的意义也体现在多个方面。

1. 传播速度和广度呈指数提升

从产业角度而言，社交网站帮助网站与应用导入用户和流量，加大了信息的覆盖层面和传播力度。例如，以美丽说、蘑菇街为代表的新兴网站通过接入社交网络成为了极大的受益者。一方面，社交网络的海量活跃用户带来站外的 N 次方传播，实现网站流量的大幅增长；另一方面，社会化平台用户之间紧密的关系网络，用户与用户口口相传的互动、分享和传播，将更加有利于企业口碑营销的开展与品牌的大范围传播。

2. 改变人们的沟通和生活方式

在社会意义方面，因为网络社交的出现，信息的传播方式和人们的沟通方式，乃至生活方式都发生了变化。以前人们看新闻，更多是通过电视、广播、报纸、杂志、门户网站或者搜索，看完新闻难以发表即时评论或与朋友交流。但是今天，相信很多人获取信息的第一个渠道和方式应该是微博或者自己的QQ空间，实际上很多重大的新闻也的确是通过这些渠道得以为大众所知。原因很简单：尽管《××日报》上的新闻可能很好看，但是那上面并没有自己亲朋好友的新闻或信息，用户更关心自己身边的人正在发生和关注什么新鲜事。

3. 带来社会化营销黄金时代

社交网络对于商业的贡献莫过于带来社会化营销的空前繁荣。其一，社交网络正在以前所未有的方式促进品牌和消费者之间的关系，原因是社交网络的出现使品牌与消费者之间的沟通变得更高效、更廉价、更便捷，从而帮助企业了解用户需求，提升产品和服务的质量。其二，社交网络上的关系链传播，即通过好友传递的产品资讯和品牌信息，在品牌曝光、广告识别和促成购买等指标上已经超过了传统广告。其三，用户社交行为研究及社交数据挖掘将开启社交广告新模式，有助提升企业的互动营销效果，大幅提升广告的ROI。

这是一个社交网络集体爆发的时代。社交网络正在改变世界传播和分享信息的方式，中外社交网络也在齐头并进。最关键的是，社交媒体带给互联网更多新的内涵。而对于任何想要吸引中国消费者的企业来说，了解中国的社交网络变得极为重要。

7.2.2 社交网络发展要素分析

1. 社交网络的基础

社交网络的基础在于用户。它以用户为中心，通过人与人的关系传播信息。

传统的博客所提供的网络服务，主要是以内容为维度，通过展示内容进而展示用户。而社交网络则是以用户为中心组织和传播内容，用户的意识及行为成为关注的焦点，满足用户多样化的需求是社交网络的重心。

社交网络融合了传统的Blog、BBS、E-mail、即时聊天等形式，同时又添加了各种应用程序，既继承了传统网络的优势，又形成了具有自身特质的网络文化生态系统，建构基于用户需求的综合化服务平台。

社交网络利用人与人的关系改变人与信息的关系，反过来又用人与信息的关系影响人与人的关系。用户开始在社交网络系统中寻找和辨别信息流，这种获取信息的方式将关注的重心放在人们会从谁那里获取信息，又会与谁分享信息。

2. 社交网络的核心

社交网络的核心是有效用户。从基础客户群的扩大到核心用户群黏着度的提升是社交网站发展的根本。黏着度强是一些小型社交网站或者专业社交网站的又一鲜明特征，虽然此类网站的用户不多，但是都很有效，就是所谓的有效用户。另外就是用户在细分了的社交网站更加能够各取所需。这些资源的有效利用，能拓展人脉、积累资源，并且能够促成许多线下的真实交流接触。

真实社交的功能集中体现了社交网络的优越性，实现网络社交由“虚拟性”向“日常性”的跨越。随着网络社会的发展，人们越来越深刻地感觉到网络的匿名性不能满足人们现实交往的需要，人与人之间的信任在匿名性的“拟态交往”中受到威胁。一方面，在匿名状态下，由于交往面具的存在，人们不需要为自己的言行负责，这时候人们的网络角色和社会角色常常存在着较大的冲突；另一方面，在当今信息爆炸的时代里，人们既需要信息，又陷入“信息超载”的窘境。信息支配了他们的注意力，并远远超过了他们的吸收能力，因此人们在选择信息的时候更加在乎信息的来源。社交网络由于其相对真实的资料，在很大程度上净化了注册用户的身份来源，给用户提供了一条相对纯净的交友空间，提高了网络人际传播的效率，优化了网络社会交往的效果。

3. 社交网站的营销策略

市场营销策略是企业市场营销部门根据战略规划在综合考虑外部市场机会及内部资源状况等因素的基础上，确定目标市场，选择相应的市场营销策略组合，并予以有效实施和控制的过程。

社交网站本身可以是一种营销渠道，但同样作为网络世界的主体，也需要通过各种营销渠道推广自身，才能吸引更多的客户，保持并提高盈利水平。社交网站有两种营销渠道可以选择：一是传统的线下及网络广告推广；二是利用已有注册用户，通过邀请注册增加新用户。

4. 社交网络的盈利模式

互联网业务发展到今天，究其运营状况，互联网的主要收入渠道不外乎以下几种：网络广告、增值服务和销售商品。社交网络拥有庞大的用户群，并且有自身的商业价值，相信大部分社交网络站点在不久的将来都会有来自上述三方面的收益，但会因为主力用户群的不同而在比例上有所差别。社交网络的基本服务对用户是免费的，其主要收入来自网络广告。其中，商务社交网络的情况更复杂一些，它们拥有高质量的用户资源，可以为广告商提供精准广告服务，还可以推广一些新的产品，如天际网正在试行的针对商务人才的猎头服务。还有就是个人增值服务和虚拟物品的买卖。同时，社交网络拥有的真实关系网络将成为很好的商务平台，与电子商务结合将成为社交网络的重要模式。

（1）网络广告。广告是为了某种特定的需要，通过一定形式的媒体，公开而广泛地向公众传递信息的宣传手段。它的本质是传播。对于 SNS 来讲，庞大用户群之间口口相传的口碑是各种应用、服务最好的广告，而创新应用的集中呈现则是提升用户体验进而盈利的不二条件。

社交网站目前所采用的广告模式主要有三类：普通广告、定向广告和植入式广告。

在初期阶段，社交网站没有多大的影响力，只能靠搞一些让用户参与的活动来获得人气，靠出售一些廉价的图片、文字广告来盈利。这种普通广告是社交网站的常见做法。但是，这类广告太形式化，过于单调，点击率较低，广告效果不明显。

定向广告通过对受众的筛选，利用网络广告配送技术，向不同的用户发送内容不同的广告。定向广告可精确定位广告受众，提高广告效果。

植入式广告将商品品牌融入娱乐元素中，比较容易取得消费者的认同与好感，可以改变消费者看广告的逆反心理，在不知不觉之中传播了品牌的影响力，其效果要优于普通广告。比如，开心网在停车位放置宝马的广告。不过，植入式广告缺乏量化的销售和统计方式，实际收效也没有量化的评测指标。

（2）会员费。通过收取会员费的形式获得收入，主要有两种做法，一种为对所有注册会员收费，另一种做法是只对高端会员收费。例如 51. com，对注册成为 VIP 会员进行一个月 10 元的资费收费。在一些专业性的 SNS 网站如百合网，针对 VIP 高端用户收费，收费区间在 3680 ~ 30000 余元不等，当然收费会员可以享受到更多的线上和线下的服务，比如可以查看一些用户照片，还能与专业的爱情顾问进行直接沟通，获得心理专家的情感测试等。会员费模式在国外比较常见，但是国内用户大多习惯于免费服务所以还不普遍。交友婚恋型社交网络通常会推出不同层次的会员收费服务。

（3）个人增值服务。在通过免费提供一般会员服务抓住用户、保持用户黏着度的情况下，一些社交网站开始探索挖掘增值服务的潜力。一种做法是出售虚拟物品获取收益，类似于腾讯的 QQ 秀，如原校内网推出的虚拟物品销售。

在中国，目前网络游戏产业已成为网络经济及文化娱乐业的重要支撑，网络游戏虚拟物品交易作为网络游戏的第二市场得到了快速发展。

目前，市场上进行交易的网络游戏虚拟物品主要类型包括网络游戏虚拟货币和网络游戏虚拟道具。网络游戏虚拟货币和网络游戏虚拟道具的一个重要区别在于：网络游戏虚拟道具存在于游戏程序之内，而网络游戏虚拟货币存在于游戏程序之外。2012 年，中国网络游戏虚拟物品交易市场总体继续保持总量增长的态势，受到客户端网游的游戏发展放缓的影响，增速有所放缓。根据统计，2012中国网络游戏市场的交易总量约为276亿元，同比增长35.3%。从交易类型来看，网络游戏虚拟货币交易总量约为145亿元，同比增长58.0%，约占市场交易总量的52.5%；网络游戏虚拟道具的交易总量约为131亿元，同比增长16.8%。

腾讯是做虚拟物品最成功的一个案例。在QQ秀中，客户可以为自己设计形象，事实也证明了有很多人愿意去花钱买一些衣服或者装饰道具。依托QQ庞大的用户，腾讯在虚拟物品交易方面取得了空前的成功。目前，人人网、开心网等也纷纷涉足虚拟物品交易，发展网页游戏市场。

（4）社交网络与电子商务结合。目前看来，中国的社交网站尚未真正引入电子商务，大部分社交网站和电子商务有关系一般只有以下四种形式：为目标受众定制显示的广告；与社交游戏场景融合的植入广告；利用口碑传播的体验型广告；以应用形式进行的活动营销。例如，阿里巴巴以电子商务社区为基础的扩展——人脉通，只是一个商人交流的平台。可以看出，中国目前的社交网站上的电子商务主要停留在信息发布、沟通交流的阶段，尚未出现大规模实物交易，而只要社交网站在现有的信息发布渠道和社区化的在线生活的基础上，添加现在的C2C或B2C网站的交易功能等，就能实现商品交易，加上社交网站本身具有的高度沟通的特点，商品交易能够顺利进行。

相对于现在各个社交网络尚未完全理清的收入模式，社交网站本身需要支付的巨额广告费用等运营成本支出成为阻碍社交网站实现盈利的重要因素，但为了扩大用户群、提高站点知名度、点击率，各种营销支出费用居高不下、难以削减，这也就导致了很多社交网站入不敷出、难以为继，甚至目前国内各大社交网站均未能实现真正意义上的盈利，运营支出由集团、融资各种渠道支撑，而非通过自身运营实现盈利。因此，探寻有效的盈利模式是社交网站自出现至今一直需要解决的问题。而每个站点想要真正实现盈利，必须从自身、从用户群出发，立足客户、有效利用社交关系，进而实现最终盈利。

5. 社交网络面临的挑战

随着手机、平板电脑等移动终端的普及，社交网络在企业中的应用程度正在快速增长。2011年，全球知名市场研究公司尼尔森发布的一项关于社交网络用户价值的评估报告显示，在开心网上，品牌账户每位粉丝的价值约为每天4619元。

在社交网络上，每个粉丝都可以看作一个传播品牌的媒体，粉丝的主动传播，能够帮助企业迅速将光顾者变成潜在购买者，将购买者变成推销员，从这个角度来看，粉丝的价值是非常高的。

中国社交网络和社交媒体也在迅猛发展中大浪淘沙。从早期的博客、论坛等初级社交媒体形式，发展到今天SNS、微博等相继登上历史舞台。在美国孕育出世界级社交网络Facebook的同时，拥有近十年历史、积聚大量人气和品牌价值的QQ空间也在进化中不断推陈出新，发展成为国内最具规模的社交网络平台。有调查报告显示，中国网民花在社交媒体上的时间已经超过40%，而这一比例还在快速增长之中。有理由相信，中国社交网络的时代才刚刚开始。

然而，随着社交网站商业化的深入，如何通过用户数据创新盈利模式，成为各大网站深入思考的问题。与此同时，用户隐私保护也成为社会热议的话题。

7.2.3　社交网站发展面临的问题与解决对策

当前，中国社交网站正如火如荼地发展，一些相关问题也逐渐浮出水面，严重影响整个行业的发展，其中比较突出的有产品同质化高、用户流失量大及盈利模式不清晰等。

1. 产品同质化高

产品同质化是指社交网站所提供的功能和服务在形式上有差别，但其内容、价值等却实质上趋同，比如人人网和开心网都有抢车位、种地等应用。社交网站同质化不利于用户识别，导致用户流失和市场前景暗淡。要避免产品同质化问题，社交网络在明确自身定位的同时，可以从如下几方面着手：

（1）在核心技术研发上面下苦功。社交网站通过核心技术领先，巩固自己在目标细分市场的竞争地位，避免被竞争者同质化。

（2）关注并合理预测用户需求变动。社交网站通过正确地预测用户需求的变动，率先作出调整，取得先发优势。

（3）改变产品的价值体现。社交网站通过改变产品的价值体现，转变自己的业务形态，为用户创造附加价值。

（4）垂直化发展。社交网站通过专注于某一领域，实行垂直化发展，与竞争对手形成差异化，取得核心竞争地位。

用户在参与、分享和互动的过程中能否体验到高附加值，是社交网站首先必须考虑的问题。互联网用户虽然可以是很好的免费推广者，但是内容本身要值得分享才行。所以说，内容将是网站创造高附加值的灵魂和根本。

2. 用户流失量大

社交网络是用户创造价值的应用，因此，吸引新用户并留住老用户是用户关系管理的一项重要内容，是社交网站持续发展的关键。要解决用户流失的问题，可以从如下几方面着手：

（1）以用户体验设计（UED）为导向。社交网站建立在用户的心理感受之上，用户的直接感受决定了用户是否会继续使用下去，好的用户体验设计会让用户爱不释手，产生高忠诚度。

（2）率先推出用户依赖度高的应用。社交网站可以通过免费为用户提供高依赖度的应用，来增加用户的黏着度，提高用户忠诚度。

（3）将核心业务做好。社交网站通过将核心业务做到领先，就可以相对容易地占据用户的心理位置，赢得用户忠诚。

（4）时刻保持创新意识。社交网站可以通过创新，给用户以新鲜感，时刻激发用户的兴趣，从而提高用户忠诚度。

（5）定期与用户联络感情。这是大家使用比较多的一种方法，比如在用户生日时寄一封贺卡，或是将最新的热门信息发到用户邮箱，都可能引起用户再次访问，但要注意适可而止，否则适得其反。

3. 盈利模式不清晰

盈利模式是需要在创业之初就考虑清楚的首要问题，除非你是像拉里·佩奇和谢尔盖·布林一样的天才并且很幸运。盈利模式是企业赖以生存的基础，是企业赖以发展的最重要组成部分。盈利模式如此重要，以至于企业应当围绕盈利模式展开运作，比如史玉柱之所以从保健品一下跳到网游，就是看好了网游的盈利模式，并且一开始就围绕盈利模式构建整个应用。要成功界定企业的盈利模式就要回归到事情的本源——利润的来源。可以从如下几个方面考虑：

（1）业务形式。业务形式是盈利模式的重要组成部分，是指社交网站依靠卖产品（服务）取得利润，还是收取广告费赚取利润。

（2）服务对象。服务对象是指社交网站收入的来源对象，是普通用户还是商家。

（3）发展方向。发展方向是业务形式和服务对象的表现形式，它是指社交网站是要发展成为媒体还是商家。

（4）其他增值服务。社交网站还可以挖掘一些其他增值服务，提升利润水平。

7.3 人人网（校内网）与占座网

1. 人人网简介

2005年，王兴创建校内网，并开始寻求风险投资。2006年10月，寻求风险投资失败，校内网被千橡互动以200万美元收购。

校内网刚建立的时候一个最重要的特点是限制具有特定大学IP地址或者大学电子邮箱的用户注册，这样就保证了注册用户绝大多数都是在校大学生。用户注册之后可以粘贴自己的照片、撰写日志、签写留言等。该网站鼓励大学生用户实名注册，上传真实照片，让大学生在网络上体验到现实生活的乐趣。

2008年4月，千橡互动凭借校内网和对互联网趋势的判断，获得总计4.3亿美元的风投，为千橡互动的发展完成了战略融资，为今后的发展作好了资金准备。

2008年校内网推出开放平台战略以后，校内网和大量的第三方网络公司、编程爱好者为校内网开发了大批量的网页版互联网小应用程序和网页游戏，大量的社会化的网络游戏为用户之间的互动提供了更多、更丰富的途径，也推动了中国互联网往平台化方向的发展。

经过三年的快速发展，校内网已经成为为整个中国互联网用户提供服务的社交网站，给不同身份的人提供了一个全方位的互动交流平台，大大提高了用户之间的交流效率，降低了维护用户之间交流的成本，通过提供发布日志、保存相册、音乐视频等站内外资源分享等功能搭建了一个功能丰富、高效的用户交流互动平台。

随着大学生用户加入上班一族，“校内”这个名称逐渐成为限制校内网发展的瓶颈。2009 年 8 月，校内网更名为人人网，希望以此为契机打开白领市场，毕竟刚走入职场的大学生伴随校内网的发展度过了大学四年的生活，对于校内网已经产生了一定的品牌忠诚度。

2009 年年末，人人网开始了其商务之旅，携手各大知名网络商城如淘宝网、京东商城、呼哈网、绿森数码等正式推出“人人爱购”（igo. renren. com），率先将电子商务引入社交网站。目前，人人网的产品和服务内容如表 7-2 所示。

表 7-2　人人网的产品和服务内容

产品分类	具体内容	描　述
个人空间	个人日志、相册、个人信息、活动、分享、对用户的操作、用户状态、访客和好友、涂鸦板、加入的群、留言板	展示自己，结识新朋友，找到老同学；用日志和相册记录生活点滴，和朋友们分享照片、喜欢的群组、音乐、电影、书籍；结识兴趣相投的朋友；第一时间了解身边好友的最新动态。在涂鸦板上想写什么就写什么
站内信	介于 IM 和 E-mail 之间的信息传递方式	站内信功能是平衡了 IM 和 E-mail 的一个很好的折中产品，一方面它减少了 IM 带来的对工作干扰过大的问题，另一方面解决了邮件系统带有的系统延迟和缺少提示功能的问题
校内通（后发展为人人桌面）	即时文字聊天、文件传送、语音聊天、截图、支持图片预览及旋转等	为网内大学生用户量身打造的一款即时通信软件。好友、同学、校内新鲜事实时提醒，校友录班级聊天室自动生成，随时得知网上与己相关的消息
校内豆	推出虚拟币	校内豆对人民币的比例是 1∶1，主要用于虚拟物品的购买
网页游戏	提供网页游戏服务	早期由千橡互动开发的网页游戏，如《校内三国》、《猫游记》等；目前第三方开发的游戏居多，市场更广阔
API 应用	提供各种开放 API 后，由第三方开发的各种应用	开放 API 后，由第三方开发的各种应用服务，用户可以根据自己的爱好而选择添加
公共主页	资讯平台	通过人人公共主页可以即时收到自己所关注的名人、明星、媒体、机构、话题的最新信息，并实现资讯的共享与传播

2. 占座网简介

2006 年张帆创办了大学生的实名制多媒体网络社区占座网，倡导“自信、机遇、分享、挑战”理念，鼓励大学生用真实姓名、资料、照片注册，以真实、真诚的心态展示自己的才华，与人分享知识、经验，交流各类信息，创造成才机会，并帮助企业与大学生实现互动，让企业了解大学生，让大学生了解企业和社会。

占座网和传统的以内容为主线索的大学生 BBS 的最大不同在于，占座网关注更多的是以“每一个大学生”为中心的展示和交流。

占座网与国内高校联合开展了一系列活动，2007 年，占座网获得“2007 年度中国最具投资价值网站”称号。

2008年时据称已经拥有超过1000万个注册用户，在高校大学生和时尚年轻人中拥有较大的影响力。在中国几家较大规模的社交网站中，占座网是唯一一家仍在坚持自主研发功能应用的网站。

而2009年之后，占座网已经迅速没落，经历两次改版依然未能力挽狂澜，已经淹没在社交网络发展的历史长河中。

占座网的主要功能体现在：

（1）占：“占”字本身就有一种亲切感，大学几年哪个没占过座。这里的占座不仅展现一种友情，还表露有一层深深的含义，就是你人生的位置。

（2）电：相互倾慕、喜欢、关注的新方式。

（3）热：热门话题讨论，充分加强互动。

另外，网站还有随笔、相册、纸条、礼品等功能。

3. 校内网与占座网对比分析

（1）基础用户群。两家都是针对主体为大学生的校园型社交网络。2006年前后正是该类社交网络迅速出现的年代，Web2.0发展到一定程度，校园BBS、校友录等形式已经不能够满足大学生休闲娱乐、发展社交生活的需求，而大学生对于新鲜事物的接受能力是毋庸置疑的。校园型社交网站的发展基于巨大的用户群基础，而人人网和占座网都是当时涌现出来的翘楚。

（2）营销推广活动。两大网站的目标用户群定位已经明确，随之而来的就是市场推广的问题。两家网站注册用户通过发送邮件、口头推荐等形式有效地推广了站点。而在推广上面，校内网与占座网早期都采用了校园大使的推广员模式，校内海报、小型宣传单等随处可见。但在早期市场的占有率上，人人网比占座网占据了更大的优势。

校内网是2005年11月上线，占座网是2006年2月上线，时间很接近。在早期的推广中，校内网的海报覆盖范围更广。在学校某个墙面或操场或学生宿舍前大面积、高频率贴满校内网的宣传海报，从战略上先对这部分地域的学生施加强烈的宣传攻势。而占座网采取的是小型贴纸广告的方式，在教室课桌、食堂餐座的一角上贴上带有占座LOGO的胶贴。两种方式各有千秋，大海报引人注目，小胶贴在不经意间引起学生注意。但实际上海报的内容容纳量更大，有效地向学生展现了校内网的功能、理念，使人更容易接受。胶贴的信息承载量则稍显不足，往往使人不明所以，而占座网本身的名字，又出现在课桌餐桌上，很容易让人误解为这是一个关于如何占座的网站。这点微妙的差距也是人人网和占座网抢占市场时出现差距的原因之一。而另有业内人士分析认为，占座网本身的域名由于发音问题在南方难以有效推广。

经过早期校园大使的营销推广，站点已经拥有一部分注册用户，通过现有用户的口碑推广，则是校内网和占座网迅速扩大客户群的关键。2006年刚刚起步的两个校园型社交网络站点，到2007年9月开学，校内网已经成为新生步入大学、展开校园生活不可或缺的一部分，此时用户群基础已经拉开差距。

（3）产品及运营模式。在产品与运营方面，两个网站的差距也开始凸显出来。人人网的优势体现在：

① 执行力很强的好团队。没有这一点校内网不可能在资金不宽裕的情况下在各高校开展“校园大使”推广活动，花2元买一个用户，还要保证用户的信息真实性。事实证明校内网这个办法很成功，更证明其团队不一般。

② 人人网借鉴Facebook把握了其精髓，如用户体验、社交网络理念等。

③ 优秀的运营更是走向成功的关键。从运营层面来说，人人网做了一些重要的创新，比如“校园大使”。

④“校内通”的推出，标志着校内网在其门户路线上又迈出了坚实的一步，也减少了往QQ输送用户的数量，提升了用户黏性，对网站的长远发展十分有利。

⑤ 校内网已经确立了比较清晰的盈利模式，校内网当时主要的盈利模式是广告和商业合作，并且依靠自主招商的手段发展广告业务。其广告投放特点为面向大广告主，以及根据广告内容与大学生需求特点的关系定向投放广告。其广告数量少、品质高，且覆盖面广、到达率高。同时校内网还尝试在学校、班级、个人页面投放该校周边的广告主的广告，从而做到精确营销。

相对来说，占座网的劣势主要体现在：

① 管理问题。有分析人士指出，占座网内部等级严格，约束颇多，完全失去了社区网站必需的宽松自由、群策群力、灵活机动、创新激情的环境。

② 占座网站也是借鉴Facebook，不过其用户体验、社交网络概念均有欠缺。其中占座网不用邮箱注册就是一大弊病，用户对自己常用邮箱的记忆是最好的，既简化注册使用和密码找回，又便于网站向其反馈信息，一举多得。另外，占座网的座位里不展示个人资料，页面顶部显眼位置放的都是如下几项：我的校友录、好友评价、某某的心情、我的同桌、留言。其实年轻人最需要的是展示自己，以我为中心，如看过我的人的照片、推荐校友、美女帅哥欣赏、打招呼、发信息、加为好友、送礼物、约会等功能。

③ 在社交网络最关键的一点——“社交”上，占座网用“本校团体”这样一个狭隘的圈子来代替社交群组、圈子。

④ 占座网一直没有有效的盈利手段，管理团队对网站没有清晰的定位，而且对于今后的盈利模式如何一直也未明确。

（4）衰败与成长。2008年以后，中国的校园型社交网络迅速发展，虽然此时人人网已经呈现一支独大的状态，但占座网实际上还拥有一定的用户群。但在社交网络应用极大丰富的时期，占座网实际上处于一直故步自封的状态，推出的应用数量对比其他社交网络站点远远不及，而当时的社交网络发展，用户已经不满足于相册、日志等简单应用，社交网络平台上的第三方应用、各种交互活动不仅极大地满足了用户需求，同时也有效提升了用户黏性。

相对于占座网的停滞不前，人人网积极适应着社交网络发展的浪潮，积极引进、开发各种热门应用，有效地吸引了潜在客户，提升了现有客户的黏着度。

4. 案例对比分析总结

人人网和占座网都是早期校园型社交网络发展中出现的知名案例。人人网历经六七年时间不断发展壮大，甚至通过更名寻求更大发展，而占座网已逐渐退出现代大学生的网络社交生活，其中有管理团队的原因，有理念的因素、资本的问题、时机把握等各种因素，但其根本在于对社交网络概念的认识和对社交网络发展潮流的把握。只有充分理解社交网络的意义，在扩大客户群的基础上提高用户黏着度，才能进一步将流量转化为有效用户，将有效用户转化为现金流。

7.4 开心网

1. 开心网的基本情况

（1）简介。2008 年 2 月，程炳皓成立“北京开心人信息技术有限公司”，正式创办开心网（www. kaixin001. com），致力于为互联网用户的联系交流以及各种实用需求提供最佳的解决方案。开心网的使命是打造中国最大的社交网络服务平台，哲学是人生开心就好，愿景是帮助更多人开心一点。

开心网一直致力于为中国网民提供一个开心的互动平台，通过开心网让用户与朋友、同学、同事、家人保持更加紧密的联系，及时了解他们的动态，在线分享照片、日记、心情，通过轻松的游戏组件收获最纯真的快乐。截至 2013 年 6 月底，开心网的注册用户数已经超过了 1.4 亿，成为领先的实名化社交网站。

（2）价值网络。在开心网的价值网络中，利益相关者有用户、广告主、组件开发商、其他媒体等。其价值网络图如图 7-2 所示。

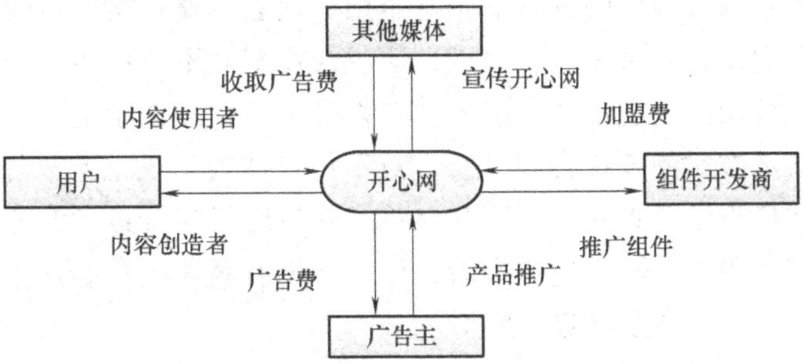

图 7-2 开心网价值网络图

2. 开心网的商业模式

（1）战略目标。开心网的战略目标是打造中国最大、最受欢迎的社交网络服务平台。2009 年 6 月，新华社电视正式进驻开心网，成为开心网第一个机构用户，这也是中国第一家入驻 SNS 网站的机构。新华社电视与开心网的合作是电视媒体传播理念的一种新尝试。2009 年 7 月 1 日，上海文广正式进驻开心网，成为继新华社之后第二家入驻开心网的主流媒体，也是我国首家进驻 SNS 的传媒集团。新闻媒体的进驻为开心网的发展提供了强有力的后盾支持。索尼爱立信在 2009 年夏季上市的四款手机新品（W715、W508、W995 和 T707）中内置移动“开心网”软件，实现社区交友网络的移动化，提高了用户活跃度。

（2）目标用户。开心网的目标客户非常明确，就是都市的青年白领人群。这一部分人生活节奏快，生活压力大，休闲时间少，但他们有休闲娱乐的意愿和条件，所以开心网首先在办公室之间迅速蔓延。

（3）产品和服务。开心网提供的产品和服务包括照片、日记、书评、影评等信息分享平台，短消息、留言、评论等沟通手段，事务管理、网络硬盘、收藏等个人工具，投票、答题、真心话、转帖等互动话题，以及朋友买卖、争车位、买房子、钓鱼、吸乐无穷等互动组件。最为吸引人的为 1G 网络硬盘、买房子送花园、朋友买卖组件、钓鱼组件、争车位组件等。开心网还持续不断地自行开发或与第三方合作开发，推出各种具有实用功能的组件，满足互联网用户的切实需求。

① 信息分享平台。在此平台上用户可以抒发自己的心情，表达自己的看法，发布照片，各抒己见，畅所欲言，类似个人博客和日志。

② 评论等沟通手段。好友之间的沟通、问候以及发表对好友日志的看法，都是这部分功能完成的。这主要是为了增加网站的活跃度。

③ 个人工具。个人工具主要是为了方便用户管理和使用网站的产品和功能。网盘提供 1G 免费网络存储空间，可以永久保留文件。

④ 各种组件。这主要包括朋友买卖、争车位、“咬人”、买房子送花园等非常火的游戏。

（4）盈利模式。

① 植入式广告。开心网现在最大的盈利模式就是做植入式广告。植入式广告是指将产品或品牌及其代表性的视觉符号甚至服务内容策略性融入电影、电视剧或电视节目各种内容之中，通过场景的再现，让观众在不知不觉中留下对产品及品牌的印象，继而达到营销产品的目的。植入式广告最大的优点在于潜移默化地把广告丢给用户，不会造成像对传统广告的反感，对于用户体验来说也比较好。开心网目前所探索的植入式广告已经具有相当多的品牌，并且已经融合进了开心网大多数热门游戏之中，从广大用户的使用过程中看，用户并没有对这类广告产生反感，对于一些陌生的品牌，往往会产生一定的好感。

② 个性化的增值服务收费。开心网在个别组件里推出收费项目，目前推出收费服务的两个插件是“礼物”和“买房子”，“收费礼物”的价格一般为一两个开心币（1 元可换 1 个开心币），但在“买房子”组件里，如果想在牧场里整个“麒麟”出来，那就需要 8 个开心币了。以目前开心网亿级的注册用户来说，这也是一笔可观的收入。

（5）核心能力。对于社交网站来说，如何构建一张巨大的人际关系网络，同时把这个网络管理起来就是其商业价值的核心所在。所以社交网站的核心价值就在于人与人之间的关系链条。开心网的核心价值表现在以下几个方面：

① 大量高忠诚客户。截至 2013 年 6 月底，开心网的注册用户数已经超过了 1.4 亿，月活跃用户约为 2000 万个，虽然新注册用户数增速放缓，但一直在增长。开心

网上沉淀下了一批忠实度比较高的用户，这些用户较以往的用户相比，更懂生活、更加理性，也更注重情感交流。

② 品牌知名度已深入人心。目前，很难找到像开心网这样有品牌知名度和影响力的社交网站了。在写字楼的办公室里随处可见开心网广告，“种菜”“偷菜”已经风靡大江南北了。就算不是开心网的会员，但他知道开心网的存在，这就是开心网的潜在客户。其他竞争对手短时间内难以超越。

③ 良好的市场推广战略。开心网利用口碑营销和病毒式营销的推广方法，使开心网的推广收到了最大的效果。在口碑营销这一方面，开心网做得淋漓尽致，一传十十传百，开心网迅速在办公室之间蔓延。而且，由于这种传播在用户之间自发进行，几乎是不需要费用的，而且效果非常好。

④ 开心网的“开心”。在现在生活节奏快、生活压力大的环境下，很多人的生活失去了“快乐、开心”，但他们渴望拥有”开心”。开心网的出现满足了他们心理上的渴望，相比其他社交网站，用户更愿意接受“传播开心”的开心网，只是名字和网站的理念就足以吸引用户尝试。

3. 开心网面临的困境

随着社交网络的激烈竞争，开心网受到了前所未有的挑战。

（1）缺乏持续的爆发点。开心网早期靠游戏吸引了很多用户，通过抢车位、偷菜游戏这种近乎病毒式的快速发展，迅速抢用户，占领了前期市场。从本质上来说，以游戏为核心发展的用户，用户黏着度本来就不高，用户也很难将关系沉淀下来。例如腾讯就后发制人，利用农场游戏，成功抢走一批用户。从这点上来看，开心网高估了这几个游戏的生命周期，而且后续开发的新游戏无法迅速跟进或超越之前推出的抢车位、偷菜游戏。

（2）故步自封不开放。在开放战略上，开心网很长一段时间内沉浸于往日的辉煌，平台缺乏内容，导致了用户对于平台本身兴趣的流失。2009～2010年间，开心网的两大法宝一是朋友转帖，二是网页小游戏，而高质量分享、UGC（用户生成内容）越来越少，大量同质化的转帖和缓慢封闭的产品，已经注定开心网“开心”不起来了。相较之Facebook和人人网，它们之所以能快速增长恰恰在于其始终是在保持着高度的社交密度的前提下发展的。

（3）急功近利之嫌。开心网上的品牌广告越来越多，大到房产、汽车，小到数码产品、饮料等，分布在开心网的各个组件中。大量毫无价值的信息充斥版面，会导致难以维系用户关系。

问题与讨论

1. 选择一个自己喜欢的社交网站，试从分类、商业模式等角度进行分析。
2. 搜集更多资料，试对比开心网与人人网的不同。
3. 你认为微博是否属于社交网络？请说明理由。

第8章 即时通信

8.1 概述

随着中国网民数量的增多和中国即时通信产品市场近10年的发展，各种各样的网络即时通信产品如QQ、MSN、Skype、阿里旺旺等已经深入人们生活的方方面面。即时通信工具的价值已经不仅仅体现在进行网络交往了，它作为我们信息交流、网络交往的重要媒介，在满足人们沟通、工作、商务等需要的同时，对人们的生活、交往、思维方式以及人们的价值观念产生着深远的影响。

8.1.1 即时通信的概念

即时通信（Instant Messenger，IM），是一种基于互联网的即时交流消息的服务。即时通信允许两人或多人使用网络即时地传递文字讯息、文件、语音与视频。

IM是电子邮件发明以来迅速崛起的在线通信方式。IM的出现和互联网有着密不可分的关系，IM完全基于TCP/IP实现，而TCP/IP是整个互联网得以实现的技术基础。最早出现的即时通信协议是IRC（Internet Relay Chat），但是可惜的是它仅能单纯地使用文字、符号的方式通过互联网进行交谈和沟通。随着互联网变得高度发达，IM也变得远不止聊天这么简单，自1996年第一个IM产品ICQ发明后，IM的技术和功能也开始基本成型，语音、视频、文件共享及短信发送等高级信息交换功能都可以在IM工具上实现，于是功能强大的IM软件便足以搭建一个完整的通信交流平台。目前我国最具代表性的IM软件有腾讯QQ、淘宝旺旺等。

即时通信按使用用途分为企业即时通信和网站即时通信，根据装载的对象又可分为移动终端即时通信和PC即时通信，有的IM产品同时提供PC和移动终端的版本。

8.1.2 即时通信的发展历程及现状

IM最早的创始人是三个以色列青年，他们在1996年开发出第一个IM产品，取名叫ICQ。1998年当ICQ注册用户数达到1200万时，被AOL看中，以2.87亿美元的天价买走。目前ICQ有1亿多个用户，主要市场在美洲和欧洲，已成为世界上最大的即时通信系统。早期的ICQ很不稳定，尽管如此，还是受到大众的欢迎。

在ICQ之后，大量即时通信方式发展起来，如曾经风靡全球的MSN，但现在，ICQ早已没落，MSN被微软舍弃，而腾讯QQ则有了近8亿个用户，同时，微信、陌陌等一大批新生代即时通信软件如雨后春笋涌现出来，市场竞争酝酿新格局。

据易观智库 EnfoDesk 发布的《2013 年第三季度中国移动 IM 市场季度监测》数据显示，2013 年第 3 季度中国移动 IM 市场累计账户数市场份额中，占比前三的应用和份额分别为：手机 QQ47.0%，微信 30.3%，手机飞信 10.9%。

8.1.3 即时通信的分类

1. 个人即时通信

个人即时通信主要是以个人（自然）用户使用为主，进行开放式的会员交流，非盈利目的，方便聊天、交友、娱乐的通信。此类软件有 Anychat、YY 语音、IS、QQ、网易 POPO、新浪 UC、百度 Hi、盛大圈圈、移动飞信、LAHOO（乐虎）、LASIN（乐信）、FastMsg 等。它们以网站为辅、软件为主，免费使用为辅、增值收费为主。

2. 商务即时通信

这主要是指因买卖发生的即时通信。其典型软件如聚友中国、阿里旺旺贸易通、阿里旺旺淘宝版、慧聪 TM 等。

商务即时通信的主要功能是实现了寻找客户资源或便于商务联系，以低成本实现商务交流或工作交流。

3. 企业即时通信

企业即时通信软件包括两种：一种是以企业内部办公为主，建立员工交流平台，减少运营成本，促进企业办公效率；另一种是以即时通信为基础，进行系统整合。其在国内的典型应用有腾讯 RTX 及 Anychat 等。

4. 行业即时通信

这类软件主要局限于某些行业或领域使用，不被大众所知，也包括行业网站所推出的即时通信软件，如化工网或类似网站推出的即时通信软件。行业即时通信软件主要依赖于购买或定制。

5. 网页即时通信

网页即时通信是指在社区、论坛和普通网页中加入即时聊天功能，用户进入网站后可以通过右下角的聊天窗口与同时访问网站的用户进行即时交流，从而提高了网站用户的活跃度、访问效率、用户黏着度。把即时通信功能整合到网站上是未来的一种趋势，这是一个新兴的产业，已逐渐引起各方关注。

6. 泛即时通信

一些软件带有即时通信软件的基本功能，但以其他使用为主，如视频会议软件。泛即时通信软件对专一的即时通信软件是一大竞争与挑战。

8.2 即时通信分析

8.2.1 即时通信发展的意义

对现代企业而言，日新月异的技术、经济全球化、众多的合作关系、对突发事件快速反应，都需要有效的沟通来解决，它们需要的是一个安全、快捷的即时通信软件，因为价格低廉、交流便利，所以网络即时通信也成为企业的首选；对现代社会而言，人类生活存在着巨大的压力，不是忙碌于学业的学子，就是疲惫于职场的职业人士，学习和工作占据了他们大部分时间，他们需要一个休息娱乐的空间和平台来释放生活所带给他们的压力，网络即时通信成为人们释放自己的平台，他们需要一种效果一样但方式不同的交流工具来提升沟通效能；人类已进入信息时代，信息高速流通，人们对信息的需求量巨大，他们需要一款即时网络通信软件承担流通信息的功能，网络即时通信软件与网络邮箱相比就是信息流通的迅速。用户需要的是一个稳定、迅速的聊天工具。网络即时通信是一种简单、方便的联系方法，用户可以在娱乐的同时与朋友联系，网络即时通信也成为了维系关系的纽带。

8.2.2 即时通信发展要素分析

1. 网络虚拟群体的产生

随着互联网的发展，用户的使用习惯也逐渐从网上漫无目的地冲浪转向有目的地获得某种主题和类型的信息。具有相同信息阅读取向的人群，往往形成了互联网上的虚拟群体。虚拟群体最早从 BBS 社区的版开始，逐渐扩大到很多不同的网上信息应用和服务。

可以说，网络虚拟社会群体是互联网给社会和人类生活方式带来的最大变化之一。

目前比较常见的互联网人群主要有 BBS 社区的版、IM 的群（如 QQ 群）、交友网站的圈子、Blog 网站的 Blog 联盟、网络游戏的公社等。互联网用户在群体内具有一定的主题，一名互联网用户往往加入多个群体，关注本群体的信息。

目前，QQ 用户群体应该是最大的网络虚拟群体，该群体通过 IM 软件的群组进行交流，从而形成固定主题的一些小群落，如 QQ 群。

2. 网络虚拟群体的载体依赖性

由于网络虚拟群体仅仅在某个网络平台上生存，它们互相之间不知道彼此的真实身份，除了本身存在的网络平台的 ID 号之外，不具备任何身份识别的其他方式。并且，除了本身存在的网络平台以外，群体无法建立有效通信，也就丧失了群体的生命力。

因此，网络虚拟群体几乎完全依赖于载体应用，如 QQ 群依赖于 QQ。有些时候，群体为了某种需求，也会在其他载体上安营扎寨，如论坛群体建立 QQ 群，或者 QQ 群在某个论坛上建立版面。

从这个角度来说，增强网络虚拟群体的载体依赖性是 IM 软件的重要关注点，通过网络虚拟群体的载体依赖性可以充分保留住已有的客户。

3. IM 的盈利模式

IM 的利润来源主要有两个方面：一是网络虚拟群体本身，二是网络虚拟群体所具有的团体市场。

从前者来看，当网络虚拟群体具有对载体应用的依赖性之后，对网络虚拟群体的收费就成为可行的盈利方式。但是这样一来就会有大量的现有群体启用备份平台维持群体存在，同时另外寻找功能可替代的新载体平台，除此以外也会导致新用户不愿意加入。因此，从现有的网络虚拟群体身上获取利润的方式绝不是简单的收费，而是需要巧妙地引导他们使用收费服务。

从后者来看，网络虚拟群体所具有的团体市场大大集中了目标客户人群，为推销商品锁定了潜在客户。仅仅向网络虚拟群体贩卖商品并不是很好的手段，目前以此盈利的方式主要在于广告投放和推出集成 IM 平台的商业应用。

（1）从网络虚拟群体本身获取盈利的典型方式。从网络虚拟群体获取盈利的典型方式主要由腾讯 QQ 采用。由于 QQ 的产品结构完全在于个人信息消费市场，因此其主要盈利也从 QQ 用户身上获得。

QQ 的主要盈利思路是：保持基本服务和保护网络虚拟群体依赖性的服务免费，对其他增值服务收费。

典型的免费服务有：基本 QQ 通信功能，个人的低质量语音和视频功能，用于维持网络虚拟群体的 QQ 群服务，BBS 功能，16M 网络共享空间。

典型的提高服务质量的收费服务有：高质量语音视频聊天室、QQ 高级群、大容量共享空间等。

典型的网络消遣服务（部分收费）有：QQ 游戏、QQ 宠物。

典型的收费奢侈品（网络形象）有：QQ 秀、特殊 QQ 号等。

与此类似的还有新浪 UC 等以娱乐性为主要方向的 IM 软件。此外，微软也在国外采用过收费模式。

（2）从网络虚拟群体所具有的团体市场盈利的方式。从网络虚拟群体所具有的团体市场盈利的方式区别较大，分别由不同的厂商采用。一般来说，微软是其中比较独特的一种，而以淘宝旺旺为代表的商业 IM 为另一种典型。

微软的盈利方式主要有两点：

① 通过其 MSN Message 的客户资源优势，以广告为主要盈利方式，特别是微软开始 Live 战略之后，更是强化了其广告盈利模式。通过与微软操作系统、网站、邮箱和其他商业软件（如 Office）的捆绑，在其产品中引入 Message 的客户体验，从而实现互相推广的营销策略。例如，在新的 Live 战略中包含 Office Live 战略，其协同办公产品 Groove 就是依靠即时通信产品。

② 商业 IM 的盈利模式基本上是增强本身 B2C 或者 C2C 平台的能力，通过促进 B2C 或者 C2C 交易的方式间接盈利。例如淘宝旺旺的出现使客户可以和经销商直接实时沟通和交互，大大增加了淘宝网平台的成交率，从而实现盈利。

4. 即时通信软件的运营模式分析

就当前国内即时通信市场的情况来看，各类即时通信软件的基本功能都是免费的。和国内互联网其他应用功能与服务一样，即时通信软件运营商也以免费的服务来吸引用户注册与使用，并将用户作为其潜在资源，通过广告和其他增值服务来获得收益。尽管如此，对于即时通信软件的收费运营，腾讯和网易也先后做出过尝试：2004年，网易修改即时通信软件网易泡泡的免费规则就曾经引起许多用户的不满，并且失去了大量用户；腾讯也曾一度实行会员收费制，一开始会员收费制还让其获利颇丰，但是面对激烈的市场竞争，腾讯却无奈地选择了放弃。由于收费制的失败，现在众多即时通信软件运营商考虑的还是如何尽可能地吸引用户并将用户间接地转化为商业利益。具体而言，国内即时通信软件的运营模式有以下几种：

（1）IM＋门户＋应用功能。目前采用这种模式的即时通信软件以腾讯QQ为代表。在这种模式下，运营商的门户网站和各种增值服务均被推向了即时通信软件客户端，使得客户端成为了一个功能整合体，用户一旦通过客户端登录就能够使用运营商提供的各种服务。例如，在信息服务方面，腾讯推出了“桌面门户”的概念，即将精选的新闻内容链接以弹出窗口的形式发送到客户端，由用户自行点击。桌面门户的出现在很大程度上为用户提供了便利，而用户的点击直接增加了腾讯门户的流量。在应用功能方面，用户通过客户端的简单操作就很容易地进入腾讯提供的各种服务，而相关的收费服务和客户端广告也在用户的轻松操作中得以实现。可见对于用户数量庞大的即时通信软件而言，“IM＋门户＋应用功能”模式能够较大程度地将用户资源转化为商业价值。

（2）IM＋社区。“IM＋社区”模式是第二代即时通信软件较为常见的运营模式，这种模式一般先设立各类具有社区性质的网站，再运营即时通信软件。即时通信软件的用户大多来自网站用户，在起步阶段，即时通信软件往往作为网站发展的补充，而并非运营商的首要业务。例如各类社交网站推出的即时通信软件一开始只是为了进一步增加网站用户黏着度，而电子商务网站推出的即时通信软件最初也只是为了改变卖家与卖家通过网页留言沟通效率太低的情况。在这种模式下，若运营商的网站发展得比较成功，其运营的即时通信软件也将随网站的成功而获得较好的市场表现，如淘宝网的阿里旺旺等。

（3）跨平台模式。跨平台模式实现了即时通信软件在计算机与其他通信终端的运行和对接，在最大程度上为用户的沟通需求提供了便利。中国移动的飞信业务是这种模式的代表，而随着3G时代的到来和无线互联网的进一步发展，跨平台模式将成为未来即时通信软件发展的一种趋势。

在实际中，以上三种即时通信软件运营模式是相互渗透、相互借鉴的，腾讯的移动QQ就是对于跨平台模式的一种实践，阿里旺旺客户端对于博客等多种应用功能的整合也是“IM＋应用功能”的体现。在未来的发展中，由于运营模式的相互渗透和相互借鉴，对于用户和市场的争夺仍是各大即时通信软件运营商必须思考的问题。

8.2.3 即时通信发展趋势

1. 丰富化

随着即时通信工具本身应用越来越丰富，用户对聊天之外的需求正在不断增长，更加丰富化的娱乐应用已经成为即时通信未来的重点发展方向。为了满足用户日益旺盛的娱乐应用需求，许多即时通信服务提供商都在不断开发基于即时通信平台的丰富化应用，如虚拟形象、魔法表情以及虚拟宠物等新的应用层出不穷。

2. 社区化

伴随互联网发展和网络用户需求的脚步，由人气汇聚所带来的社区化和互动性也将成为即时通信的重要发展趋势。网络虚拟生活在未来两三年内将成为互联网应用的热点，网络用户可以在网上进行买房、买车、养宠物等与真实生活相似的网络生活。同时，一个纯粹的聊天工具正在被赋予新的内涵，成为一个丰富的个人空间，这里面不仅有可以聊天的朋友，还有游戏、新闻、社区、日记本等。

3. 个性化

目前，即时通信已经被广泛地应用到了日常的工作和学习中。即时通信用户每天都有大量的资料文件在互联网上往来或被保存，因此，作为信息传输的终端，即时通信个人信息处理的功能将根本上决定即时通信产品本身的生命力。这其中不仅包括了文字对话、语音通话、视频交流在内的信息交互功能，还包括了文件传输、发送图片的信息共享功能，同时还包括了聊天记录的有效保存、上传下载的信息管理功能。

4. 整合化

现在即时通信的应用与互联网信息的交流已经融为一体，用户渴望通过即时通信在最短时间内最方便地获得更丰富的资源。所以，整合互联网的各种业务，满足即时通信用户共享互联网资源的需求，就成了即时通信未来发展的必然趋势。即时通信应用将呈现与传统门户网站、移动或固定终端、网络应用增值服务的深度整合趋势。

5. 本地化

随着即时通信产品个人属性的加强和应用范围不断延伸，与本地化应用的融合将成为即时通信产品的主要发展趋势。这种融合的趋势将首先体现在即时通信服务商对本地用户资源的管理、分析，对本地文化的理解，以及基于本地用户需求的基础上，对产品应用的不断优化；其次这种融合的趋势还在于即时通信与本地互联网、电信网等资源的整合，协同为用户提供更高的价值；另外，本地化的趋势还将体现在为本地用户提供更高质量的服务。

8.3 腾讯QQ

1. 腾讯QQ简介

QQ是腾讯公司开发的一款基于Internet的即时通信软件。腾讯QQ支持在线聊天、视频电话、点对点断点续传文件、共享文件、网络硬盘、自定义面板、QQ邮箱等多种功能，并可与移动通信终端等多种通信方式相连。腾讯QQ自1992年推出，发展到今天已拥有同时在线人数超过1.73亿的规模，是目前使用最广泛的聊天工具。

2. 腾讯 QQ 的定位

（1）目标市场定位。在腾讯起步之前，中国网络事业并不是很完善，腾讯公司填补了中国即时聊天软件的空白，几经发展，腾讯公司已在中国即时聊天软件领域扎稳根。腾讯 QQ 主流用户定位为较年轻的人群，而网络广告方面最大的投放量集中在房地产、汽车、金融等中高端消费人群和行业。

（2）消费流程和消费心理分析。腾讯 QQ 的基本业务都是免费的，所以在前期吸引了大量用户后腾讯公司适时推出了增值业务。增值业务的设计也非常合理，各种增值业务都有各自的特权。例如 QQ 会员拥有会员专区，以“为你提供 QQ 世界里最尊贵、最贴心的服务”为宣传语。随后，黄钻、红钻、蓝钻、粉钻等的各种增值业务使用量也大量增加。消费者由刚开始的好奇心理到从众心理，到增值业务推出时的攀比心理，当然，不排除有使用增值业务的用户是因为能享受到其贴心的服务和特权。

（3）产品定位。马化腾建造的“QQ”就是以“聊天”“娱乐”为产品定位，牢牢抓住了 16～30 岁年龄段的网络用户。这个年龄阶段的人思维最活跃、最能接受新鲜事物、观念最超前，并引领时尚潮流，是最“要玩”的一群人。同时，他们又处在当今激烈竞争环境的最前沿，不是忙碌于学业的学子，就是疲惫于职场的职业人士，学习和工作占据了他们大部分时间，因此，QQ 的产品定位理念就是在 QQ 里可以与朋友分享一切，可以展现自我，QQ 为他们提供了一个休息和娱乐的空间和平台。

3. QQ 的盈利模式

（1）增值业务。①互联网增值服务包括 QQ 会员收费、QQ 秀、QQ 游戏等。随着《QQ 幻想》《QQ 华夏》《地下城与勇士》《QQ 炫舞》和《穿越火线》等游戏的相继推出和完善，网游这个蛋糕给腾讯带来了不少的收益，即使不能统领中国网游市场，但至少也可以分得一羹。而且随着“90 后”消费能力的扩大，QQ 增值服务强势增长，主要表现在拍拍网的 QQ 币等虚拟商品的火爆销售。②移动及通信增值服务。其内容具体包括：移动聊天、移动游戏、移动语音聊天、手机图片和铃声下载等。当用户下载或订阅短信、彩信等产品时，通过电信运营商的平台付费，电信运营商收到费用之后再与 SP 分成结算。当年，就是这一模式让腾讯迈出了真正盈利的第一步。可是，在无线增值业务价值链中，产品定价、收费以及大部分营销渠道被移动运营商控制，而内容由内容提供商控制，所以无线增值运营商在价值链处于弱势地位，其利润容易被移动运营商、内容提供商以及作为营销渠道的终端设备制造商等挤压。

（2）网络广告。到目前为止，广告是互联网行业最成功的商业模式，也正因为如此，网络广告成为兵家必争之地。但是，网络广告明显不是腾讯的主要盈利模式，虽然腾讯拥有庞大的用户群，但绝大多数在 30 岁以下，消费能力低。但值得注意的是，尽管如此，腾讯的网络广告业务正在以骄人的速度增长。根据腾讯 2013 年第二季度财报，网络广告收入比第一季度增长 52.7%，达到 12.973 亿元，占总收入的9%。

4. 腾讯QQ的SWOT分析

（1）优势。

① QQ拥有很强大的用户群，在同行一直处于领军地位。因为这个特点，在很多时候腾讯模仿其他公司的产品却拥有比原创公司更好的业绩。而且利用QQ这一用户最多的软件，腾讯可以不紧不慢地推送给用户自己的新产品和新服务。

② 腾讯具有丰富的即时通信运营经验，拥有领先的内容服务和成熟的客户端开发的竞争优势。由于腾讯做即时通信起步早、专一化，且在内容服务的研究和客户端的开发上投入资源多，所以综合实力强。

③ QQ有很多业务，如超级QQ、QQ会员、红/黄/蓝/绿/粉/黑钻业务等，给企业带来了巨大的收入。

④ QQ不仅实用方便，而且功能性强，除了具备聊天功能之外，还附带有游戏、宠物、邮箱、空间、音乐、网络硬盘众多其他功能，使其趣味性高、人气高。

⑤ QQ不仅可以在计算机上使用，手机上也可以使用。如果开通超级QQ，还可以更为方便地通过手机短信与自己的QQ好友进行即时聊天。

（2）劣势。

① QQ设置了等级制度，达到了一定等级的用户就会拥有建立一个QQ群等附加功能，而升级就需要每天达到一定的在线时间，因此很多人为了追求更高的等级，即使计算机暂时不用也开着挂QQ，造成资源浪费，甚至影响了腾讯的舆论形象。

② QQ庞大的用户群中绝大多数是年轻人，这其中学生又占据了较大比重，而商务人士等高端用户较少。相对于商务人士来说，学生的消费水平不高，这与QQ最初定位于娱乐也是很有关系的。

③ 安全性方面，如果账号保护不好就很容易被他人盗用，造成或多或少的损失。这也是一些高端人士不使用QQ的原因之一。

④ 虽然QQ用户群十分庞大，但绝大多数都是中国人，外国人使用QQ的相对来说还是比较少的，因此在世界范围的影响还不够。

⑤ 由于没有实行账号实名制度，一个人可以扮演很多种角色，聊天信息可信度不高，在没有防范的情况下很容易受骗上当。

（3）机会。

① 目前QQ的几亿用户群是其他IM工具望尘莫及的，因此这一庞大群体中蕴含的机会无疑是更为巨大的，因此腾讯要首先要立足这一群体，在这一群体中不断挖掘商机。

② QQ的主要用户是普通的年轻用户，而高端用户较少。其实腾讯早已在2003年就推出了QQ的企业版TM，与QQ共同使用一个账号，并且两者可以方便地进行切换，目的就是想进军高端市场，但效果不明显。如果它能不断完善高端市场产品，并且让越来越多的企业以及办公人士接受，那其在这个新市场站住脚也不是没有可能的。

③ QQ进军手机领域较早，随着手机越来越普及以及手机功能的不断强大，会

有更多的人使用手机 QQ，因此这对 QQ 来说也是一个巨大的机会。

④ 使用 QQ 的外国人比较少，因此，在目前国内 IM 市场相对饱和的情况下，国外 IM 市场对腾讯公司来说无疑是一个巨大的机会。

（4）威胁。

① 同行的竞争。腾讯 QQ 根据互联网报告指出，商务即时通信经过几年“潜伏式”发展，终见成效，其中，阿里旺旺成为用户数增长最快的网聊工具之一。

② 随着科技的发展，即时通信工具越来越多，其功能也越来越接近，IM 市场已接近饱和状态。

③ 虽然 QQ 用户数量巨大，但一个人拥有几个甚至几十个 QQ 号码的情况也是普遍存在的，而用户越多，意味着需要更多的服务器来支持，随着注册用户的越来越多，服务器的压力也越来越大。

④ 移动即时消息方面，腾讯 QQ 缺乏广泛的移动即时通信功能，所以在移动即时通信领域还没有形成绝对的优势。随着中国移动飞信的推出，与天然具备移动通信优势的移动相比，腾讯处于竞争劣势。

5. 对腾讯 QQ 发展的建议

（1）保持市场优势。腾讯要保持市场优势，就必须从现有市场上存在的威胁出发，把威胁程度降到最低，对存在的劣势进行改进或避开。

① 继续改善等级制度，同时必要地宣传节能环保，毕竟节能低碳是当今社会的主题。

② 完善业务细节，坚持在年轻用户这个领域站稳脚跟，再考虑发展高端人士阶层。

③ 面对被质疑的安全性问题和一人多账号问题，腾讯可以继续加固安全系统，实现实名制注册，限制一个身份证注册账号的数量，在尽量不减少使用量的前提下既可减轻服务器压力，又能提高安全性。

④ 利用丰富的周边业务，并以之作为竞争的一个有力支点来提高竞争力，减少来自竞争对手的威胁。

（2）拓展竞争优势。腾讯欲拓展竞争优势，必须在把握现有机会的同时充分利用优势，创造更多优势，使发展成为可能。

① 利用强大的用户群，腾讯完全可以把完善后的腾讯 TM 重新推出来，加以宣传和鼓励使用，使其成为企业高管、高端人士使用的即时聊天工具。

② 应利用腾讯丰富的营运经验和雄厚的实力，适时将腾讯 QQ 推出国门，推出不同语言 QQ 版本和迎合不同国家文化背景的业务，发展成为国际网络聊天工具。

③ 利用周边的业务提高 QQ 在手机平台的使用量，还可以完善超级 QQ 业务，或者发展新业务，完善移动即时通信。

④ 腾讯 QQ 拥有足够多的用户基数，且用户普遍对腾讯 QQ 存在依赖，这是一个巨大的消费空间。腾讯应加以创新，推出新业务和新产品，在丰富腾讯 QQ 可玩性的同时又能从中获取巨大的收获。

6. 对腾讯的盈利模式的思考

（1）以免费策略占据市场，从其他地方获得收益。腾讯所有的盈利业务之所以能够成功，得益于它最开始的免费策略，使它凝聚了大量的用户资源。虽然没有直接从QQ号获得收益，甚至还要为这么多用户支付服务器成本，但没有这个基础，其他业务也就没有了客户源泉。

（2）清楚用户在哪里，也知道能为他们提供什么。腾讯大部分业务面向的是年轻人，它清楚用户在哪里，也知道他们需要什么。腾讯能够成功，除了免费策略之外还有个重要的原因，就是完全符合中国人的消费能力和沟通方式。当时中国用户对中文环境ICQ的服务有着极大的需求，而ICQ没有中文版，也没有完全解决中国特色的问题。例如ICQ的信息只能保留在单机上，一旦用户更换机器登录，所有联系人的信息都将丢失。在计算机当时还不普及的情况下，这无疑影响了使用者的便捷程度。而OICQ则很好地解决了这一技术上并不难的问题，使其功能符合了用户的需求。这得益于腾讯研究了用户是谁，他们有什么需求，并把它们体现到产品功能上。同时，腾讯抓住了年轻人这个消费群的一大特征：希望能够与众不同。像QQ秀这样的虚拟产品为什么会这么火爆，就基于这个产品满足了年轻人希望与众不同的需求。QQ秀甚至成为了年轻一族的时尚标榜，很多人用QQ秀来展示他们的个性甚至是生活方式。

（3）各个业务互相关联、互相提携。腾讯QQ很善于将各个业务进行整合，由一个业务带动另一个业务的发展。QQ后来开发的门户网站，也是借助QQ得天独厚的优势使得后来者居上。腾讯很善于利用现有的用户资源，用户登录后的腾讯迷你首页以及在线状态的即时新闻提醒，很好地利用了QQ软件巨大用户群的优势，推动腾讯门户网站的快速发展，这是其他门户网站不具有的资源优势。这种资源优势在腾讯得到了很好的发挥。在网站流量达到第二的位置后，其广告收入和网站的其他收入也就自然不会低了。同时，拍拍网也充分利用了强大的QQ用户资源，在QQ的客户端软件窗口中帮拍拍的会员展示新上架的商品，给卖家更多展示的空间。在这一方面，腾讯做得非常成功。其实拥有庞大用户群的平台并不少，许多游戏网站、邮箱网站、门户网站都拥有大量的用户，但却不一定能充分利用其用户资源。

（4）利润乘数模式的利用。利润乘数模式是指从同一产品、特色、商标、能力或服务那里重复地收获利润。腾讯建立了QQ的品牌，其胖乎乎、可爱的小企鹅形象很受年轻人的青睐。腾讯将这一品牌赋予一系列其他产品，如玩具、服饰等，而这些产品的消费群也正是年轻一族，和QQ的用户群相吻合。其品牌效应得到了延伸，推广费用也极低，利润倍增。

（5）跳出常规思维来找盈利。当大家还在思考Blog如何盈利，当大家都在争论如何利用网络广告、无线增值为Blog盈利时，腾讯的Blog也就是QQ空间早已实现了盈利。这是腾讯跳出常规思维来考虑的结果。QQ的用户中，青少年占的比重相对较大，而且对QQ的迷恋程度较高，所以腾讯借鉴了QQ秀的成功运作模式，并且确实抓住了用户的心理，那就是表现自我。大家写Blog的目的不仅仅是为了自己看，而且为了分享，为了情感表达，为了让更多的人看到自己，了解自己。腾讯抓住用户的心理，所以也抓住了用户。QQ空间的主要盈利模式是出售空间的装饰品、道具等，包括大头贴、播放器、音乐、装饰品等，而且有个性化的养花功能，花的成长指数中有一项与购买物品的数量挂钩，可以刺激用户购买。虽然现在整体收费策略还不是很完美，但潜力不可低估。

8.4 中国移动飞信

1. 飞信简介

2006年，中国移动就推出综合IM业务“飞信”，提供通信、娱乐、交友、资讯、搜索等多种服务，并与多家海外移动运营商联合采取措施，推动跨网络手机即时通信业务的发展。2007年6月，中国移动通信的飞信业务正式商用。

飞信是中国移动推出的“综合通信服务”，即融合语音、IVR、GPRS、短信等多种通信方式，覆盖三种不同形态，完全实时、准实时和非实时的客户通信需求，实现互联网和移动网间的无缝通信服务。除具备聊天软件的基本功能外，飞信可以通过PC客户端、手机客户端、WAP无线上网等多种终端登录，实现PC客户端和手机间的无缝即时互通，保证用户能够实现永不离线的状态。

同时，飞信所提供的好友手机短信免费发、语音群聊超低资费、手机PC文件互传等强大功能，令用户在使用过程中产生更加完美的产品体验。飞信能够满足用户以匿名形式进行文字和语音的沟通需求，在真正意义上为使用者创造了一个不受约束、不受限制、安全沟通和交流的通信平台。飞信不但可以免费从PC客户端给手机发短信，而且不受任何限制，使用户能够随时随地与好友开始语音聊天，并享受超低资费。

飞信支持多端信息的无缝链接，MP3、图片和普通Office文件都能随时随地任意传输；飞信还具备防骚扰功能，只有对方被用户授权为好友时，才能与用户进行通话和短信，即安全又方便。

飞信的主要功能包括：

① 免费短信、语音聊天、移动速配。

② 通过计算机免费发送短信到好友的手机上。

③ 手机语聊功能，随时随地组织或者参与两人或多至8人的语音聊天。

2. 移动飞信的商业模式

（1）战略目标。飞信定位为“中国移动的综合通信服务”，以电信和通信领域的应用为主，互联网应用为辅。中国移动致力于将飞信打造成每位手机上网用户每天使用的一款随身软件，以及3G时代的移动门户及重要的应用平台。

（2）目标客户群。中国移动飞信的目标用户群为容易接受和使用各类新业务的18~28岁的手机上网用户。该群体的特点是：年轻化，容易并且乐于接受新鲜事物，受教育程度高，具有较好的教育背景，思想开放、活跃，消费观念新潮，财富积累较少，有较多的空闲时间用于聊天交友、上网冲浪等。

飞信的目标用户可分为以下三类：

① 短消息业务用户。这是中国移动的移动增值服务用户。

② 互联网 IM 用户。这不是中国移动直接目标用户，但对于与手机绑定的互联网即时消息客户，当其利用互联网向手机发消息时，可采取网络广告的方式进行营销。

③ 新业务敏感客户、移动互联网用户。

（3）盈利模式。飞信盈利方式有传统通信业务、增值服务、集成飞信解决方案三种形式。

① 通过传统通信业务盈利。这主要是指通过用户对飞信的使用，吸引用户在上行短信、手机语聊、GPRS 流量等传统通信业务上消费。

② 基于飞信提供长期持续的增值服务盈利。由于移动即时通信的特殊性，飞信主要的收费模式是针对用户收取通信使用费。飞信的用户级别分为普通用户和会员用户，会员用户除拥有普通用户的服务外，还增加了积分加速器、好友扩充器、创建群特权、会员标志、排名靠前、会员靓号和专项内容等八大特权功能。普通用户无服务费，会员用户按月收取服务费用。使用中的资费标准分为 PC 客户端和手机客户端两大部分。

③ 通过提供企业版和校园版飞信集成解决方案盈利。这是指通过向企事业单位、学校等组织机构销售飞信集成解决方案获得盈利。

3. 飞信的创新发展

企业 IM 市场竞争格局尚未定型。随着信息科技的发展，信息化技术手段为企业管理带来了巨大的改变，电话、电子邮件、个人 IM 成为企业内部沟通的主要方式。但三种方式都存在一定的弊端，企业 IM 由此应运而生。腾讯、微软等传统 IM 公司，IBM 等信息服务公司先后进入企业 IM 市场。与个人 IM 相比，企业 IM 对安全性、及时沟通和整合企业流程等方面要求更高，因此企业 IM 更多是以 IM 集成解决方案呈现，这意味着在推出统一解决方案的基础上还需要为企业量体裁衣。腾讯等传统 IM 公司虽有多年个人 IM 运营经验，但在满足企业 IM 更高的定制化需求方面仍有不足。因此，企业 IM 市场仍处于行业的成长期，缺乏行业领导品牌。

飞信的无缝通信服务具有差异化竞争优势，飞信的优势集中体现在及时沟通方面，与其他公司集中于软件服务的企业 IM 产品对比，飞信具备提供移动与互联网平台的无缝通信服务能力，手机、办公固话与互联网的无缝结合覆盖了企业员工的全方位信息入口，能够有效节约企业内部通信成本，提高办公效率。

问题与讨论

1. 什么是即时通信？
2. 请分析我国即时通信市场。
3. 搜集关于微信的有关资料，对比其与 QQ、飞信的异同。

第9章 网络视频

9.1 概述

9.1.1 网络视频的内涵

网络视频是指视频网站或客户端提供的在线视频播放服务。在众多的流媒体格式中，flv 格式由于文件小、占用客户端资源少等优点成为网络视频所依靠的主要文件格式。

网络视频按照资源来源可分为三类：第一类是影音制造商专业创作的视频，这是网络视频的主要来源；第二类是网民自己拍摄并上传到视频网站的原创作品；第三类是视频网站与多方合作的自制节目。

网络视频不仅是传统电视在互联网上的延伸，而且还发展出与传统电视差异显著的新特征，主要表现在用户自主性强，具体体现在传播方式、便携性、频道资源、区域性等各个方面都要优于传统电视模式，如表 9-1 所示。

表 9-1 传统电视与网络视频的比较

	传统电视	网络视频
传播方式	单向传播	双向互动
终端普及	非常高	高
终端便携性	低	高
频道数量	有限	无限
节目内容落地区域	局限性大	局限性小
终端使用频率	逐步减少	逐步增多
终端拥有性质	多人共用为主	个人私用为主
内容点播	不可以	可以
画面质量	高	一般
流畅度	高	较高

9.1.2 美国网络视频现状

从全球范围看，美国是网络视频产业最为发达、市场环境最为规范的国家，其视频产业的发展对全球视频产业具有重要影响。美国最近几年的发展情况如表 9-2 和图 9-1 所示。

表 9-2　2008～2013 年美国网络视频市场用户规模

	2008	2009	2010	2011	2012	2013
在线视频用户规模/亿人	1.37	1.54	1.67	1.76	1.83	1.90
占网民比重（%）	73.6%	80.0%	84.1%	85.7%	86.8%	88.0%
网络视频广告受众规模/亿人	1.11	1.29	1.44	1.54	1.64	1.74
占网民比重（%）	59.6%	67.2%	72.3%	75.5%	78.15%	80.9%

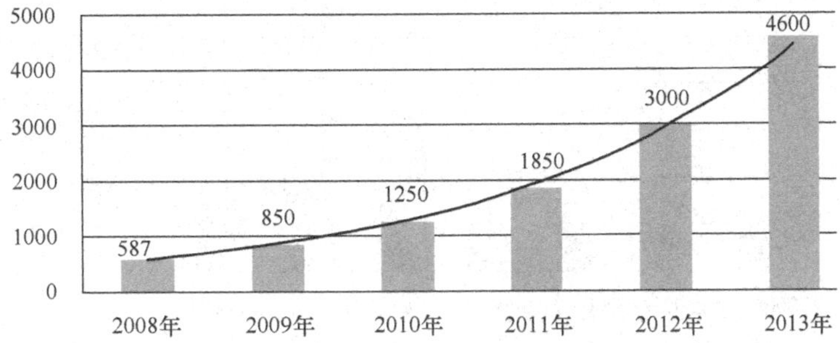

图 9-1　2008～2013 年美国网络视频市场规模（百万美元）

目前，美国网络视频中的领军者是 YouTube。YouTube 是一个视频分享网站，主要提供视频分享、欣赏、下载服务，自 2005 年 2 月上线不到 18 个月访问量已经跻身全球前五位，每天的视频点播数已经突破了 1 亿次，造就多位网上名人的同时，激发着网民网上创作的意识。千千万万的网民拍摄、上传精彩视频，并且乐此不疲地与周围的朋友分享、交流。频繁的访问、活跃的互动和无数网民的集体力量成就了互联网的新奇迹，也促使新的生活方式的产生。

9.1.3　国内网络视频现状

图 9-2 所示为 2006～2012 年我国网络视频用户规模，我国网络视频用户规模已进入较为稳定的发展阶段，增速逐渐趋缓，网络视频服务在网民中的覆盖率达到了较高的程度。

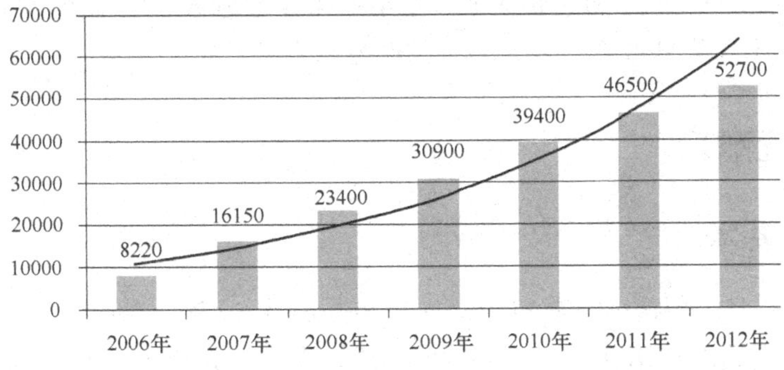

图 9-2　2006～2012 年我国网络视频用户规模（万人）

在市场规模方面，2012 年网络视频市场收入总规模达到了 51.2 亿元，如图 9-3 所示。网络视频利润来源主要由企业付费和个人付费两部分组成。企业付费是指各类网络视频运营商通过提供视频服务从企业端所得到的收入，包括广告收入、视频技术服务费用、视频官网建设佣金等其他与视频服务相关的收入；个人付费是指网络视频运营商通过提供视频服务从个人用户端所获得的收入，主要包括付费点播。

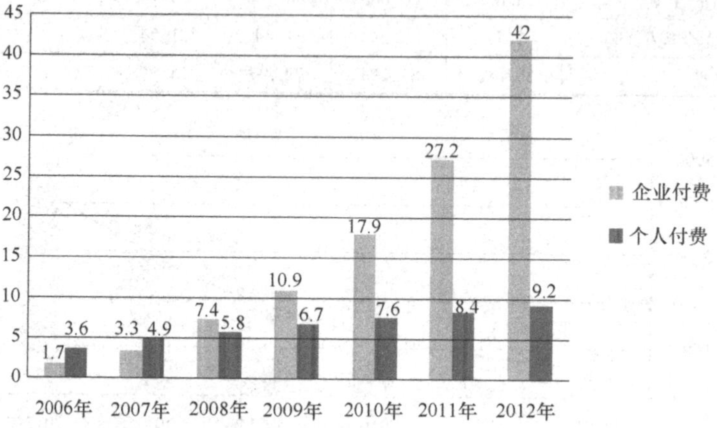

图 9-3　2006～2012 年我国网络视频市场规模（亿元）

自网络视频产业诞生起，美国一直引领着网络视频行业发展的方向，YouTube 的爆发式增长引起了国内 Web2.0 业界的广泛关注，类似的视频分享类网站纷纷涌现。目前中国的视频分享网站已经超过 300 家，其中大部分成立于 2006 年，因此 2006 年被业界称为“视频元年”，其中比较典型的有初期的优酷、土豆、酷 6 网等。经过 2006 年的爆发式发展后，随着市场逐步成熟和竞争加剧，在资金、技术、品牌等方面具有竞争优势的网站开始脱颖而出，缺乏竞争实力的网站渐渐被淘汰，中国视频分享市场格局开始初步清晰。

中国网络视频运营商主要可以分为三类，第一类是综合型视频网站，代表有优酷、土豆等，其最大的特点是视频分享和版权购买双管齐下，宣扬拍客文化，演绎“每个人都是生活的导演”；第二类是长视频网站，代表有乐视网、奇异网等，最大的特点是买断电影、电视剧、综艺节目版权，获得大量优质资源；第三类是直播客户端，代表有 PPTV、PPS 等，最大的特色是购买大型体育、娱乐等节目直播权，充分利用自身技术优势打造“一云多端”的产品和服务格局。

9.2　优酷网

9.2.1　基本情况

2005 年 11 月，原搜狐总裁和首席运营官古永锵（Victor Koo）创立合一网络技术有限公司，管理 300 万美元的“搜索资金”，在中国搜索新一代互联网的创业机会。2006 年 3 月，合一网络将所有搜索基金投入优酷网，6 月优酷公测上线，12 月优酷网（youku. com）正式上线。2007 年 8 月，优酷网入选“Red Herring 最具潜力科技创投公司亚洲百强”称号，成为唯一获此殊荣的视频网站。2008 年 7 月优酷网获得了国家广电总局颁发的“信息网络传播视听节目许可证”，以及由北京广电总局颁发的“广播电视节目制作经营许可证”。2009年11月，优酷网联手多家机构成立“网络影视发展CEO联席会”。2010年12月，优酷网挂牌纽约证券交易所，成为全球首家在美独立上市的视频网站。2011年1月优酷网获“中国互联网品牌竞争力排行榜”冠军，与腾讯、百度、阿里巴巴、新浪被并称为“中国互联网的五赢家”。2012年3月12日，优酷网宣布与土豆网合并，引领中国网络视频行业进入发展新阶段。

根据艾瑞咨询2013年5月的数据，优酷网在PC端和移动端全平台各项数据持续占据优势，尤其是在移动终端，其日均UV和日均视频播放量（VV）两项指标与其他平台拉开了50%以上的差距。

9.2.2 产品与服务

优酷网的产品与服务包括视频上传、视频欣赏、视频搜索、视频收藏、视频下载、视频评论等。从视频内容划分，包括资讯、原创、电视剧、娱乐、电影、体育、音乐、游戏、时尚、母婴、汽车、旅游、科技、教育、生活、搞笑、广告等内容，涵盖内容相当广泛。

优酷网的核心产品线就是Web端——www.youku.com，而先后推出的iku爱酷、拍客等客户端则是对Web端的功能补充。

优酷网将其产品与服务总结为“看、找、玩、传、拍”五方面。

1. 看视频

优酷网汇集了大量的视频资源，按内容来源大致可分为专业视频、UGC、自制节目三类。

（1）专业视频。优酷网为了实现热门内容的提供，与多家影视媒体等专业传媒机构合作，购买其版权和内容。受企业资金和用户需求影响，2006~2011年优酷网版权购买的侧重点各不相同。2006~2007年，优酷网主要从电视台、独立工作室、唱片公司购买短视频；2008年主要购买经典的电视剧和电影；2009年主要购买刚上映的电视剧和电影；2010年主要购买体育、卡通节目以及国外电影和电视节目；2011年主要购买各类型的专业制作的中短视频。

2012年3月，优酷网推出年度自制大型真人秀《我是传奇》，开视频网站综艺节目之先河。2013年4月，优酷网移动终端的日播放量突破1.5亿次，3个月实现移动端流量增长50%。

（2）UGC（Users Generated Content）。注册用户将拍摄的视频文件上传供大家分享，上传的视频内容丰富，原创作品层出不穷，这些原创内容也被称为UGC。为了提高用户原创的积极性，优酷网于2007年发起的拍客文化，广招天下视频狂人，关注热点事件，抓拍生活奇趣，例如在七夕节，发起“勇敢爱”主题征集活动等。UGC是优酷网的独特优势，海量UGC，在增加用户黏性、减少成本支出、网站差异化及丰富内容构成等方面，将发挥出越来越显著的巨大作用。

(3) 自制节目。自制节目是优酷网内容的重要补充，经过近几年的积累与发展，优酷网无论是在自制综艺还是影视出品方面，都已经走在了业界前列。

2. 找视频

搜库是由中国第一视频网站优酷网于2010年4月上线推出的专业视频搜索引擎，提供优酷网站内视频以及全网视频的搜索功能，致力于为用户提供全功能、覆盖全网的视频搜索服务，创造更精准、更快速、更优质的搜索体验，最快速地帮助用户找到最想看的视频。2011年5月15日，优酷网旗下独立视频搜索品牌“搜库”正式对外发布，并获得独立域名：www. soku. com。

3. 玩视频

“玩视频”包括视频空间和看吧。视频空间是用户的个性化私人专区，它是以视频为基础的人际关系网络，支持视频管理、好友圈、评论等功能，改版后更具社交属性。看吧是用户创建并管理的以视频功能为主的交流平台，汇聚了最具人气的视频、最热门的话题，是视频用户的表达、交流平台。

4. 传视频

传视频提供一站式视频上传功能，允许上传超过1GB的视频，支持多种视频格式，支持断点续传和多个文件同步上传。

5. 拍视频

“拍视频”为视频爱好者提供拍摄各类主题视频的机会。2012年2月，优酷网推出基于iPhone、Android操作系统的优酷拍客客户端，便捷实现视频拍摄、上传、播放、分享、社交等功能。

除此之外，优酷网还先后推出iku客户端、优酷指数，其中iku具有“桌面优酷”之称，集合视频推荐、搜索、下载、转码、上传和播放等多种功能，不仅与网站资源形成交互，更方便用户对视频进行个性化应用。优酷指数则是以优酷视频网站数据为基础的通过视频技术手段获取的视频播放数、搜索量、评论、站外引用等多维度的数据统计，锁定用户看、搜、传、评等全方位应用行为，通过科学、标准的运算，并以排行榜单的形式予以定期发布，帮助用户获取有价值的信息。

9.2.3 盈利模式

1. 网络广告

优酷网的广告营收来自两大部分：一部分是品牌广告营收；另一部分是广告联盟带来的营收，其中品牌广告营收占大多数。优酷网的广告形式主要包括视频内广告和页面广告两种。视频内广告即贴片广告，体现方式就是在视频播放中插播广告，包括视频播放前的前贴视频广告、视频播放10s后的图片或Flash格式的视频横幅广告、视频播放途中图片或Flash格式的暂停广告及视频播放完的后贴视频广告。页面广告包括首页广告、播放页广告、搜索结果页广告、频道和其他页面广告。

作为一个视频类网站，优酷网的广告形式呈现多向化的特点，广告收入大约占到营业收入的90%，因此，广告收入是网站最主要的收入来源，这充分体现了优酷网的媒体特性。表9-3是优酷网2009~2013年的营业收入。

表9-3 优酷网2009~2013年的营业收入 （单位：千元）

时间	2009年	2010年	2011年	2012年	2013年
营业收入	153626	387097	897624	1795580	3028480

优酷近期营收增长主要是由于广告客户数量的增加，2008年年底为141家，2009年年底为303家，2010年年底为423家，2011年年底为505家，2012年年底为614家。

2. 其他

除了广告营收外，优酷网仍在探索多元盈利模式，开展移动视频、版权分销等业务，并与电子商务网站合作分成，但以上这些业务目前占总营收的比重仍很小。

付费频道：通过优酷网付费频道，用户可以收看无广告、高画质影片。其营收占比仍很小，并且用户付费意愿不高，不过优酷管理层表示未来将在这项业务上发力。

移动视频：优酷网与中国多个手机制造商合作，将优酷网客户端内置于手机中，使3G手机用户能够直接观看优酷网无线视频节目。目前优酷网来自这部分业务的营收也比较少。

版权分销：优酷网还购买了一定数量影视作品的版权，一方面在优酷网站上播放，另一方面开展版权分销业务。

电子商务：优酷网还与多家电子商务网站合作，进行收入分成。例如：优酷网曾于2009年6月与淘宝网合作，推出优酷网与淘宝网共同制作的“视频电子商务”新应用技术，以使用户在淘宝网购物时，可以通过优酷网的视频技术及用户体验，增加网络购物的真实体验，减少网购风险。

9.2.4 运营模式

1. 建立拍客文化，培养活跃用户

优酷网最早提出“拍客文化”，倡导“谁都能做拍客”的概念。在北京奥运会期间，优酷网与三星、联想、李宁、雀巢等十多个知名品牌结为战略合作伙伴，与用户进行深度沟通，在形式、渠道、品牌推广等层面充分表现出优酷网作为一个视频平台所独具的新媒体表现力。奥运之后，耐克在全国十省市开展主题为“挑斗更进一步”的篮球、足球技巧比拼大赛，在线下活动的同时，在优酷网建立视频官网作为网上征集平台，招募拍客用视频捕捉当地的球技达人，上传到优酷网进行线上比拼。此举一举两得，拍客既成为活动的义务宣传员，其作品又达到了视频种子传播的效果。之后，在中国移动启动的“以舞会友，动感地带2008全国大学生街舞电视挑战赛”中，优酷网以同样的方式征集拍客作品，拍客营销模式得到充分体现。

2. 策划事件营销，提高网站知名度

事件营销是2009年年初以来优酷网在视频应用及营销模式上进行的全新探索。

2009年4月优酷网与诺基亚达成了战略合作伙伴关系，携手推出一场大型青年活动"诺基亚5800玩乐派对"，创造了互联网和演唱会合作的历史，优酷网成为本次的视频支持，首次推出"优酷直播"新模式，引领了网络视频直播的发展。

3. 开发移动客户端，布局移动互联网

2012年2月，优酷拍客客户端正式登陆APP Store和Android应用市场以来，经过多个版本的升级完善与多维度的功能增值，优酷拍客已成为视频拍摄、社交、视频管理三项全能的手机拍客客户端。

9.2.5 资本模式

2006年12月，优酷网上线伊始就获硅谷Sutter Hill Ventures、国际投资基金Farallon Capital和Chengwei Ventures三家风投1200万美元注资。2007年11月，Bain Capital（贝恩资本集团）旗下一支基金及三家既有股东追加注资2500万美元。2008年7月，优酷网获得4000万美元增资扩股，其中包括3000万美元追加投资以及1000万美元技术设备贷款，此轮增资扩股主要由原来的四家投资方追加，新增投资方为Maverick Capital。1000万美元技术设备贷款由Western Technology Investment提供，此种投资形式在国内尚属首次。2009年12月，优酷网获得Chengwei Ventures、Brookside Capital、对冲基金Maverick Capital和Sutter Hill Ventures四家公司共投资4000万美元。2010年9月，优酷网获得来自成为基金、Farallon Funds、Brookside Capital、Maverick Capital、T. Rowe Price New Horizons Fund和摩根士丹利小企业成长基金总共5000万美元投资。2010年12月8日，优酷网登陆纽约证券交易所公开发行上市，股票代码为YOKU，融资总额增至2.33亿美元。2013年3月1日，优酷网荣获三大风投，入资近百亿元。2014年4月28日，阿里巴巴集团和云锋基金以12.2亿美元购得优酷土豆A股普通股7.21亿股（每18股优酷土豆A类普通股相当于1股ADS[㊀]），阿里巴巴集团持股比例为16.5%，云锋基金持股比例为2%。

9.3 乐视网

9.3.1 基本情况

2004年11月乐视网成立于北京中关村高科技产业园区，享有国家级高新技术企业资质，随后连续三年获得"中国高科技高成长50强"、"亚太500强"、《互联网周刊》"2008年度成长最快的视频网站"、清科"2009年中国最具投资价值企业50强"等荣誉；2010年8月12日在中国创业板上市。

乐视网是国内最早购买影视剧版权的视频网站，经过多年的积累，乐视网版权库已经拥有50000多集电视剧、4000多部电影，拿到了国内大约70%的热门电影、

㊀ ADS即美国存托股份。

电视剧的独家网络版权。

2013年8月的数据表明，乐视网日均独立访问量达2300万次，峰值为3200万次，日均播放量达1.2亿次，峰值为1.6亿次，表现优异。

9.3.2　产品与服务

乐视网的产品和服务包括视频欣赏、视频站内搜索、视频收藏、视频评论等，视频内容主要分为以下几个频道：电影、电视剧、动漫、娱乐、音乐、综艺、纪录片、体育、汽车、乐视制造、乐视出品、高清等。

乐视网主要由Web端（www.letv.com）和手机视频两大业务线构成，随着移动互联网、云计算时代的到来，乐视网的产品线也延伸到智能移动终端、TV端，并成功研发了3D云视频超清机。

1. 网络视频库

与优酷网注重视频分享不同，乐视网的战略目标是做最大的网络发行商，因此其视频来源主要是购买专业影音作品，乐视制造和乐视出品作为资源补充，用户个人上传仅是为了完善网站功能而设，并不做大力推广。

2. 手机客户端

目前乐视共推出三个版本的手机客户端，分别是乐视影视、乐视看音乐、乐视大咔。乐视影视和乐视看音乐便于用户欣赏当前热门节目，乐视大咔则便于用户记录生活点滴。

3. TV端

TV端搭载3D云视频超清机，用户便能观看5万多集电视剧、4000多部电影、数万小时动漫娱乐高清视频，还能体验3D立体效果。

9.3.3　盈利模式

2010~2012年，乐视网营业收入持续增长，其盈利来源主要有以下几方面：

1. 收费业务

乐视网从成立之初一直坚持收费，注重付费用户的培养。当时业界对版权认识低，购买版权的价格很低，使乐视网能以低成本开始运营。2005年以后，土豆网、优酷网等视频分享网站兴起，版权问题得到关注，乐视网在版权上的优势得以体现，正版资源多，质量较优，版权分销成为一大盈利点。乐视网有多种付费方式，其中手机支付占90%。现在付费用户每月40万个，收费包月30元，单片2~5元。一部电影比如月初1号上院线，至少15日后，可网络放映，乐视网开始单片点播；至少30日后，开始收费（720P）+免费（640P）平台播放。

2. 广告业务

乐视网广告业务分为企业电视台、高清广告、贴片广告三种。

（1）企业电视台。通过P2P技术，企业能够申请独立域名，成立一个电视台，作为企业宣传的一个平台，发布产品广告，推广企业活动。

（2）1080P的高清广告。乐视网独家首次推出中国视频行业内的1080P超清广告，投放于乐视TV云视频超清机上，满足对广告质量要求非常高的知名品牌，给收看广告的用户更清晰、直观的感受。广州本田成为第一家在互联网上投放1080P超清广告的企业。

（3）贴片广告。乐视网最主要的广告形式就是贴片广告，是指内置于视频并随之一起分销给合作伙伴的广告，如视频片头片尾播放的广告，以及角标广告等。作为最早的网络视频营销方式，贴片广告不仅是电视广告的延伸，更重要的是能根据不同时间、地域、视频内容做定向投放。

另外的广告形式还有：种子视频广告（专为某些企业做一些广告产品，通过其他网站，微博等播放）、网页广告、弹窗广告。

3. 版权分销

独家版权分销业务是支撑乐视网的一种较为独特的盈利模式。例如2008年的电视剧《潜伏》未热播前，乐视网以几千元一集的价格获得独家版权。在热播后，分销时就不止这个价了，不算收费就已经收回了购买该剧的成本。如今，独家版权的电视剧一集的价格已经涨到了几十万元。

9.3.4 运营模式

1. 内容战略

（1）购买版权。乐视网是国内最早购买影视剧版权的视频网站。经过多年的积累，乐视网版权库已经拥有50000多集电视剧、4000多部电影，拿到了国内大约70%的热门电影、电视剧的独家网络版权。这是乐视网的核心战略。

（2）乐视自制。“乐视制造”战略共由三大部分组成，包括自制栏目、网络剧和扶持微电影的“圆梦计划”。其中，“圆梦计划”的启动资金就高达2000万元人民币，用于扶持草根编剧、导演。在网络剧和自制栏目方面，每年各投入5000万元。整个自制战略每年投入将超过1亿元。原创是乐视网的战略重点，通过原创战略，将增强乐视网的“造血”能力。

2. 云视频战略

乐视网云视频战略是乐视网最新的业务整合战略。它通过云计算技术理念构建统一的云视频平台，并以该平台为中心完成资源整合，为不同类型互联网终端用户提供正版、海量、高清的精彩视频内容。“云计算”将所有的计算资源集中起来，并由软件实现自动管理，无须人为参与。这使得应用提供者无须为烦琐的细节而烦恼，能够更加专注于自己的业务，有利于创新和降低成本。乐视网特有的云处理平台是开放的平台，任何公司及个人都可根据乐视网的内容接入标准分享视频，也可根据用户终端的接入标准在任何终端上播放视频。乐视网在云视频平台的基础上不断开发丰富多彩的应用。依托云视频平台，目前乐视网已率先实现在PC、手机、Pad等上的“多屏联动体验”。比如在旅途中用手机看了一半的视频，到家里可以接着播放。现在海信公司成为乐视TV版战略合作伙伴，使用户通过高清电视也能接收乐视网的云视频服务。

3. 创新合作

海信公司是乐视TV版首家战略合作伙伴，乐视网TV版已嵌入海信新款的智能电视机。通过使用搭载乐视网TV版的海信终端产品，用户可随时随地享受高清电视所呈现的丰富网络视频内容。据乐视网工作人员介绍，事实上就是乐视网在海信终端产品上做了一个客户端，重新打造了一个版本，就像一个应用程序。超清机是连接电视与网络的传送设备。一端接互联网，另一端接高清电视，将互联网上无限、海量的视频呈现在高清电视上。用户不必被动地接受电视广告及节目，而是可以主动地在互联网上点播想要的影视剧。其中S11机型配备一块1TB内置硬盘，可提供45部1080P高清影片，并提供下载服务。作为首家与家电企业联手进军该领域的企业，乐视网将开启互联网智能多媒体终端的应用阶段，并由此拉开电视网络化时代的序曲。

9.3.5 资本模式

2004年11月乐视网成立，公司初始注册资本为人民币5000万元。2008年8月，乐视网获得国内私募股权机构北京汇金立方、深圳创新投资、深圳南海成长精选基金的投资，总额达到5280万元。2010年8月12日，乐视网正式在创业板上市，A股首家网络视频公司诞生。

9.4 PPTV

9.4.1 基本情况

姚欣于2004年在华中科技大学攻读硕士期间休学，开发了全球首款网络电视直播软件PPLive。2006年9月，PPLive在整个P2P流媒体市场中占有率第一。2007年后，PPLive的整体实力受到业界肯定，获得大量体育、综艺娱乐节目的直播权。2009年12月，PPLive官网全新改版，强势推出PPTV.com。2010年后，PPTV与多方媒体公司合作，发力自制节目，差别化视频内容。2012年7月，PPTV与微软就在全球推出基于Windows Azure云平台的PPTV电视云平台达成战略合作备忘录。

9.4.2 产品与服务

PPTV提供的网络视频服务包括视频欣赏、视频搜索、视频评论等。视频内容包括以下几个主要频道：直播、电影、电视剧、动漫、综艺、韩娱、台魅、体育、英超、游戏、PPTV制造等。PPTV的视频内容来源于两部分，一是版权购买，二是自制节目。

版权购买方面，从2011年开始，为满足用户需求，PPTV版权内容采购力度明显加强，目前行业可以看到的国内和海外的影视剧中，PPTV 网络电视的版权库占有量达到 85%，独家剧在 100 部以上。其中值得一提的是，PPTV 拥有韩国多部独播热剧，在海内外版权内容的储备上居行业首位；与我国台湾众多综艺节目达成合作，在业内占有优势。

自制内容方面，PPTV 首创 Theater/TV（影院/传统电视上映）+ Online（网络电视）+ PPTV Product（PPTV 出品）相结合的“TOP”自制出品模式，借由《擒爱记》掀起行业深入研究的风潮；与江苏卫视携手的《冏人的幸福生活》也一举拿下黄金剧场电视剧收视第一的宝座。处在“青春期”的“TOP”模式俨然已成为行业自制影视的新典范，得到业内外的广泛认同。

和优酷网与乐视网从 Web 端延伸客户端不同，PPTV 先推出的是客户端版本，再发展到 Web 版本，因此 PPTV 的产品线中客户端占重要的地位，而非 Web 版本的辅助补充产品。如今 PPTV 已在 iPad 以及 iPhone 视频客户端成为用户首选，品牌效应凸显；在国内互联网电视的新战场上，通过与华数合作取得运营牌照，PPTV 完成抢先布局。集 PC 端、客户端、Pad 端、手机端等为一体的多终端战略使 PPTV 网络电视成为行业首家完成全终端覆盖的视频企业，在精准营销与用户覆盖力度上处于领先位置。

9.4.3 盈利模式

1. 广告收入

PPTV 已成为时下国内外知名品牌广告主在网络视频行业投放广告的首选平台之一。

在此前欧洲杯赛事直播过程中，仅 PC 端，PPTV 用户总点击量超过 10 亿次，覆盖 8000 万个球迷。PPTV 通过深度诠释广告主品牌内涵，并巧妙植入直播及 PPTV 自制栏目的做法，实现了品牌与观众的软性沟通。以宝洁公司的吉列剃须刀广告投放为例，打开 PPTV 的欧洲杯赛事视频，会出现一个充满泡沫的动感画面，随之出现吉列剃须刀来抹去这些泡沫。目前纵观全网平台，福特、纳爱斯、苏宁电器、韩雅、百洋药业、Kappa、东风标致、鼎新国际集团、西安杨森、三星电子、妮维雅、清扬、吉列、嘉士伯等知名品牌均已成为 PPTV 的优质项目客户。

2011 年 PPTV 广告营收达 1.21 亿元，2012 年则达到 3.5 亿元，比 2011 年增长 189.2%。

2. 付费直播

考虑到影视剧资源作为主要付费内容存在版权、消费习惯等障碍，PPTV 首开行业先河，推出“PPTV 魔炫直播”，以付费的方式直播演唱会，并搭配娱乐花絮、与明星沟通互动等环节，更易得到用户的认可。虽然目前国内用户付费习惯的孕育尚未成熟，但范玮琪演唱会的观看人数已超过万人；HITO 流行音乐奖颁奖典礼则在新浪微博引发 6 万余条话题，超过 8000 人通过客服、网络等方式关注、咨询演唱会相关信息。

作为国内直播平台的佼佼者，PPTV多终端的战略布局使直播平台得以全面覆盖智能终端以及PC、互联网电视等平台，凭借长久以来便捷、流畅的直播体验、专业娱乐的观众互动，已经在广大用户中建立了及时、全面、专业的品牌口碑。视频领域竞争日趋白热化，PPTV通过强大的内容储备以及精准营销能力已在用户与广告主的群体中建立较强的品牌影响力，付费频道的落地正当其时。

9.4.4 运营模式

1. 体育娱乐营销

随着2006年直播德国世界杯、2008年直播北京奥运会、2010年直播南非世界杯，PPTV在体育赛事方面已在业内树立了成熟的品牌形象，在保持体育领军地位的同时，PPTV主打“亚洲娱乐”的概念，2011年年末，PPTV强势推出韩流平台，与韩国文化院签约成为战略合作伙伴，独享KBS和MBC、分享SBS电视台未来三年的所有电视剧、娱乐节目、韩星、韩乐版权，涉及90%的韩国热播剧以及深受观众热捧的爆笑综艺节目。

体育方面，2012年PPTV陆续拿下美国国家橄榄球联盟（NFL）、中国男子篮球职业联赛（CBA）以及欧洲杯等顶级体育赛事的网络电视独家转播权，并凭借直播技术及专业媒体化制作优势巩固了自身的体育媒体地位。

多元化的内容服务充分满足PPTV用户及广告主的多方需求，在获得大量流量的同时，PPTV品牌形象深入人心。

2. 布局移动终端

随着平板电脑等移动智能终端在国内逐渐普及，大部分用户也更多地通过移动设备观看网络视频，终端广告市场逐渐成为广告主争相布局的兵家必争之地。国内视频网站中，作为目前移动智能终端用户观看视频最常用的视频应用，PPTV网络电视借助多终端的战略布局在国内平板电脑终端市场的广告份额遥遥领先。

截止到2013年6月，PPTV移动APP累计用户达1.4亿个，月活跃用户达6000万个。PPTV移动Pad端平均每人每天观看时长超过90min，Phone端平均每人每天观看时长超过60min。伴随移动终端不断强化个性与互动体验，移动广告价值会提高到PC端的2~3倍。

9.4.5 资本模式

2011年2月15日，PPTV的CEO陶闯在北京宣称，于2月3日获得软银的2.5亿美元融资已全部到位，软银持股35%，软银董事长孙正义将直接入驻PPTV董事会。据此数据推算，PPTV估值高达7亿美元。2013年10月28日，PPTV与苏宁云商、弘毅投资在北京联合宣布，苏宁云商和弘毅投资将以4.2亿美元的公司基准估值联合战略投资PPTV聚力。PPTV聚力在引进新的战略投资者之后，将在产业链整合、多屏互动体验、媒体内容及视频开放平台方面加快发展。

问题与讨论

1. 大家平时都用哪些视频网站？为什么选择它们？它们还有什么不足之处？
2. 优酷网为何能脱颖而出，成为国内视频网站第一品牌？
3. 国内视频网站未来的发展方向是什么？

下　篇

不同行业的
电子商务案例分析

第10章 农村电子商务

10.1 概述

随着我国农村经济的稳定发展，在城市发展得如火如荼的电子商务也开始向农村扩张，农村的信息化建设也开始受到重视。农村电子商务是指利用简单、快捷、低成本的电子通信方式，将农村经济活动中易得的产品传递到市场并完成交易的全过程。农村电子商务的内容包括网上培训、网上广告、网上营销、商品流转和网上售后服务等，每一项的好坏都直接影响农村电子商务的实施好坏。

农村电子商务随着社会的发展变革，正经历着朝深度、广度同步迈进的发展历程。从地域广度的发展上看，正以一个农村带动一片农村、连片成面的趋势发展；从阶段发展深度来看，从最初级的发布产品信息、个体网商创业、公司化运作向协作平台搭建的趋势发展。从不成熟到初步成长，再到发展成熟，最后到广泛应用，农村电子商务呈现出一个典型的阶梯演化的模型状态，如图10-1所示。

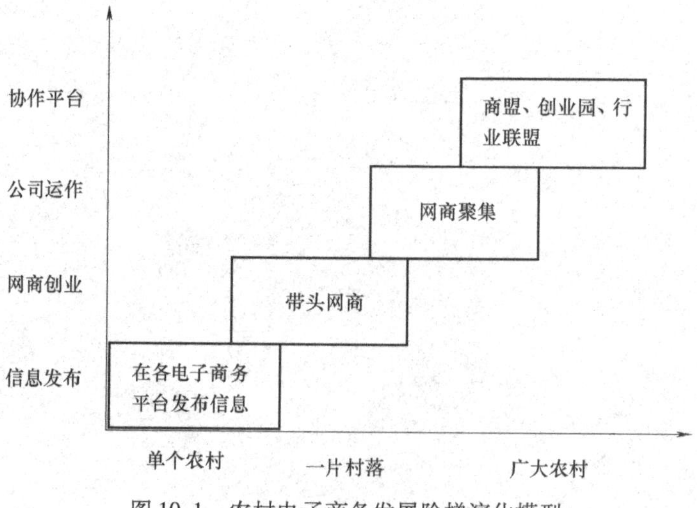

图10-1 农村电子商务发展阶梯演化模型

农村电子商务发展演进过程一般由基础信息发布和服务开始，进而发展到有局部或单独的电子交易行为，到成片成群的聚集发展，再到高级的商盟或行业联盟等形式，进而可以推而广之，覆盖到更为广大的农村地区。农村电子商务在各级政府和广大农民的共同努力下，呈现跨越式发展的态势。

10. 2 农村电子商务分析

10. 2. 1 农村电子商务的作用

农村电子商务包括农产品的网络营销、电子支付、物流管理以及客户关系管理等内容，它可以发挥的作用如下：

1. 解决农村信息鸿沟问题

我国目前的农业生产基本是以家庭为单位的小规模生产，农业生产者之间基本上不存在信息交流，农户往往凭借自己往年的价格经验来选择生产项目，确定生产规模，因而导致农业生产安排被动，影响了农业生产整体的稳定性和农民的积极性。电子商务可以将农业生产的产前、产中、产后诸环节有机地结合起来，解决农业生产与市场信息不对称的问题，使农业生产者能够及时了解市场信息，根据市场需求情况合理组织生产，避免因产量浮动造成价格的巨大波动，降低农业生产风险。

2. 解决农产品流通不畅的问题

我国农产品流通体系目前存在的问题有：产品流通不正常，功能不完善，不能起到有效引导和组织生产的作用。农民虽然在多方面努力地去适应市场的需要，但在销售方面显然与市场经济的要求相去甚远，不能主动地选择最有利的市场去销售，而是被动地等待市场的选择。电子商务的发展无疑为解决农业发展中农产品的流通问题提供了广阔的空间，利用电子商务技术改造传统经济下的流通过程，形成由信息流、资金流、物流、商流组成的并以信息流为核心的全新的流通过程，推动社会主义新农村的建设与发展。

3. 促进农村剩余劳动力的高效就业

当前我国农村劳动力供给存在不连续性的特征，尤其是随着近几年农产品价格的上涨，很多农民开始回到农村重新从事农业生产。电子商务将有利于农村劳动力供求信息的及时反映，进而为农村劳动力的有序流动创造条件，增加农村劳动力的就业机会，实现高效就业。

4. 提供农业技术支持和辅导

中国农业的分散经营模式给农业技术支持和辅导工作带来了很大的难度，而缺乏技术支持和服务的农业生产往往消耗了大量的生产资料，且质量不高，收益很少。另外由于不能及时获取农业灾害的预警信息而无法提前采取防范措施，农业生产往往会遭受惨重损失，而且灾后不能及时采取补救措施，损失更不能得到有效弥补。利用电子商务辅之以技术人员的指导，有可能建立相应的技术服务网络体系，以快捷、有效的方式对农户进行技术和信息服务，提高农户对农用技术掌握和运用的程度，使农业生产得到全过程的监控和指导，提高科技在农业生产中的作用。

此外，电子商务还能给农村文化输入新鲜血液，带来创新的元素，开拓农民视野，缩小农村和城市的文化消费差距，这些都有助于新农村建设内涵的实现。

10.2.2 农村电子商务的主要模式

我国农村电子商务仍然处于起步阶段。虽然政府有关部门多年来一直致力于农村信息化建设，但是自上而下模式一直收效甚微。与此同时，全国范围内自下而上的草根电子商务典型案例不断涌现。在2011年阿里巴巴全球十大网商评选中，入围前一百名的网商竟有十几位是涉农网商。尽管涉农草根电子商务小荷才露尖尖角，但是大有星星之火燎原之势。归纳总结这些案例，按照交易主体分类，当前农村草根电子商务主流模式大致可以分为三种：A2A、A2C、C2C。

1. A2A 模式

A2A（Agent to Agent）是指在电子商务市场中，代理人与代理人之间的营销关系。这里A2A的A指的是代理人（Agent），与电子商务领域流行的另两个A2A模式（Air to Air 和 Area to Area）相区别。

2. A2C 模式

A2C（Agent to Consumer）是指在电子商务市场中，代理人与消费者之间的营销关系。A2C的A指的是代理人，C指的是个人消费者，如图10-2所示。

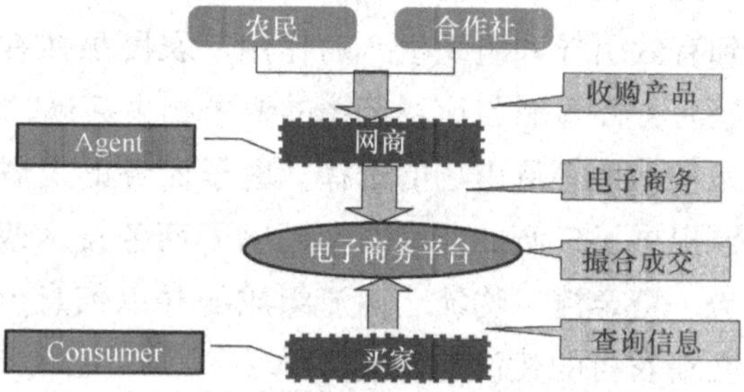

图10-2 A2C模式

随着电子商务的发展，各地涌现出一批涉农电子商务代理人，有时候也被称为经纪人。这些代理人在淘宝网等综合性电子商务平台开店，不仅销售自产的农副产品，还收购其他农户的产品，甚至组织农户成立专业合作社，为网店提供货源。代理人一方面精心打造网店品牌，通过服务扩大市场，另一方面又组织当地农民提供货源，从而拉动当地相关农副产品生产和销售。

3. C2C 模式

C2C（Consumer to Consumer）模式是个人卖家与个人买家之间的电子商务模式，是我国当前主流电子商务交易模式之一。C2C模式表现为买卖双方直接在电子商务平台上进行交易。近几年，C2C模式在我国取得了较快发展，但是涉农C2C还相对落后。从2011年开始，涉农电子商务C2C模式才开始崭露头角。2013年上半年，C2C市场交易规模达7542亿元，同比增长47.3%。阿里研究中心《农产品电子商务白皮书（2012）》数据显示，截止到2012年，淘宝网（含天猫）上正常经营的注册地在农村（含县）的网店数为163.26万个，其中村镇级的为59.57万个，2012年淘宝网农产品完成销售额接近200亿元，农产品电子商务进入了快速发展时期。

10.2.3　农村电子商务发展要素分析

我国农村电子商务发展的关键驱动要素分为核心要素和外围要素。核心要素是农村电子商务发展成功最重要的要素资源，没有这个核心要素作为驱动力，农村电子商务是非常难成功的。外围要素是一个促进要素，有了这些外围要素，农村电子商务的发展会更好。这些核心要素和外围要素相互作用，相互影响，相互促进，共同推动了农村电子商务的发展。我国农村电子商务关键要素模型如图 10-3 所示。

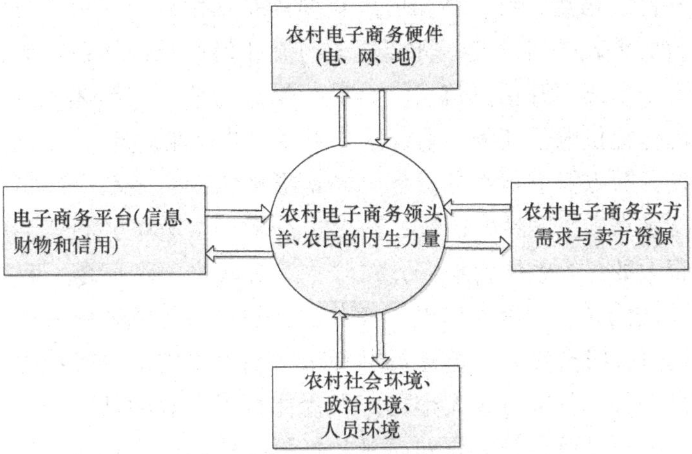

图 10-3　我国农村电子商务关键要素模型

1. 核心要素

其中核心要素主要有两个：一是农村电子商务领头羊的人物，二是当地农民的本身内生力量。农村电子商务的发展需要播“神火”，接“地气”。从农村电子商务发展要素上看，领头羊也是农村电子商务发展要素中的另一种“神火”，是地区农村电子商务的启蒙者，星星之火往往都是领头羊带来和产生的。“神火”能否燎原，能否真正接通当地“地气”，还有赖于当地农村农民的内生力量，即当地农民是否有内生的欲望使用电子商务改变自身的生活状态，是否是农民本身自主自发地作为参与主体。当然农民的自身内生力量来源往往受制于农村电子商务领头羊的发展状况，也受制于农村电子商务模式特别是农村电子商务领头羊的模式是否能真正带给农民利益或带来多大利益。有了这两个核心要素，其他要素都将在这两个核心要素的驱动下获得解决。

2. 外围要素

农村电子商务发展的外围要素包括农村电子商务硬件（电、网、地）要素、电子商务平台（信息、财、物和信用）要素、农村电子商务买方需求与卖方资源要素、农村社会环境、政治环境和人员环境要素等。

农村电子商务硬件（电、网、地）要素包括电力要素、网络设施要素和土地要素等。目前在我国农村，电力的稳定与否不仅与农村电子商务发展阶段正相关，而且体现政府参与到农村发展中的决心大小，尤其是欠发达地区的农村。农村网络设施也是关键要素之一。事实上，运营商出于成本的考虑，我国很多农村的网络设施并不完善。另外，土地要素在农村电子商务的发展初始阶段也许不明显，但当农村电子商务发展到一定阶段和水平后，信息化带来工业化的发展时，它将是制约农村电子商务发展的另一个关键要素。以“沙集模式”为例，其典型代表东风村，广大农村电子商务从业者——网商的发展最大障碍之一就是土地，缺少土地支持，厂房扩建、电子商务交易活动的发展就变得非常困难。

电子商务平台（信息、财、物和信用）要素是指由政府或第三方社会团体提供电子商务的平台所承载的信息流、资金流、物流和信用控制体系。电子商务要在农村生长和推广起来，离不开信息流、资金流、物流和信用控制体系的完善，由政府或第三方社会团体提供电子商务的平台具有明显的易得性、流程化、常规化。

农村电子商务买方需求与卖方资源要素是指现实社会生活中确实存在某种买方的需求，不管这种需求是刚性的还是个性化的需求；也有卖方资源存在的供给潜力，农村电子商务很大的一个效能就是解决农村“买难卖难”的问题，解决“农民小生产对接大市场”的问题。发展农村电子商务，其根本目的或要解决的根本问题，就是要利用互联网打破时空界限、缩短流通环节、沟通供需双方等特点，帮助农民去克服原有的信息弱势，直接对接大市场。衣食住行是百姓的基本需求，也是刚性需求。农村农副产品经过适当的引导和质量的把控，借助网络对接市场，就很有可能获得市场的青睐。

农村社会环境、政治环境和人员环境要素是指农村本身存在的社会、政治经济和人力资源等环境要素。农村电子商务发展不可避免地受到当地农村社会、政治和人员环境的影响。

10.2.4 农村电子商务存在的问题

1. 观念落后

长期以来，由于我国农村人口多、基础差、底子薄，农村教育相对落后，造成了部分农民文化素质偏低，特别是对计算机网络缺乏认识，加上传统观念的束缚，对电子商务缺乏足够的信心，对网络经济的作用认识不清，这是农村电子商务发展缓慢的重要原因。然而在信息经济时代，谁掌握了信息，谁就将处于竞争的有利位置，认识落后者将会被市场无情地淘汰。因此，必须加强这方面的教育和引导，使农村人改变传统观念，树立网上营销与消费的新观念。

2. 基础设施差

近年来，我国城市建设占据了国家建设的大量资金，在信息化建设方面也是如此，而农村资金投入不足，基础设施落后。农村现有的网络通信设施难以适应高速发展的电子商务的要求，虽建立了一些大型数据库，但真正可以投入运行的并不多。而完备、高效的基础设施和通信设施是电子商务迅速发展与安全保障的前提。一方面，由于农村社会经济和文化环境的限制，一些懂得电子商务技术和电子商务管理的人员不愿意到农村去，农村本身培养电子商务人员又没有现实的可能，使得农村电子商务人才严重缺乏，影响了农村电子商务的快速、健康发展。另一方面，农产品及其消费特征不利于电子商务的开展。农产品生产对自然条件和资源的依赖性非常强，种植、培育周期长，储存条件要求高，运输成本也较高。农产品生产端到消费端路线较长，农户很难了解消费者的偏好，不得不借助中介的力量间接掌握消费者需求信息，这就决定了农村电子商务需要有组织的第三方加入。

3. 上网农民用户少

根据《2014 年第 33 次中国互联网络发展状况统计报告》2013 年年底，农村的网民规模达到 1.77 亿人，比 2012 年增加了 2101 万人。但是农村网民占整体网民的比例只有 28.6%，农村地区居民中的互联网普及率只有 27.5%。近年来，随着中国城镇化进程的推进，我国农村人口在总体人口中的占比持续下降，但我国农村网民在总体网民中的占比却保持上升，反映出农村互联网普及工作的成效。逐步缩小互联网城乡发展的差距，不仅要大力改善农村地区的互联网接入条件，还要努力提升农民的网络使用技能和意识。

4. 农村电子商务人才稀缺

从事农业生产的劳动者受教育程度较低，对新鲜事物的接受和理解能力有限，基本不具备电子商务操作能力。在农村具有一定创新精神和计算机操作能力的年轻人往往选择外出打工而不愿待在农村从事农业生产。大学和职业院校的电子商务人才又不愿意到农村去，使得农村电子商务人才严重缺乏，影响了农村电子商务的发展和应用。

10.2.5 农村电子商务发展对策

我国农村电子商务随着近些年信息技术的应用和普及而得到很大程度的发展，而存在的问题阻碍了农业电子商务持续、健康、快速发展。解决这些问题的对策如下：

1. 提高农村电子商务意识

要推进农村电子商务的快速发展，改变农民的传统观念以及提高农民、农村企业意识尤为重要。首先，政府要加大宣传推广农村电子商务的力度，不仅通过广播、电视等宣传手段，还可在乡镇一级建立农村电子商务知识宣传机构，定期到田间地头向农民介绍农村电子商务的基本知识，使其理解参与农村电子商务的好处，充分调动农民积极性；其次，开展农村电子商务试点工作，以村为单位，对于宣传推广并应用农村电子商务成绩突出的村庄，政府给予相应的奖励，并以此为经验向其他地区推广；最后，从政府层面鼓励农村企业开展农村电子商务业务，对于龙头农村电子商务企业给予物质和精神奖励。

2. 加强农村信息基础设施建设

较为完备的信息基础设施是发展农村电子商务的重要物质基础。政府应加大对农村信息基础设施的财力支持力度，尽快提高农村信息基础设施的覆盖范围。首先，政府要出台提高农村信息基础设施水平的相关政策，提高政策对“电脑下乡”的支持力度。通过与相关计算机厂商合作，为农民提供一批性价比高、具有品质保证的计算机网络设备，鼓励和帮助农民上网，引导农民积极参与电子商务，搭建多种形式的信息服务平台，为农民提供信息咨询服务，提高农民的信息应用能力。其次，各地方政府应根据财力状况、农业发展水平等实际，设立农村电子商务发展基金，使更多的资金投入到农村信息建设中去。最后，政府通过与电信部门等相关部门协调，尽量降低农民上网费用，并加强对农村信息基础设施的服务水平，提高农村信息基础设施的利用率。

3. 加强技术与制度建设

网络安全问题严重威胁着农村电子商务的发展，可能造成农民与农业企业不必要的损失。解决农村电子商务网络安全问题，技术应用与制度保障十分重要。第一，政府应鼓励专业网络安全技术公司参与农村电子商务网络安全建设，应用先进技术加强网络防火墙建设，提高系统的安全性；第二，加强农村电子商务法律法规的制定，充分借鉴在信息立法以及其他一些体制和做法较完善国家的经验，逐步建立起适应我国国情的农村电子商务发展方面的法律法规，用法律制度来规范和保障农村电子商务的健康发展；第三，加强网络信用环境建设，规范农村电子商务网上交易秩序，可采取第三方金融供应商的方法，提高网上交易的安全性。

4. 大力培养农村电子商务人才

农村电子商务人才的数量与质量直接关系到农村电子商务发展的速度和质量，也是建立、健全农村电子商务组织建设的重要内容。首先，加大对工作在农村电子商务第一线的工作人员的培训力度，不仅提高其学习和应用信息技术的水平，而且重点促进其更多地学习农业、市场营销、国际贸易知识，推动其成长为懂技术、会管理的复合型人才，成为推进农村电子商务发展的主力军。其次，政府应出台相关政策，鼓励、促进大中专学校、职业技术学校毕业生进入农村电子商务领域。最后，通过与高校和科研院所合作，建立农村电子商务专家咨询系统，以较低费用或免费方式向农民和农村企业提供农村电子商务方面的咨询服务。

10.3 沙集模式

10.3.1 沙集模式概述

沙集镇位于江苏省徐州市睢宁县。沙集镇是睢宁县的东大门，与宿迁市毗邻，是徐州市新兴重点中心镇。镇辖 17 个行政村，264 个村民组，1.3 万户，人口 6 万人，劳动力 3 万人。耕地面积 5.4 万亩。2012 年，睢宁县沙集镇有近 2000 家网店，销售额 8 亿元，排名全国 8 省 14 个淘宝村第一名。沙集模式是农村经济中信息化带动产业化、产业化促进信息化的典型。具体来讲，沙集模式的核心是“网络 + 公司 + 农户”。其中，农户是主体，公司是基础，网络是龙头。在沙集模式中，家庭经营的农户是发挥主导作用的主体，实体公司是农村产业化的基础，而电子商务平台所代表的互联网是带动农村产业化的引领力量。图 10-4 为沙集模式示意图。

1. 沙集模式是三要素相互作用形成的

沙集模式指的是这样一种模式，即农户自发地使用市场化的电子商务交易平台变身为网商，直接对接市场；网销细胞裂变式复制扩张，带动制造业及其他配套产业发展，各种市场元素不断跟进，塑造出以公司为主体、多物种并存共生的新商业生态；这个新生态又促进了农户网商的进一步创新乃至农民本身的全面发展。“农户 + 网络 + 公司”相互作用、滚动发展，形成信息网络时代农民的创业致富新路。

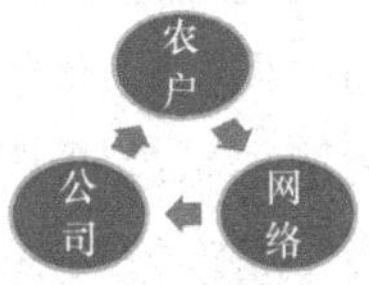

图 10-4 沙集模式示意图

2. 沙集模式中的三大要素都具有自身的特殊性

沙集模式中的农户，不再是与大市场相隔离、只能依靠他人提供的信息、或靠惯性被动盲目生产的弱势小生产者，而是在自己家中就可以直接对接市场、主动掌握信息，自主经营按需生产的平等的市场主体。这里的公司，不再是外加在农村经济之上、控制农户生产、与农争利的传统公司，而更多是土生土长的农户变身而来的新公司。由这种新公司为基础吸引其他市场元素跟进，形成了一个为农户网商服务共生多赢的新生态。这里的网络，不是由政府主导、国家投资、政府机构管理、农户却不太买账的信息网络平台，而是以淘宝网为代表的市场化的公共电子商务交易平台。农户从事网销既不要国家财政投入一分钱，自身应用成本又低且实效显著。

3. 沙集模式三大要素间存在逻辑关系

其第一个环节是由农户到网络，体现了沙集模式是农户自发、主动地应用既有的公共电子商务平台的特点。这是一种来自草根的、自下而上的信息化应用，区别于那种常见的由政府主导、自上而下的电子商务推广模式。第二个环节是网络到公司，体现了沙集模式由网销带动加工制造、以信息化带动工业化和农村产业化的典型路径特征，区别于那种农村常见的“先工业化、再信息化”的发展方式，或电子商务不改变原有生产结构只作为辅助销售手段的应用模式。第三个环节是公司到农户，体现了沙集模式以公司为基础、以市场化的新生态服务促进农民网商进一步成长的关系，区别于以前公司凌驾于农户之上的不平等关系。三个环节循环往复，像滚雪球一样，推动沙集这个以网销为龙头的产业群快速发展壮大。图 10-5 为沙集模式三要素示意图。

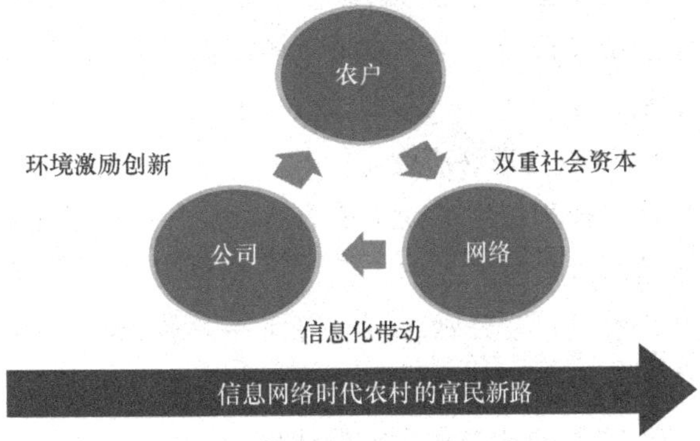

图 10-5 沙集模式三大要素

4. 沙集模式三要素体现的是双重的社会资本

其中一重是农村特有的社会土壤，另一重就是市场化电子商务基础设施的网络外部性形成的社会资本。双重社会资本加在一起，为农户利用网络、对接市场和快速复制提供了良好的条件。网络与公司的关系所体现的就是中央政策十余年来一直提倡的“两化”融合共进、信息化带动工业化的关系。在沙集，它表现为网销带动工业制造、制造加工促进网销，进而形成良好商业生态、带动农村产业化的过程。在公司与农户的关系上，则体现了良好的市场新生态或市场环境激励农户进一步创新和全面发展的关系。而“农户 + 网络 + 公司”的滚动发展，其实就代表了沙集模式所展现的一种信息网络时代农村的富民新路。

10.3.2 沙集模式的特点

沙集模式的主要特点体现在以下六个方面：

1. 基本单位是家庭

沙集网商发展的一个重要特点是以家庭为经营单位。以家庭经营为基础，可以极大地激发农民积极性，家庭成员共同劳动，风险共担，利益共享，体现了真正的“同舟共济”。另外，农村家庭经营拥有“船小好掉头”的优势，网商可以随时根据市场需求，调整产品和价格。

2. 返乡创业农民工是核心网商

网店经营的核心主体是返乡创业的农民工。农民工通过在城市务工的机会，开阔了视野，参加了工作技能等培训，积累了技术经验和创业资本，为回乡创业创造了条件。尤其是外出打工大学生的返乡，更是提升了当地网商的整体素质水平，为网销业的更大发展提供了人才保证。

3. 自发性、自下而上的草根特征

沙集模式的产生和发展源于农民内在的自发动力。东风村网商的来源大致分成四种：发起、复制、转型、兼营。而自发性是网商涌现的源头。不管是发起者、复制者、转型者，还是兼营者，都是受到内生动力的驱动，所有的经营行为都是自发自觉的市场行为，完全按照市场需求运转，当地政府并没有以任何行政命令手段进行干预。

4. 信息化带动产业化

网络销售催生了沙集镇家具产业的产生和成长，成为信息化带动工业化的典型。沙集镇原本没有家具加工业，也没有资金、木材、交通等资源和区位优势，而是通过几个农民自发开网店，销售简易拼装家具开始的。更多的农民参与模仿复制，于是出现了更多的网店，更多的大大小小家具加工厂应运而生，家具业从无到有。

5. 推动产业链和生态的建设

沙集模式以农民网商为核心，通过网店经营，带动了整个产业生态系统的产生和完善。沙集模式中，农民开网店销售家具，不仅带动了家具的生产，还催生了物流、木材等产业链的发展，促进了供电、信贷等系统环境的优化。在当地的商业生态各环节、各物种自我定位明确。

6. 具有可复制性

沙集模式的门槛低、可复制性更强。沙集模式的珍贵在于，它不像一些发达地区，网店是在相对发达的产业集群上发展而来，而是完全由电子商务直接催生了本地的主要工业。沙集现在的这个家具行业可以说是从无到有，靠信息化带动起来的。这说明农村并不一定非要等到工业化的完成才可以信息化，而是可以采取信息化带动工业化的方式，快速发展农村经济。

10.3.3　沙集模式的意义

网络时代，草根创新迸发出一种强大的生命力，通过网销创造并培育了一个全新的产业生态。沙集模式代表了一种先进生产力的发展方向，显示了中国农民的伟大创造精神，具有鲜明的时代特征和划时代的重要意义。沙集模式的意义体现在以下几个方面：

1. 探索出一条有效解决“三农”问题的新路

“三农”是我国经济发展、社会发展全局的基础，也是国家发展战略中的重中之重。我们现在沿用的解决“三农”问题的基础，还是在改革开放之初奠定的。虽然政策面进展很多，但是这些政策的基础结构层面这三十几年来没多大变化，这个基础结构指的就是“公司 + 农户”。

但是，以农户家庭为基础的小生产和大市场的对接始终是一个很难逾越的障碍。“公司 + 农户”的结构仍不足以让农村容纳这么多的劳动力。在过去“公司 + 农户”的结构下，农户往往是被公司牵着鼻子走的弱势群体，公司控制农户，与农户争利的一个重要原因就是信息不对称。市场信息大部分掌握在公司的手里，在和公司建立经济联系的过程中，农户由信息弱势造成市场弱势的情况是常见的事实，这是“三农”问题经常要碰到的大问题。

沙集镇以往招商引资搞工业，规模很小，顶多带动几十人就业，还有严格的年龄限制；而搞电子商务，短时期内规模就达到 3 亿元，不仅使镇里实现了充分就业，还需要从城里招工补充人手不足，很短时间内就使当地的经济面貌焕然一新。

沙集模式带来了结构性的变化，它在“公司 + 农户”的基础上加了“网络”这一大要素。农户在自己家中，通过市场化的公共电子商务平台，可以直接去对接市场，解决农民信息弱势的信息不对称问题，一下子找到了一个新的突破口，并且，供需双方无须经由第三方中介，这是以最直接的方式从根本上解决信息不对称问题。由于减少了中间环节，产品定价更低，买卖双方互相受益。

2. 为转变发展方式提供了一条可借鉴的途径

沙集模式的出现，直接改变了当地的产业结构。其中，下辖的东风村在网销业之前，是名副其实的“破烂村”，废旧塑料回收加工是当地的支柱产业。但是废旧塑料产业在增加农民收入的同时也带来了非常严重的环境污染问题，而且塑料颗粒的价格随着国际行情的变化非常不稳定，经营风险极大。看到家具网销市场的发展前景，废旧塑料企业源源不断地转型。从 2009 年开始，东风村的网销产业已经超过了塑料产业，而且一些企业还在不断转型。而这种变化恰巧和党的十七届五中全会提出的调结构、转方式的要求相符合。

3. 为推动我国信息化建设提供了新视角

信息化带动工业化，“两化融合”，这是国家战略的重要内容。在农村信息化方面，国家花了很大力量来推动，但依然困难很多。

沙集模式中，农民需要的信息不是先经过自上而下的系统，才达到农民那里。而是农民自己直接和市场去对接，直接和买家去商谈。农民对接的结果就是拿到了鲜活、有价值的信息，并且实现了交易。这样，信息化的应用和效益一下子就显露出来。信息化不仅仅拓展了销售，还催生了一个全新的产业——家具网销业的蓬勃发展。

4. 为发展地方经济提供了一条新的思路

发展地方经济，从全国来看，一个重要的思路是通过招商引资，特别是希望通过引进重大项目拉动地方经济，加快发展。这一发展思路在过去三十几年里取得了重大成果，可以这样说，它也代表了改革开放政策的一个非常重要的成果。但是，现在招商引资困难重重，需要付出巨大代价。

沙集模式是一个靠本地内生的力量驱动、由农民自发做起来的经济发展模式。沙集模式对公共资源的索取很少，为地方经济社会发展的贡献很大。农民网商的根在这个地方，父老乡亲在这个地方，有了风吹草动、市场有变化，他会和地方经济一起去抵御风险。这是它内生的价值，从中会长出更强的生命力和带动力。

10.3.4 沙集模式成功原因分析

1. 信息技术的普及和应用

（1）基础设施建设提速，互联网快速普及。基础设施建设的提速，为农村地区应用电子商务奠定了良好基础。我国近几年持续投入电信基础设施建设。

2012 年我国电信行业宽带网络覆盖和普及程度不断提高，IPTV 业务取得了飞跃式发展，年底用户超过 2300 万个，一年增量超过 2004～2010 年发展总和；99.1% 的乡镇和 92% 的行政村接通了互联网，95.6% 的乡镇接通了宽带；3G 网络已经基本覆盖全国。互联网基础设施的完善大大促进了互联网的普及和应用。

（2）网络购物市场发展潜力巨大。根据《2014 年第 33 次中国互联网络发展状况统计报告》，截至 2013 年 12 月底，我国网民规模达 6.18 亿人，互联网普及率为 45.8%，较 2012 年年底提升了 3.7 个百分点。中国新增网民规模为 5358 万人，其中新增农村网民占比 39.2%，达 2101 万人。根据艾瑞咨询的数据，截止到 2013 年 12 月底，中国网络购物市场交易规模达到 1.85 万亿元，增长 42.0%，与 2012 年相比，增速有所回落。国家统计局发布的数据显示，2013 社会消费品零售总额达 23.438 万亿元，比 2012 年名义增长 13.1%，扣除价格因素实际增长 11.5%。2013 年网络购物在社会消费品零售总额中的占比为 7.9%，且网络购物交易规模环比增速为社会消费品零售总额的 3.65 倍。因此，我国网络购物市场还有巨大的增长空间。

（3）物流和支付更加便捷。近几年，我国物流和快递业务爆发式成长，快递服务与电子商务合作日益紧密。一方面电子商务依托快递突破了物流瓶颈，快速发展；另一方面，电子商务配送拉动快递服务迅速增长。据悉，全国快递业的30%业务量由电子商务牵动完成。在沙集镇，有37家物流和快递公司已在沙集镇设立服务网点或设置加盟店。在竞争中，物流快递的服务不断提升，价格不断降低，为沙集镇网销业的发展提供了有力的保障。

支付已经不是电子商务发展的瓶颈。随着这几年网上银行和第三方支付平台的逐步完善，在线支付已经非常便捷、安全。

（4）中介平台的引领作用。以淘宝网为代表的市场化公共电子商务基础设施现在已经发展成熟，并且在中国特色的电子商务发展过程中，发挥了重要作用。它们不仅提供了交易平台、交易环境，还通过不断创新交易规则来规范网络交易，使之健康有序。

东风村网商认为，电子商务服务平台为他们提供了难得的网销机会。网商可以在淘宝网免费开店，这就为农民从事网销创造了非常便利的条件。这种市场化的公用电子商务平台，使农民网商轻松地与全国的大市场进行对接。这样，第三方网络交易平台为农民创业提供了一个崭新的舞台。

2. 精准的产品选择

农民开网店，选项目很重要。沙集镇的“三剑客”最开始在网上销售饰品和小家电，但是发现前景渺茫。经过几番尝试和摸索，最后几个人确定选择简易拼装家具作为起步产品。事实证明，以这种产品切入市场是最佳选择：需求容量大，市场进入的门槛低，能够掌握产业链关键环节，产品适合储存和长途运输，产品拓展空间大。这就使产业的发展具备了很强的容纳性和快速扩张的条件。

（1）市场需求大。普通工薪家庭、中低收入的城市单身打工一族，对家具的要求是功能多、体积小、易于搬运、价位处于中低水平。简易拼装家具既能满足消费群体的功能需要，价格又极其实惠。因此，简易拼装家具受到广泛欢迎。

于是，沙集镇的木制家具自从上市，就一炮走红，并且订单源源不断。浏览沙集镇网商的店铺，各式各样的家具琳琅满目：架子系列（书架、衣架、鞋架、花架）、柜子系列（衣柜、书柜、鞋柜）、书桌、茶几等。每家的店铺都陈列着上百种家具图片。

（2）门槛低，生产和交易流程简单易学。沙集镇网店生意流程简单易学，包括设计、生产、网销、配送、收款几个环节。对于没有生产能力的网商，只要跟踪供应商的产品更新，进行网销、拿货、配送、收款就行了。

而生产加工过程也相对简单，只需要锯板、封边、钻孔三道核心工序。这三道工序所需的设备成本不高，基本都在农民可支付的范畴内。心灵手巧的沙集镇农民，在此基础上，生产出了销往全国各地的各类拼装家具。

（3）适合长途配送货运。简易拼装家具比较适合长途运输。沙集镇网商面临的是全国的大市场，太大的商品配送成本就会很高，易碎商品配送途中的损坏多，鲜活商品不适合储存。所以鲜活、易碎、超大物品不太适合网销模式。网销商品一定要适合远途运输、体积较小、不易损毁。简易拼装家具恰恰满足这些条件。家具厂只要把家具按设计好的尺寸，加工成木条、木板，配上成包的螺钉，附带图样发给用户。用户按照图样，经过简单组装，就可以完成一套家具。

（4）满足用户动手组装的乐趣。拼装家具还能够满足用户动手组装的乐趣。简易拼装家具的另一个特点是需要用户自己拼装。用户在收到成品木板后，按图样组装家具。组装的过程就是一次创造的过程，会让人回想起小时候拼装积木的童趣，更能满足一些年轻人“自己动手做家具”的成就感。目前，一些网商还常常接到用户自己设计的图样，要求定制加工。用户根据自己喜欢的家具风格和适宜的尺寸，只要把想法画出来，网商就可以提供加工好的待组装家具。

3. 一群勤奋、开放、诚信的年轻人

沙集模式的成功，和镇上这群勤奋、向上、开放的年轻人的贡献密不可分。新一代创业型农民成为沙集网销萌芽、复制、快速成长的关键力量。

（1）勤奋和执着。对于沙集镇的网商来讲，工作到凌晨 2 点钟已经是家常便饭。沙集镇的网商工作热情惊人，从每天早上 9：00 到晚上 12：00，都一直挂在线上。在沙集镇农民网商心目中，一直有一种坚定不移的信念：沙集镇农民从事废旧塑料回收加工生意，又苦又累又臭的活儿都能赚到钱，那做网店就更能成规模。

（2）开放和分享。沙集模式能够快速复制传播，与网商们具有开放和分享精神密不可分。其实，开放和分享精神的形成也有一个过程。一开始“三剑客”想着自己闷头挣钱，甚至还制定了不许外传的攻守同盟。但是，耐不住周围亲朋的软磨硬泡和农村那股子浓浓的亲情，他们传授了几个。

后来，在他们带动下，东风村的网店经营如火如荼。几家大户还主动为小网商供货。商友们还会时常聚在一起，交流开店心得。有时，几家网店还联合购进木材，以便获得更有竞争力的价格。

（3）服务和诚信。庞大的网络购物市场，唯有服务和诚信才能最终赢得消费者的认可和信赖。淘宝网作为中介服务平台，建立了一整套确保网店信誉的评价机制，以钻和皇冠的数量作为标识。钻石或皇冠数量越多，信誉越好。沙集网商非常重视诚信。2013 年 10 月底，阿里研究中心发布《全国各地淘宝村统计分析报告》，睢宁县沙集镇以 2000 多家网店、2012 年销售额 8 亿元的成绩，排名全国 8 省 14 个淘宝村的第一名。沙集镇年销售额 500 万元以上网商有 280 家，1000 万元以上的网商有 30 家，2000 万元以上的网商有 3 家。沙集 78.30% 的网商认为成功的关键是产品质量过硬，63.30% 的网商认为成功的关键是客户服务至上，43.30% 的网商认为口碑经营是成功的关键。

（4）规划和思考。随着进入农户的增加，家具网销市场竞争日益激烈，网商们越来越发现网店品牌经营的重要性。好的品牌不仅能让用户方便识别，保持忠诚度，也是树立信誉、保持竞争优势的武器，能为网店的持续发展提供原动力。

面临越来越激烈的市场竞争，网商们认为最好的出路就是不断创新，包括产品创新、品牌创新、管理创新、营销创新等。从最原始的木条拼装家具，到板式家具和实木家具都是一次次创新，尤其是几个前卫网商还开始了钢构家具的研发。从工艺上，一些网商们推出烤漆、雕花等工艺；从款式上，推出自主设计产品；从包装上，网商们正在实验采用新型材料，以保证长途运输更安全。

4. 农村特有的亲情关系和口碑传播

在农村，世代人都居住、劳作在同一块土地上，活动范围较小，彼此熟悉。农户们不仅形成了各种血缘关系，也积累了相似的生活习惯、文化和价值观。在这种情况下，口碑传播已经成为信息传播的最主要途径之一。这种传播不仅范围广、速度快，并且可信度更好。新想法、新做法通常都是通过亲朋或是邻居们试用后，以口头的方式传播开去的。

5. 当地政府的支持

沙集模式的快速发展与当地政府“不越位”“不缺位”的扶持理念和做法有很大关系。沙集网销业是自发式发起、裂变式生长，但是，市场的力量并不是万能的，土地、资金等问题靠农民自己的能力是解决不了的，还需要政府的支持和引导。政府部门根据网商提出的需求，陆续推出了一些适宜的扶持政策，如沙集镇推出的支持创业的小额贷款等。

10.3.5　网商面临的挑战

目前，沙集家具网销业已经初具规模。但是，沙集网销业的持续、健康发展却面临瓶颈。其突出表现就是：缺少龙头企业，产品同质化竞争，砸价现象时有发生，产品质量有隐患，也出现了品牌和知识产权问题等。

1. 缺少龙头企业，项目建设生产水平整体不高

沙集网销业整体水平不高，缺少有带动作用的龙头企业。沙集网销农户虽然数量众多，但是这些网店成立的时间都不长，将近 70% 的农户没有实体加工厂，仅仅拥有虚拟的网络商店。只有个别企业的年销售额超过 100 万元，雇员员工人数超过 20 名。即使有加工厂的网商规模也不够大，绝大多数农户的加工厂还没有摆脱家庭作坊形式，离现代规范化工厂差距甚远。目前，沙集网销业还没有一家成规模的龙头企业，能够对其他企业发挥号召力和引导作用。

2. 存在同质化恶性竞争现象

沙集模式快速普及的重要原因就是简单相互模仿、细胞裂变式快速复制。很多网店没有自己的设计和产品，直接复制其他网店的照片。一旦有用户下订单，就直接到其他网店拿货。有的网店为了扩大销量，争取信用额度，不断压低价格，进行市场推广，使得整个拼装家具市场的价格一降再降。价格下降缩减了利润空间，一些网商迫不得已选择劣质木材作为原料，结果产品质量整体下滑，影响了沙集品牌的信誉。

仿制者的增多导致产品相似度越来越高，“只要做了一款新产品，不出三天，整条街都是这件产品。”模仿者的价格更低、销量更大，导致创新者的投入不能换回相应的回报，抑制了创新的积极性。一段时间来，沙集网销业陷入低水平的同质化恶性竞争。

3. 缺乏人才，尤其是高端复合型人才

沙集网销业的兴起，虽然有大量外出打工人员陆续返乡创业和就业，但是人才缺口仍然很大，大到工厂的管理人员、家具设计师，小到网店的客服和工厂的包装人员。面临家具网销业美好的市场前景，沙集网商最缺的是高端复合型人才：既懂现代企业管理又了解网店运营规律的管理人才；既懂得家具加工又会操作现代化设备的木匠；既懂得家具设计又了解市场需求的设计师。

沙集镇目前的网商缺乏企业管理和运营经验、专业技术知识，以及长远发展的战略眼光。引进高端人才是快速、健康发展的重要保障。

4. 知识产权问题存在隐患，缺少自主品牌

沙集家具网销业从模仿起家，虽然已经陆续有一些大的网商开始注册公司、申请商标、设计原创家具，但是大部分网商仍然处在低水平模仿阶段，缺少自主品牌，存在知识产权隐患。由于知识结构和成长经验所限，大多数沙集网商并不了解有关知识产权方面的知识，不具备全面的知识产权意识，没有注册商品和申请专利的经验。在这种情况下，如何保护自己的知识产权，又不侵犯他人的权利是沙集网商成长所面临的另一大课题。

5. 缺乏区域性战略布局

沙集网销业通过自发式产生，裂变式发展已经形成一定的规模。但是，未来如何发展，还没有整体发展规划和思路，包括缺乏整个沙集镇网销业的发展战略、区域合理化布局、品牌建设和现代化管理设想等。目前，沙集镇网销业整体发展水平还比较低，区域内分工体系还未形成，离专业化生产、一体化经营、社会化服务、企业化管理的发展目标还有一定差距。特别是，沙集镇还缺少成规模的木材、零配件企业，物流配送环节服务水平良莠不齐，网商服务商和培训机构还不能满足网商的需求。

10.3.6 未来发展建议

1. 转变观念，培育沙集网商市场

地方政府的领导要采取两条腿走路的办法：一方面要继续抓大项目，另外一方面要腾出一些精力来促进沙集中小企业发展。在条件许可的前提下，促进沙集中小企业发展的力度可以更大一些，步子迈得更大一些。

2. 集中精力，解决网商发展中的突出问题

地方政府要适时地针对网商的迫切需求推出一些政策。例如针对土地问题、资金问题、人才问题、能力建设问题，推出一套优惠政策，帮助网商突破他们自己难以突破的发展瓶颈，同时进一步改善政府对网商的公共服务。

3. 正确引导，建立网盟

地方政府要扶持成立以网商为主导的商盟，充分发挥其作用。通过商盟，加强行业交流和自律；通过规范，提升产品质量；引导网商走个性化、品牌化、多元化的道路。

4. 积极开拓，打造良性互动的产业链条

网销的生产线拓展越快越好，越丰富越好。通过对网商生态系统和产业链的跟踪和研究，有针对性地开展上下游配套的产业建设。

5. 抓住契机，加快当地产业结构的调整和升级

在加快用网销的新产业代替原来废塑料的旧产业过程中，主要靠市场的力量，政府的政策也要有倾向，一旦农民觉得网销更挣钱，产品结构的调整就会顺利得多。

6. 积极培育，形成网商的龙头企业和行业标杆

对于相对较大的龙头企业雏形，地方政府要通过股份制、项目配套等多种方式，支持和鼓励社会资本投资当地网店经营，引导农村集体经济组织、民营企业、农户和社会资金向产业化经营者聚集。

7. 深化研究，提升整体品牌形象

在精心打造品牌形象的基础上，争取更多外部的支持，就需要深化对沙集模式的研究，沙集模式研究得越透、越准，品牌建设的工作做得越实，这个品牌就越能立得起来，吸引力就越强。

10.4　娄底网上供销社模式

10.4.1　网上供销社模式介绍

2008 年，娄底市供销社与省供销合作总社合作，投资建立娄底供销电子商务有限公司，联合市委组织部、市移动、市农行等部门，率先在湖南全省开展农村移动电子商务工程试点，着力打造娄底网上供销社——农村电子商务模式。开展的主要业务有：涉农产品网上批发市场、移动供销通手机交易平台、供销商城、中南大宗商品电子交易市场。

网上供销社秉承“绿色、助农、至诚、共赢”的价值观，采取“实体 + 网络”“手机 + 计算机”相结合的农村移动电子商务运营模式，依托网上供销社农村移动电子商务省级平台（www.coop168.com）、全市供销社行业资源和农村移动电子商务中心实体网点，构建“供应商—乡镇加盟店—村级加盟点—供销通会员”下的“工业品下乡”和“供销通会员—村级加盟点—乡镇加盟店—大型超市”下的“农产品进城”流通网络。

网上供销社利用信息化技术手段，加盟店通过开展电子商务、便民服务、信息服务、电子政务“四大服务”，成为商品贸易中心、信息服务中心、物流集散中心、业务代办中心“四个中心”。通过期货与现货商品交易、实体店与网店共存、手机与计算机共用的方式，逐步形成新型的“从田园到餐桌”的农产品进城和“从厂家到消费者”的工业品下乡的商品流、资金流、现代物流、信息流双向体系格局。

作为全国供销系统首家移动电子商务平台，网上供销社全面整合供销社行业资源，以优质、全面的服务，为农民兄弟解决“买难”“卖难”问题。图 10-6 为网上供销社首页。

图 10-6　网上供销社首页

10.4.2　网上供销社农村电子商务发展现状

通过几年的探索与发展，全国首创的网上供销社农村电子商务娄底模式基本形成，突破了农村电子商务发展瓶颈，有效解决了农村信息化建设最后一公里的问题。

1. 电子商务平台日益完善

网上供销社整合了农村电子商务平台 B2B、B2C、中南地区大宗中远期交易、供销政务平台及移动电子商务平台，其中移动电子商务与 B2B 是发展核心。核心产品“移动供销通”，是定制手机通过 GPRS、网络界面以及短信、语音短信等无线接入方式，为农业企业提供信息流、商品流、资金流和物流管理等服务，使之逐步具备全面的商品流通管理、电子商务、电子政务和公共服务功能。

2. 网络体系逐渐形成

娄底已经建立了市供销电子商务有限公司地市级运营中心，建立了“供销通”服务平台，建立了 1 家县级综合服务中心，在娄星区、双峰县建立了 51 个“远教——网上供销社”村级综合服务点，形成了市—县—乡镇—村—“供销通”会员的五级服务网络体系。2012 年，全市系统完成商品销售总额 31.46 亿元，实现利润 3214 万元，分别为 2002 年改制前的 2.6 倍、16 倍。其中完成农业生产资料销售 7.9 亿元、社办工业产值 9.8 亿元；发展“网上供销社”乡镇加盟店累计达 125 家，配合市委组织部发展“远教——网上供销社”农村综合服务点 152 个（总数达

412 个），巩固发展移动“供销通”会员 12000 余户。

3. 商品流通已经启动

“商品流”是农村移动电子商务建设的核心，也是做实“娄底模式”的关键。从 2011 年开始，他们积极探索以“分散订单、集中采购”为主的商品流通新模式，将加盟店分散的小额订单集中起来，向厂家集中采购，提高了加盟店的议价和生存能力，使商品采购价格下降了 15～20 个百分点，也使农民朋友直接受惠，从真正意义上实现了“从厂家到消费者”的直营模式。

4. 便民服务全面推进

网上供销社加盟店围绕打造全方位综合便民服务中心，以网上供销社网络平台和“供销通”手机平台等信息化技术平台为支撑，在广大农村开展政策、法律咨询，农科技术咨询，远程医疗挂号，汽车、火车、飞机票购买，大宗工业品购买，大宗农产品销售，农行小额存取款、惠农卡办理，移动充值缴费、放号，手机购买，彩票购买，外出务工、就业指导，农村物流等十多种服务。

10.4.3　网上供销社农村电子商务模式的特点

全国农村电子商务模式和平台有很多，均有不足，如功能上不全、信息量不多、支付系统不强和保障不力等。相比之下，娄底市网上供销社——农村电子商务模式的特点如下：

1. 农民购物方便

网上供销社创新提出了“网络＋实体”“现货＋期货”两结合的运作模式，即网上供销电子商务平台＋网上供销社连锁实店并存、现货购买与期货交易同步的方式，同时借助移动“供销通”等信息手段，拓展和延伸物流通道，主动将服务网点伸向农村，让农民在家门口就能放心体验网络购物的乐趣。

2. 网络体系严密

市供销社利用新型电子商务模式将传统网点改造成为网上供销社加盟实体店，形成了横向的全市各行政村的网络格局，网上供销社市级运营中心、县级综合服务中心、农村加盟店纵向运营格局。实体网点和网上供销社的网站平台相结合，让农村商业开始走上规模化、集约化、电子信息化之路。

3. 物流配送便捷

顺通、圆通、申通、邮政 EMS 等快递业务终端在各县级以上城区，网上供销社县城的综合服务中心有效对接各快递业务，延伸了各大快递公司的服务线路，将商品配送到各个乡镇加盟店，形成分布全市农村网点的配送体系，为城乡一体化提供物流服务。

4. 信用保障有力

通过惠农卡、财付通、支付宝等第三方交易平台，从制度上健全信用机制，确保农民放心消费。网上供销社公司商品配送中心直接与厂家签订供销协议，统一进货渠道，保证了商品质量和安全。所有连锁加盟店点实行统一价格，低于市场价格销售商品，让农民真正得到实惠。农民可以通过实体店到“网上供销商城”开展网上购物，加盟实体店就是网购信誉的组织保障，让农民放心从网上购物。

5. 服务功能强大

网上供销社以电子商务平台为基础打造成农村电子商务、农村电子政务、农村便民服务、农村信息服务“四大服务”活动中心，初步形成了农村信息化综合服务体系。

10.4.4 网上供销社模式存在的主要问题

网上供销社模式尽管取得了较好的成效，但是还存在一些问题，主要有以下几个：

1. 农村信息化建设处于起步阶段

受互联网普及率不高、现代物流体系不健全、农民消费观念有待更新、电子商务意识普遍较弱、文化素质不高、电子商务专业人才缺乏等因素影响，农村电子商务建设尚处于起步阶段，服务功能急需完善。

2. 电子商务运营资金短缺

农村电子商务建设是一项涉及面广、集合性强、影响深远的社会工程，前期资金投入巨大，回收期长，资金短缺成为制约网上供销社发展的主要障碍。

3. 各部门优势资源有待整合优化

全市农村信息化建设各个部门都有一定的信息资源和政策优势，但各部门都是各自作战，没有形成合力。网上供销社搭建了较好的电子商务信息平台，单靠供销社系统的力量很有限，有待整合农办、经济委、科技局、农业局等诸多部门的力量，共同推进电子商务发展。

问题与讨论

1. 农村电子商务对农业、农村以及农民的发展的作用是什么？
2. 农村电子商务的核心要素和外围要素是什么？各自的作用是什么？
3. 沙集模式和娄底网上供销社模式成功的原因是什么？

第11章 旅游电子商务

11.1 概述

11.1.1 旅游电子商务的含义

旅游电子商务有狭义和广义之分。狭义的理解是互联网上的在线销售方式，旅游网站通过即时在线服务，对旅游者提供专门服务。而另外一种理解是广义的理解，是以整个旅游市场为基础的电子商务，泛指一切与数字化处理有关的商务活动，不仅只是通过网络进行旅游者所需的劳务服务买卖活动，还涉及传统市场的各方面，除在网络上寻求旅游者，企业还通过计算机网络与供应商、财会人员、结算服务机构、政府机构建立业务联系。而本篇研究所涉及的旅游电子商务主要是指的前一种。

1. 旅游电子商务的特性

（1）聚合性。互联网跨区域、跨时间地覆盖全球，旅游企业有更多的时间、更大的空间进行营销，可每周7天、每天随时随地提供全球性营销服务。旅游产品是一个纷繁复杂、多个部分组成的结构实体。旅游电子商务像一张网，把众多的旅游供应商、旅游中介、旅游者联系在一起。景区、旅行社、旅游饭店及旅游相关行业，如租车业，可借助同一网站招徕更多的顾客。

（2）高效性。互联网可以传输多种媒体信息，使得交易过程中的信息交换可以以多种形式存在，使旅游宣传营销的方式丰富化、多彩化、人性化，充分发挥营销人员的创造力、想象力。消费者可以对将要去的地方进行有效的查询，并在网上对所见到的产品提出自己的看法和建议。

（3）沟通性。互联网连接资料库，可以展示商品名录，提供有关商品信息查询，可以和顾客做互动双向沟通等，能迅速、及时地获得市场信息，了解市场、适应市场，是产品设计、商品信息提供以及服务的最佳工具。

（4）便捷性。旅游电子商务克服了传统旅游服务的缺陷，可以为消费者提供全面的目的地资讯、目的地预览和决策参考信息，具有明显的导购行为。另外，旅游电子商务也可以解决服务的信誉问题，突破时空界限，为消费者提供全天候、跨地域的服务，并用有关银行卡在线支付旅游费用，方便了购买。

2. 旅游电子商务的交易类型

从交易模式类别上看，旅游电子商务既有B2B（网站对交通、住宿、景点等企业），也有B2C（对游客）及C2C（游客自行组团）等模式。

从应用层次来看，旅游电子商务可分为两个层次：

其一是面向市场，以交易活动为中心，并包括促成旅游交易实现的各种商业行为——网上发布旅游信息（包含网络旅游新闻媒体）、网上广告宣传、旅游市场调研和实现旅游交易的电子贸易活动、网上旅游洽谈、售前咨询、网上旅游交易、网上支付、售后服务等。

其二是利用旅行社业务流程重组和内部网络平台建设而形成经营管理活动，实现旅游企业内部电子商务，包括旅游企业建设内部网络和数据库，利用计算机管理系统实现旅游企业内部管理信息化。可以预见的是，发展到成熟阶段的旅游电子商务，将是旅游企业/机构外部电子商务和内部电子商务的无缝连接，这将极大地提高旅游业的运作效率。在这一方面，区别于传统意义的、连接内部数据库系统和业务流程的新型呼叫中心和B2C网站，是极好的运作示范典型。携程旅行网就是一个典型的代表。

11.1.2 旅游电子商务网站介绍

1. 国内旅游电子商务网站介绍

旅游电子商务发展很迅速，百花齐放。按照其产品和运营方式的不同，可以划分为：

（1）专业旅游网站，如携程旅行网、艺龙旅行网网站含有及时并且准确的旅游信息，并自带交易功能，整个网站以达成交易为目的。盈利主要来自于代理佣金以及广告费用。

（2）旅游产品的垂直搜索类网站。用户可以通过手机，比较和处理旅行产品数据，以去哪儿网和酷讯为代表。此类网站的盈利主要依靠点击收费以及广告投放。不过去哪儿网目前也深入到了酒店合作渠道，也开始有了通过达成订购而收取费用的模式。

（3）旅游信息类网站。主要有新华网旅游频道、搜狐旅行等。此类网站主要发布旅行的政策、景点信息，以官方信息报道为主。但是较少可以达成交易，主要营收来自于广告以及软文的费用。

（4）同行交流类网站。这类网站聚合了众多的旅游行业人员，因为目前旅游行业的人越来越多，所以针对旅游类的从业人员，也有更多的服务可以提供。旅游专业类的网站，如中国旅游同业网、中国旅游人才网等，主要针对旅行社以及旅游类的企业的人才招聘需求，主要依靠收取企业的招聘信息发布费用。

（5）地方旅游门户。此类网站多数为地方政府或者当地旅游景点管理局，为了吸引更多的游客，发展当地的旅游业，如大理旅行网、中国庐山网等。类似的针对景点的宣传也有以主题公园网为代表的香港海洋公园、黄石公园等。

（6）旅行社类。这类网站以旅行公司为依托，除了介绍公司旗下的旅行路线之外，同样对企业自身进行宣传。

随着需求的不断多样化和社会的电子化，也出现了各种新型的旅行网站，如

SNS 社区类网站。用户通过网站自行提供旅游内容，为其他网友提供酒店和目的地的评价信息，这里主要是一个分享平台，重点是增加用户的黏性和数量，蚂蜂窝、驴评网属于此类。

另外，随着淘宝网业务的不断扩大，也产生了专门的旅游交易平台类型。它是一种提供双方交易的平台，省去代理商分层的佣金环节，酒店、航空公司以及景点消费环节可以直接入驻平台。

2. 国外旅游电子商务网站介绍

TripAdvisor 是全球最大最受欢迎的旅游社区，也是全球第一的旅游评论网站，同时拥有超过 2000 万的注册会员以及 5000 多万条的评论，并且数量还在不断增加中。旅行者的真实评论是 TripAdvisor 最大的特点。

此外，还有 Webcams 等基于地图的景点视频分享网站。

国外景点门户网站也很受欢迎，能帮助游客直接地了解景点，如史丹利公园、韩国乐天世界的网站。这些网站主要对景点进行宣传、推广，也可以进行景点门票的预订，完成线上的旅游电子商务交易。

因每个国家的旅游和签证政策不同，游客可以通过国家官方旅行网站了解当地旅游政策、注意事项以及签证等相关信息，例如巴黎旅游局网站、古巴旅游局网站、大阪观光网等。

11.1.3 国内旅游电子商务发展概况

1999 年，全球互联网投资高潮兴起，催生了中国第一批旅游网站，如华夏旅游网、携程旅行网、Et-China、中青旅在线等。此时的在线旅游还在一个初级阶段，服务商纷纷探索运营模式，很多服务商都通过收购传统旅游分销商来扩充自身实力。比如 2000 年 5 月，艺龙旅行网收购酒店预订公司 LOHOO；11 月携程旅行网收购北京现代运通订房网络。

2001～2005 年，服务商开始明确市场定位，开始实施电话呼叫中心与网络相结合的预订方式，向消费者提供简单的旅游产品预订服务。

2005～2008 年，中国的在线旅游行业开始呈现多元化、差异化发展态势。一方面，部分航空、酒店企业官网开始投入力度进行网络直销，比如南方航空、7 天酒店等；另一方面，各种细分的垂直型在线旅游服务商崛起，开辟自己的垂直服务领域，如途牛旅游网、驴妈妈旅游网、悠哉旅游网等，并且受到了风险投资的青睐，这种青睐很大力度地帮助它们快速抢占市场。这些垂直细分的领域中，垂直搜索加剧了机票业务的竞争程度；点评网站助推了酒店及度假业务的线上发展。垂直媒介则作为催化剂，推动整个行业的竞争。

2009 年至今，自驾游、自助游的人越来越多，主要还是因为经济水平提高，促进了旅游业的发展；互联网在线预订机票、酒店的不断成熟，也促使了这个行业的发展。当旅游者预订旅游假期时，访问个人博客、旅游点评、线路推荐、同事推荐以及使用搜索引擎时看到的建议，会比旅游宣传单、广告、媒体评论和旅行社的建议更有影响力。

11.1.4 旅游电子商务的未来发展趋势

虽然目前对于旅游电子商务网站来讲，以携程旅行网、去哪儿网、淘宝旅行等为主力军，但是市场在不断发展，据中国旅游局预测，到2015年，中国将成全球最大国内旅游市场。预测未来几年旅游市场的增长率至少在40%左右，在线旅游用户基数和覆盖数呈复合式增长。需求会变得更加多样化，电子商务技术也在不断发展，如何扩大旅游市场的份额并服务好游客，成为每个旅游服务商的核心发展问题。

从2010年开始不难看出，各平台推出的在线旅游的团购，以及不断成熟的垂直搜索服务等，都不断地冲击和挤压高佣金的传统模式。另外，除了老牌的预订网站，还有人人网、淘宝、腾讯等巨头的虎视眈眈，还有旅游点评类网站以及微博预订等模式的涌现，社会化运营会成为未来10年的主流之一。

2011年，随着微博的火热，很多航空公司利用微博营销，接受在线预订等。尤其是以南方航空和海南航空为代表的微博运营，就没有淡出人们的视线。一场场“微博空姐秀”、一个个“空姐空少门”的话题让微博成为航空公司推广品牌和接受业务的重要渠道。各省市的旅游局等官方微博也顺风而上，不断跟进市场和网民的热点，关注旅游热点，不断推进当地旅游业的发展

另外，旅游点评和分享逐渐成为传播的主要方式，旅行社交化是一种趋势，其本质是社交网络社区与用户推荐系统的结合，以社交网络社区烘托氛围，路书成为旅行的必备内容，为更多旅游者提供消费决策帮助。

最后，移动互联网将成为旅游电子商务的重要战场。移动互联网改变了人们的消费习惯，如同给电商行业带来的变化一样，移动应用在旅游市场同样大有可为。尤其是在电商企业的频频涉足之下，将撬动原有用户的消费潜力，从而带动在线旅游业加速移动应用的步伐。无疑，集快捷性、信息碎片化、社交化等特点于一身的移动互联网将为旅游电子商务提供无限可能。目前，手机终端越来越受消费者的青睐，越来越多的用户使用手机上网，各种旅游产品在线预订也越发受到消费者喜爱。旅游产品的移动应用也已在众多年轻消费者中深入人心。许多消费者也已经习惯通过移动互联网设备预订旅游产品、更新旅游资讯、分享游记及旅游攻略。这种快捷、方便的消费方式势必给在线旅游市场注入新的活力。

11.2 携程旅行网

11.2.1 携程旅行网简介

携程旅行网（简称携程）于1999年成立，2003年12月在美国纳斯达克成功上市。2012年中国品牌价值排行榜（福布斯中文网）前50中，携程排名第40位，品牌价值804亿元。面对市场激烈的竞争，携程及时推出了新的服务系统，得益于电

子商务的深度普及，为3400万会员提供了全新的旅行服务支持体验。2010年携程市值高达62.55亿美元，在全球在线旅游企业中仅次于Priceline。2004年以来的年平均增长率达38%。携程持续高增长的收入也从侧面反映了中国在线旅游市场的旺盛需求。2013年第一季度，携程实现净利润2471万美元。相比之下，传统业务（酒店和机票）虽占据营收总额的较大份额，但其营收增量的增速远不及新兴业务强劲。携程的发展证明互联网和传统产业的结合是大有可为的。互联网企业的存活率不到1%，而携程以高科技的运作手段、精细的管理模式和先进的服务理念为旅游企业拓展了新路子。

1. 携程旅行网历史大事件

2013年6月　携程无线更名“携程旅行”欲做大而全的APP

2013年6月　携程移动客户端“携程旅行”发布4.5新版

2012年4月　将旗下星程酒店51%的股权出售给华住（汉庭）酒店集团，交易价格为1710万元人民币（约合270万美元）

2011年2月　携程南通呼叫中心升级为服务联络中心

2011年1月　成立驴评网

2010年12月　入围2010中国旅游集团20强

2010年5月　携程信息技术大楼在江苏南通正式落成

2010年4月　“携程无线”手机网站正式上线

2010年3月　会员数突破4000万人

2009年11月　被授予为“世博游指定旅行社”

2009年6月　推出“自由·机+酒”产品

2009年2月　推出国内首个航意险保单销售网络平台

2008年12月　携程南通呼叫服务中心正式启动

2008年5月　携程度假体验中心登陆各大机场

2008年3月　携程英文网站全新上线

2007年11月　单月机票销售突破100万张

2007年9月　携程大学成立

2007年6月　携程网络技术大楼正式落成并投入使用

2006年12月　度假出发地拓展至11个城市

2006年3月　进军商旅管理市场

2005年9月　注册会员数突破1000万人

2004年11月　建成国内首个国际机票在线预订平台

2004年10月　推出全新360°度假超市，首推休闲度假旅游概念

2003年10月　机票预订网络覆盖国内35个城市

2002年10月　当月交易额首次突破1亿元人民币

2002年3月　酒店预订量创国内酒店分销业榜首

1999年10月　携程开通

2. 携程旅行网八次战略投资

2011 年 1 月　战略投资订餐小秘书

2010 年 3 月　收购中国古镇网

2010 年 3 月　收购汉庭连锁酒店集团和首旅建国酒店管理有限公司的少数股份

2010 年 2 月　投资永安旅游（控股）有限公司旗下旅游业务

2009 年　战略投资 ezTravel，促进在我国台湾的旅游业务拓展

2008 年 4 月　收购中软好泰

2002 年 3 月　并购北京海岸航空服务有限公司

2000 年 11 月　并购北京现代运通订房网络

11.2.2　携程旅行网站产品介绍

携程为客户提供全方位的商务及休闲旅行服务，包括酒店预订、机票预订、度假预订、商旅管理、特惠商务和旅游资讯。

酒店预订：酒店预订是携程的最大业务，也是携程最初发展并盈利的基础。目前与携程合作的酒店超过5000 多家，遍布全球34 个国家和350 多个城市。同时携程在国内1000 多家酒店每天有大量的保存房，可为携程会员提供及时的预订服务。目前，其酒店预订业务占全国酒店网上预订的50% 以上。

机票预订：机票预订是增长速度最快的一条业务线，携程机票业务覆盖国内外绝大多数航线，在机场有取票地点，凭借行业规模领先的机票预订系统，在全国 50 个城市内免费送货，并可以实现电子客票、便捷出行。

度假预订：度假预订是一条旅行电子商务的亮点，携程“度假产品网上超市”涉及60 多个出发地和300 多个度假目的地，和多家旅行社的合作，提供多样的旅行服务。

商旅管理：商旅管理是携程这几年新推出的一种服务，面向国内外各大企业，凭借全国范围的行业资源网络，为企业客户提供商旅管理。

特惠商务：特惠商务是携程给予 VIP 会员的增值服务。目前携程的特惠商户近5000 家，覆盖地方特色餐饮、酒吧、娱乐、健身、购物、生活等多方面。携程会员可享受折扣优惠。

旅游资讯：①酒店详情，携程的网站提供国内外酒店的详细资料；②旅行指南，包含全球500 多个景区、10000 多个景点的交通、餐饮、住宿信息，提供出行情报、自家路线等咨询信息；③旅游游记，可以看到网友自发上传的旅行攻略，形成旅行社区；④书籍，提供旅行丛书《携程走中国》以及旅行类杂志《携程自由行》。

11.2.3　携程旅行网盈利模式分析

1. 收入来源

（1）酒店预订代理费。这是携程最主要的盈利来源，大多数是通过目的酒店前台支付之后定期进行盈利返点。

（2）机票预订代理费用。这部分收入从顾客的订票费用中获得，多数是订票费用和航空公司的出票价格差。

（3）自助游中的酒店、机票预订代理费用和保险代理费用。

（4）广告收入。携程作为旅行电子商务的领头羊，吸引了大量商家在网站投放广告；另外一种方式是携程会员持会员卡在合作商家处消费，携程与商家按照协议比例进行分成，这也是一种变相的广告收入。

（5）旅行线路预订代理费。通过与一些旅行社合作，会员网上支付预订旅行路线。

在业务发展中，携程发现有的酒店在通过携程联系上客户后，存在抛开携程直接交易，从而逃避盈利返点的现象，而目前许多航空公司也都逐渐开通了网上订票业务，这些对携程的传统盈利模式都造成了冲击。现在，携程利用自身的优势把机票和酒店整合起来，形成“自助度假业务”，获得了更多利润。从 2004 年收购翠明旅行社后，携程可进行旅行产品的自由组合，并通过自身的品牌可将导游、租车、门票等业务整合起来，对旅游的多个环节进行渗透，从而形成更多的盈利点。

2. 携程盈利模式分析

（1）会员制。携程的收入主要来自于会员。中高端的商务会员。不仅有较强的消费能力，而且具有业务的需求，重复性消费率非常高。对于携程来说，单个会员的使用频率对它的利润贡献更重要，扩大会员量只是为了能够从商户那里得到更低的折扣。携程在 2003 年之后在机场、火车站等旅客聚集地大量发卡，根据统计，一个会员使用十次就相当于十个会员只使用一次，因此发行十张卡的话，只要有一个人加入了会员就可以保证盈利。

（2）积分体系。从会员制度延伸的积分制保证了会员的重复消费率。虽然积分体系的运作需要一定的成本，但是重复使用会增加更高的利润。而且，使用积分可以兑换如多重旅行产品或者其他产品，对于会员也有较大的吸引力。

（3）周边产业联合。携程的体系逐渐庞大，但是核心是通过中间市场把会员和全国数千家酒店、航空公司紧密相连起来，通过携程的信息平台，建立旅游需求方和酒店、旅行社和航空、铁路等供给方的双方数据库。携程通过战略联盟协议的方式挖掘旅行市场，扮演着“渠道商”的角色。携程的合作方主要包括投资基金和国外运营商、酒店、航空公司、旅行社以及网站、电信运营商、银行等。

11.2.4 携程旅行网核心竞争力分析

1. 线上和线下资源的紧密结合

虽然携程的产品依托在互联网，但是其业务紧密地和线下结合。它和酒店以及航空公司签署合作协议，通过网站向公众发布相关信息，再由呼叫中心和网站接受旅客预订。

电话预订流程如图 11-1 所示。

网上预订流程如图 11-2 所示。

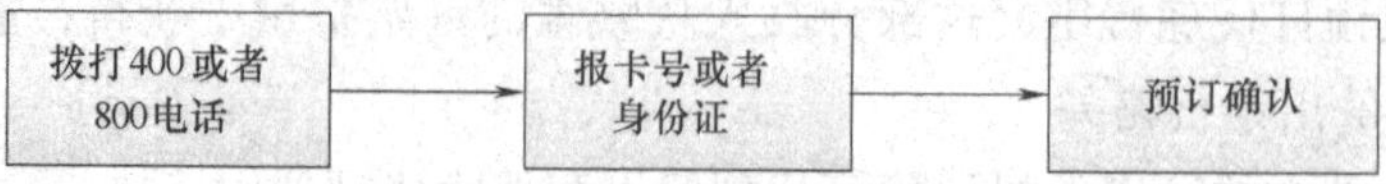

图 11-1　电话预订流程

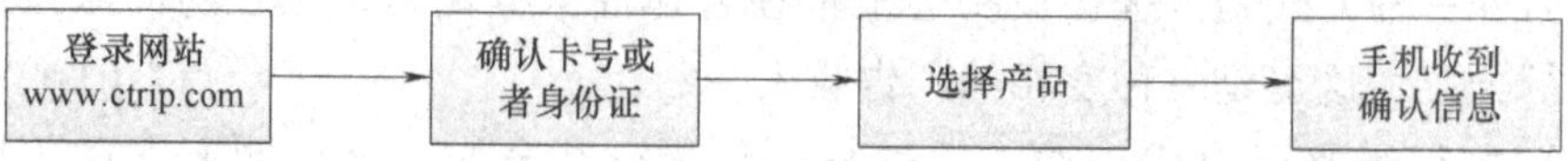

图 11-2　网上预订流程

携程并不是第一个做此预订的，但是凭借着优质的服务和符合中国用户的使用习惯的特点，它在订票业务体系内做得很出色，也是订票业务流程的标杆。简单的客户使用流程建立在复杂的系统运作基础上，携程有一整套完整的服务系统：客户管理系统，房量管理系统，呼叫排队系统，订单处理系统，机票预订系统，服务质量监控系统。

2. 架构化的人才梯队管理

携程的创业团队包括：擅长市场和销售的季琦、擅长 IT 和架构管理的梁建章、擅长融资的沈南鹏和擅长具体业务的范敏。创业团队中的每个人优势互补、发挥所长，在携程的发展中起着重要的作用。这四个人被称为创业的梦之队，虽然目前队伍已经不存在，但是他们创造的一整套的团队管理体系，以及明确的企业文化为携程的整体发展奠定了坚实的基础。

标准化的服务管理虽看不见摸不着，但却成为携程最重要的竞争力。标准化的服务管理核心是基于“平衡计分卡”的员工考核和基于“六西格玛”的服务管理体系。平衡计分卡是由梁建章从国外的管理经验中借鉴来的，梁建章自己设计了公司的平衡计分卡的雏形，制定了所有的衡量指标，它克服了单纯利用财务手段进行绩效评估的局限，从财务、顾客、内部运作流程与效率、学习与成长四个不同视角对员工进行绩效考核。比如对一线员工，以服务流程标准化和平衡计分卡为基础，客户对每一次的服务打分作为一项指标决定着员工的收益以及升职。

从 2004 年开始，携程就开始自己的人才储备，先和职业学校联合办学，准备基层人才，然后是建立携程大学与 CMBA 项目，培养高级人才。在团队管理上，使用 360°人才考核、轮岗制度等，这样的制度安排有利于人才能力的提升和团队管理的灵活性。

3. 步步为营的扩张策略

2000 年携程收购现代运通，是成为国内顶级旅游网站的第一步。这次运作使得携程很快与华夏旅游网、中国旅游资讯网并驾齐驱。2002 年 3 月收购北京海岸航空服务有限公司，是携程与传统行业结合的正确的一步，之后与国内外的航空公司联手推出了度假产品，通过多种合作，比如与中国银行、人寿保险、搜狐、21cn、CCTV 等展开频道合作和联合推广，增加网银支付结算系统。早在 2003 年就和国内多家知名的传统旅行社合作，推出各种旅游产品，实现交易额 20 亿元。

4. 完善的信息服务体系

携程有成熟且领先的技术，充分利用互联网等先进技术平台为商旅客人及旅游爱好者提供旅行服务。其服务全面，结合网上服务平台和网下各种软硬件设施，有效地与电话呼叫中心系统连接，为客户提供全天候的优质服务；更新迅速，新的产品、服务和设施使携程在日新月异的因特网时代不断满足日益多样化的需求。

携程根据客户的需求以及强大的技术及软件开发力量建成了完善的网络服务体系。自动呼叫分配、工作监控管理、呼叫记录、报表统计分析，将每个呼入、呼出电话的详细情况全部记录在数据库并且结合报表生成系统，制作了各种呼叫中心的实时报表和统计分析报表，同时利用数库技术对这些数据进行分析、挖掘，为呼叫中心的运行、管理提供了强有力的支持。

网络社区建设方面，携程为其会员提供了完善的网上社区，不仅为旅行者提供了交流和获取信息的场所，还设置多个兼趣味性和实用性于一体的栏目，如“与我同游行投诉”“有问必答”和“自助线路”等，客户可在网上和其他网民交流心得，寻找导游。同时，携程俱乐部已经在一些主要城市与著名户外活动、体育俱乐部联合或不定期开展各种特色的旅行活动

5. 品牌优势

从 2000 年开始，携程利用会员卡推广，成为中国旅行网的第一品牌。2010 年 7 月 6 日，《福布斯》中文版联合全球最大的品牌管理顾问公司 Interbrand 发布了“2010 年中国品牌价值排行榜”。携程首次上榜，并以 33.1 亿元人民币的品牌价值排名第 33 位。携程是唯一入选该榜单的旅游企业。这个上榜说明在网民心中，携程是一个服务优质并且具有稳定客户的企业。携程一直走的是专业化路线，做成熟了一个模式之后再做另外一个模式。所以它给客户的品牌印象是：“服务周到、快捷灵活、体贴个性”。

携程也曾经经历过疯狂烧钱的阶段，但互联网高潮的破灭使其重新认识到了传统市场手段的渗透力。它所发展的独具中国特色的派发会员卡推广模式迅速覆盖了中国各大主要机场、火车站、码头等，通过合作伙伴（航空公司、银行、信用卡公司、保险公司、移动公司、电信公司等）的联合市场营销也开辟了传统旅游行业从未走过的新路。其会员数迅速增长，所发展的会员积分奖励制度和特约商户服务也为竞争者和后来者树立了难以逾越的屏障。

11.2.5　携程旅行网面临的问题

1. 市场竞争愈加激烈

从有了携程之后，国内出现了一些模仿携程的网站，这些网站和携程的和业务结构及盈利模式基本是相似的，只在某些业务的偏重上有细微的差异。

目前，网络上各式各样的旅游网站可谓竞争激烈，其特点都十分明显，其中比较主要的有去哪儿网、艺龙旅行网（简称艺龙）等几家。虽然它们的经营模式和市场细分与携程有所区别，但是这些旅游网站对携程的威胁显而易见。淘宝旅行业务

的异军突起使这块市场逐渐成为一块红海。

携程的重要优势是利用互联网平台和呼叫中心连接起了消费的两端，而目前航空公司开始加强自身在线销售平台，同时多数航空公司开始下调佣金率。另外，目前利用搜索优势的去哪儿网从比价搜索上也对携程造成了不小的威胁，在2011年其流量甚至超过了携程。

2. 逐渐高昂的人力成本和管理成本

对于大多数携程用户来讲，业务的达成过程仅仅在网上浏览，最终还得采用线下购买，或者是电话购买，这样无疑会提高成本，而使用电话预订这样的方式意味着需要通过客服人员，将预订信息录入到系统中，如果是酒店预订，那么或许还要人工进行电话预订，以保证用户可以准确地订到房间。这样无形中就会加大人工成本。

业务扩大需要在呼叫中心不断投入资源，但是目前中国人力资源成本在不断增高，携程如果要保持足够的利润额，或者争取更多的市场份额，就需要更多的业务来支持，而这个不断扩大自身规模的过程，更需要额外的管理成本。那么，如何既能保持利润，又能控制人力资源成本和管理成本，是目前携程面临的最大的问题。携程作为一家上市公司，除了要确保自己在旅行电子商务行业的领袖地位，同样也要有足够的利润满足股东的需求，因此携程需要将更多的人工服务转为信息系统自动服务，那么如何将电话预订的客户转移到网上来，将成为携程未来运营的一个重大问题。

3. 寻找新的利润增长点

携程是靠着早期的渠道壁垒得以壮大起来的，对酒店客房和机票预订有比较强的渠道控制力，但是近年来这种渠道控制力正在受到前所未有的挑战，使其在与上下游的交汇中处于不利的位置。在诸多竞争者中，同质化的“类携程”公司在蚕食携程的这个细分市场，但是这种分流影响可能不大，因为这个市场足够庞大。携程是将国外的旅行电子商务复制后成功落地中国的第一家企业，但肯定不是唯一的一家，去哪儿网等新型的垂直搜索网站，在预订前这个环节对携程的客户进行了分流，对携程的渠道控制力产生了一定的影响；处于携程上游的酒店供应商对携程的渠道控制力虽然有时稍有不满，但是由于竞争过于惨烈，它们对携程的依赖性较强大，虽然有一些类似的直销型酒店出现，但是总体来看，酒店的直销平台对携程的分流也不是非常大；在机票预订业务上，航空公司作为携程的上游供应商，一方面在加大自身的直销比例，另一方面它们有自己的定价权，调低佣金率是一个开始。携程的两大业务受此影响，未来的不确定性很大；此外，从目前携程的产品来看，它未来想重点开展的高端度假旅行业务，在与传统旅行社的竞争中目前尚未取得明显的优势。

携程由起初的以“旅游百科全书”依靠点击率和广告等为盈利点的一个公司定位转向旅游行业渗透，并以订房订票、预订线路的业务为主要盈利点的公司，做到以技术为支撑、以规模化为方式、以商旅散客为切入点，提供标准、优质的服务体验，在旅游服务领域逐步扩张的新型方式，这可以从携程的名称看出来，从“携程网”改为“携程旅行服务公司”再到“携程旅行网”。其信息内容建设不单纯是景点、路线、酒店、机票的简单信息。从最初期的订票业务逐渐发展，纳入网上旅行社，成立驴评网打造一个完整的旅行网上社区，携程希望自己逐步实现网上旅行产业链，从产业链中寻找新的盈利增长点。

11.3　去哪儿网

11.3.1　去哪儿网简介

去哪儿网（qunar. com）于 2005 年成立，总部位于北京的苏州街，目前是中国流量最大的在线旅游网站之一。其创建初期由纪源资本（GGV capital）、美菲尔德（Mayfield）、金沙江创投（GSR Ventures）和特纳亚资本（Tenaya Capital）共同投资。2011 年 6 月 24 日，去哪儿网获得百度战略投资 3. 06 亿美元，百度成为去哪儿网第一大机构股东。去哪儿网为旅游者提供国内外机票、酒店、度假和签证服务的深度搜索，帮助中国的游客作出实惠合理的旅行选择。去哪儿网提供国内外特价机票、酒店、旅游度假、景点门票产品一站式预订服务。截至 2014 年 5 月，去哪儿网搜索范围覆盖全球 125000 条航线、468000 家酒店、186000 条度假线路，预订可省 80%。根据 2013 年 1 月艾瑞监测数据，去哪儿网以 7474 万月访问人次高居旅行类网站榜首，移动客户端“去哪儿旅行”更拥有超过 3400 万的激活用户量。目前，去哪儿网以比价搜索为核心竞争力，积累了大量的客户，并建立了 SNS 社区平台，成为带有浓厚社区氛围的电子旅游的媒体，是非常典型的旅游电子商务服务商。

去哪儿网历史大事件：

2013 年 11 月　成功登陆纳斯达克证券交易所，受到华尔街的热烈追捧，市场人气旺盛，买盘踊跃。

2012 年　日均出机票量约 4. 5 万张，占携程 35%；荣膺“2012 年度最佳旅游网站”称号。

2011 年 12 月　无线客户端在苹果中国 APP Store 公布的“2011 年最佳产品”（APP Store Rewind 2011）中荣膺中国原创旅行类应用软件的冠军。

2011 年 11 月　占据旅游类网站 42% 的访问率。

2011 年 6 月　获得百度战略投资。

2010 年 8 月　中文酒店点评系统上线，去哪儿网从旅游搜索引擎转型为线旅游媒体。

2010 年 7 月　去哪儿网荣获 AlwaysOn 2010 年度全球 250 强。

2009 年 11 月　完成第三轮 1500 万美元的融资。

2007 年 9 月　Mayfield 和 GSR Ventures 及 Tenaya Capital 对去哪儿网进行第二轮投资。

2006 年 7 月　Mayfield 和 GSR Ventures 完成对去哪儿网的第一轮投资。

2005 年 2 月　道格拉斯、戴福瑞和庄辰超共同创立去哪儿网。

11.3.2　去哪儿网产品介绍

去哪儿网所提供的产品和服务都属于免费信息，每位互联网访客都可以直接使用去哪儿网的产品。去哪儿网经过长达九年的累积和沉淀并不断推陈出新，其产品除了垂直搜索结果之外，同样也推出了创新的酒店预订类以及社区类的产品。

（1）机票搜索。去哪儿网提供全国以及国际机票搜索功能，访客可以随时查询国内外各城市之间的全面并且最新的航线价格信息，并可获得机票附加服务，如赠送接送机等服务方面的参考资讯。用户通过价格预测工具对未来一个月内飞往目的地的价格趋势走向进行判定，并在不同的航空公司之间进行比价。

（2）机票预订。机票预订是增长速度最快的一条业务线，去哪儿网机票业务覆盖国内外绝大多数航线，在机场有会员取票地点。去哪儿网有行业规模领先的机票预订系统，并在全国 50 个城市内免费送货，并可以实现电子客票、出行便捷。

（3）旅行产品搜索。能快速搜索到全国各类旅行社以及在线旅行供应商的旅游度假产品，并可以按照价格范围、机票情况以及目的地周边设施以及服务进行过滤和筛选。

（4）签证代办搜索。提供全球签证服务的搜索，并根据目的地提供各种签证类型以及价格的信息搜索结果，提供完整的签证相关信息，如签证有效期、最长提停留时间、签证所需要的资料信息等。

（5）团购。团购是去哪儿网 2011 年随着互联网的团购大势推出的产品，也是对网站已有资源的服务延伸，用户可以根据目的地对酒店、周边游、门票以及娱乐；甚至装备进行折扣优惠。用户主要使用骆驼券进行消费。

骆驼券是去哪儿网中用于团购的一种消费凭证（其中包含唯一优惠密码）。其实就是用户在去哪儿网上团购服务后的证明。举个例子，用户在去哪儿网团购了一张酒店入住票，骆驼券就是酒店入住凭证。

（6）旅行社区。旅行频道在去哪儿网多年经营，积累了众多会员的前提下，为增加会员黏性、提升会员活跃度，推出了旅行社区，含旅游信息、旅游攻略、地图、博客、知道等多个产品。社区按照旅行的步骤，提供查资料、做旅行前的准备工作等服务咨询，用户可以通过 Word 或者 PDF 格式下载打印，或者通过彩信发送到手机终端。在旅行结束之后，可以使用去哪儿网的 Web 端应用，快捷地制作出旅行攻略。

图 11-3 为去哪儿网首页，供参考。

11.3.3　去哪儿网盈利模式分析

1. 去哪儿网收入来源

（1）在线广告收入。去哪儿网作为旅行垂直搜索引擎的行业领头羊，广告收入为其主要收入来源。在去哪儿网的广告位上，有航空公司、机票报价、酒店宣传等

图 11-3　去哪儿网首页

广告。和传统的门户网站相同，广告费用主要是靠投放时间和点击量进行收取。旅行产品按排名和点击量收取费用。

（2）机票的结果点击收费。和携程不同，去哪儿网仅仅提供搜索结果，并不直接进行交易，但是去哪儿网可以通过点击量而获得广告费用。截至 2011 年 12 月，通过去哪儿网产生的机票量已经达到中国全部机票出票量的 10% 以上。

（3）酒店预订电话费：去哪儿网在 2010 年开通了酒店加盟直通车服务，推出了按电话费收费的模式。游客可以通过去哪儿网给出的电话进行酒店预订，去哪儿网每分钟收取 2 元的电话费。并且酒店可以在去哪儿网上建立宣传主页。在此业务之前，去哪儿网的酒店和机票类似，是按照点击收费。

2. 去哪儿网资本模式分析

去哪儿网是一个典型的流量转化盈利的网站，它一方面利用来自风险投资者的投资做推广，尤其是通过百度获取流量；另一面又以 CPC 模式把流量卖给了其他中小型旅游供应商。如何控制好流量获取成本和流量贩卖收入的比例是其商业模式能否成功的根本所在。从其运行情况分析，去哪儿网相当大的成本支出支付给了百度，所以，去哪儿网“卖”给百度就是个明智的选择了，甚至是唯一的选择。相信在百度收购去哪儿网之后，去哪儿网会获得大量的免费流量，能大幅度降低原先的运营成本，很快实现盈利，实现 IPO（首次公开募股）的目标。

11.3.4　去哪儿网核心竞争力

去哪儿网是一个垂直搜索引擎的应用，所以其核心产品也是搜索，通过信息采集功能，对各大航空公司、旅行代理网站的接口抓取到互联网以及合作方的信息，并在后台采集数据，形成网页数据库，再对采集的数据进行分析、分类，并建立索引，最后在去哪儿网站上展示。

1. 旅游产品比价吸引大量用户

从产品的划分角度来讲，旅行产品一般离不开机票、酒店、签证、景点四个要素。随着互联网的发展，航空售票业逐渐电子化，人们购买机票的渠道一般分为官方售票点、代理商售票和互联网 SP。官方售票点虽然是不少人的选择，但是一般价格偏高，且运营网点数量有限。代理商售票能灵活散布在生活、消费和工作区域，价格相对低一些。而互联网 SP 其实和代理商一样，不过是通过互联网公布实时的机票行情，消费者可以通过互联网终端查询机票信息。但是相对而言，消费者会面临多家 SP。而去哪儿网是通过搜索将机票、酒店以及旅行信息集成为客户提供快速的参考。有价格竞争机制，每个航班的机票有充分的竞争和比较，间接地影响 SP 不得不通过价格以及产品包装参与到竞争当中。旅行产品与火车票类似，去哪儿网同样也有效地利用对比优势和客户流量，让消费者在同等消费金额的前提下享受更高值的服务，或者节省更大的成本，从而吸引更多的访客。

2. 定位信息平台角色

去哪儿网从旅游搜索起步，到现在成为最大的中文在线旅行搜索网站之一，去哪儿网将目标定位在更多对于价格敏感的用户群体上，一直都致力于打造一个旅游供应商和消费者之间短距离沟通的平台。去哪儿网的核心在于网站点击量、搜索量以及点击转化率三个要素，因此良好的用户体验和产品多样化对于去哪儿网非常重要。去哪儿网的 2010 年的无线业务和团购业务，可以说是去哪儿网应势而生的产品，尤其是团购产品成功地扮演了消费市场风向标的作用。比如 7 天团购鑫海锦江大酒店高级客房就达到了 1000 间/晚，极大地提高了淡季的酒店入住率，而且对于酒店方来说，预付费形式比携程的预订更具有吸引力。

从另外一方面来讲，去哪儿网更多承担的是信息媒体的角色，更准确来说，去哪儿网是一个信息发布的平台。去哪儿网上明确地指出去哪儿网不对任何旅游产品的瑕疵承担任何责任，如客户预订的旅游产品中出现任何瑕疵，客户应联系该旅游产品的旅游服务提供商。任何通过去哪儿网搜索而获取的信息均来自于第三方网站，去哪儿网不对相关网站信息真实性、准确性承担任何法律责任。去哪儿网尽力帮助获取真实、可靠的信息，同时也需要用户及时反馈在使用中遇到的问题并对欺诈行为进行举报，以提高去哪儿网的网络信息服务质量。

3. 创新经营方式

去哪儿网的酒店业务分为两类，一类是酒店直通车加盟，另一类是第三方互联网 SP 的酒店信息。去哪儿网的酒店产品除了有传统搜索业务模式，在加盟酒店的运营方式上也花费了一番功夫。2010 年推出的“夜销”能帮酒店快速销售当天的闲置客房，帮助酒店把收益管理精细化做得更好。酒店可以将客房划分成多个销售渠道，计算总体出租率和平均房价，实现收益最高的目标。“夜销”能帮助酒店拓展无线营销。现在酒店可以同去哪儿网无线通过这种方式的合作进入无线旅游市场。事实证明，去哪儿网的酒店业务划分是很有效的。

根据 2011 年 12 月艾瑞监测数据，在旅行类网站月度访问次数统计中，去哪儿网以超过 7460 万人次高居榜首。2012 年 7 月，其日均覆盖人数达到 156.55 万人，居国内旅游类网站第一。基于庞大的流量及细致的产品，去哪儿网成为经济型酒店直销业务拓展的最大利器。

去哪儿网是一家具有很浓厚创新色彩的互联网公司。例如，其品牌试睡员是非常优秀的品牌推广之道。第一期有 7000 多人应聘。“上班无须打卡，作息时间灵活，酒店轮着住。拿着万元的高薪”，一时间，去哪儿网的品牌形象获得了无数次有效的曝光，利用草根效应和病毒式营销，不仅仅吸引了广大用户的目光，也得到了无数媒体的争相报道。

11.3.5　去哪儿网存在的问题和面临的挑战

1. 业务发展不均衡

去哪儿网的机票和酒店业务发展不均衡。公开渠道信息显示，去哪儿网 80% 以上的收入来自机票业务。众所周知，机票和酒店是在线旅游行业中市场份额比重最大的两部分，分别占携程等旅游电子商务网站的业务量 40% 左右的份额。去哪儿网靠机票业务做大，在机票搜索行业中具有垄断性地位。但酒店业务与机票业务的性质是完全不同的，不可能复制机票业务成功的模式。

2. 钓鱼网站防不胜防

2012 年 1 月，有报道称去哪儿网的搜索结果存在大量虚假欺诈信息。据报道，有客人通过去哪儿网查询，预订了 2012 年 1 月 15 日的 D282 \ D283 次的火车票，并通过网银付款。可是，客人不但迟迟没有等来最终确认的邮件，对方竟然还通过电话“遥控”客人在 ATM 机上完成了转账“操作”，导致银行账户里的近 5 万元现金被诈骗走。事实上，类似的虚假售票事件不是第一次发生。据不完全统计，国内机票钓鱼网站已经达到 1000 家。通过技术手段进行钓鱼网站的排查，会成为去哪儿网要解决的问题。在这一点上携程和去哪儿网不同，携程自身是提供产品的，因此产品的质量都是携程作为销售方来进行负责的。

（注：钓鱼网站通常是指伪装成银行及合法电子商务网站的网站，主要危害是窃取用户提交的银行账号、密码等私密信息。）

3. 产品思路模糊

去哪儿网在 CPC 业务基础上，陆续推出酒店直通车和团购、夜销、越狱等酒店产品。就目前的产品，除了团购的收益尚可，其他几个业务的试水并不成功。这些业务布局让人感觉，去哪儿网的高层是想把酒店预订的创新模式一网打尽，分别运作数月看看效果，对运营数据分析后，再决定发展计划。但是，在试水之后，也并没有延伸的产品或者举措出现。一个好的产品除了好的点子之外，也需要不断在市场之间打磨，调整形态和宣传策略，才能延长产品的生命周期。虽然去哪儿网目前的产品策略会降低单个产品投放的风险，但是，这对一个网站长期的发展是不是好事还说不准。

11.4 淘宝旅行

11.4.1 淘宝旅行介绍

2011年6月16日，淘宝公司分拆为三个独立的公司，即沿袭原C2C业务的淘宝网（taobao）、平台型B2C电子商务服务商淘宝商城（tmall）和一站式购物搜索引擎一淘网（etao）。而淘宝旅行是暂时依附在淘宝网的一个非常重要的频道。

淘宝旅行是淘宝网旗下的综合性旅游出行服务平台。淘宝旅行整合数千家机票代理商、航空公司、旅行社、旅行代理商资源，为旅游者提供国内机票、国际机票、酒店客栈、景点门票、国内国际度假旅游、签证（通行证）、旅游卡券、租车、邮轮等旅游产品的信息搜索、购买、售后服务的一站式解决方案。其全程采用支付宝担保交易，安全、可靠、有保证。

目前，淘宝旅行已有超过2400家机票代理商和旅游卖家，向消费者提供旅游产品交易服务。2011年，淘宝机票单日出票峰值达到10万张；除机票外，淘宝旅行平台能够订到30000余家酒店、客栈、青年旅社的房间，170000余个景点门票产品。2012年淘宝旅行整合数千家机票代理商、航空公司、旅行社、旅行代理商资源，为旅游者提供一站式解决方案，并有支付宝担保交易，发展迅猛。

11.4.2 淘宝旅行产品介绍

从2010年5月19日开始，“淘宝旅行”上线，凭借淘宝网的品牌影响力和巨大的用户群，迅速集合了多家机票销售提供商。淘宝的旅游平台是目前规模最大、产品种类最全的互联网旅游相关产品服务平台，包含机票、酒店、旅行、保险等多样产品。

（1）机票。淘宝旅行和航空公司、机票代理商合作，量身定做适合机票行业的支付宝担保交易流程，保障资金安全的同时节省资金到账时间；无须买家确认收货，系统可自动判断票号是否有效，确认后将资金转入卖家账户，保证买卖双方资金安全。目前淘宝旅行平台已有东方航空、深圳航空、中国联合航空、昆明航空、幸福航空5家航空公司开设了旗舰店，向会员直接提供机票预订服务，航班信息第一时间与航空公司航班信息同步，24小时支持快速自动出票，同时也有上千家机票代理商入驻淘宝网，形成强大的机票信息资源。

（2）酒店。淘宝酒店产品多数为卖家入驻。用户可以根据城市、入住时间以及地理位置等关键字进行酒店的选择，同时也可以订购海外酒店。而海外酒店预订多为酒店中介，以及入驻到淘宝的专业旅游网站的产品。

（3）客栈。和酒店类似，淘宝旅行入驻了大量的客栈类型的旅店。这些客栈费用不会太高，以贴心的服务和温暖小资的氛围吸引着买家，配以价格和评论，适合背包客、个人旅行以及蜜月旅行，目前主要集中在丽江、三亚、杭州、西塘、阳朔、凤凰、乌镇、成都这样充满情调和浪漫主义的旅游地点。

（4）旅游度假产品。旅游度假产品主要以入驻到淘宝网的旅行社的旅行产品为主。目前淘宝网上设置的旅游产品活动有最后一秒特价的秒杀产品，伦敦奥运、马尔代夫度假等主题活动，以及组合产品。

（5）景点门票。景点产品内容除了来自于个人代理商、旅行社、旅游网站外，还有一部分来自于景点官方入驻，比如三亚呀诺达雨林、都江堰等。用户通过支付宝以优惠的价格进行订购。

（6）团购。团购是互联网上并不陌生的销售方式。旅游的任何产品都可以以团购的形式来进行销售，如景点门票、酒店、机票等。不过淘宝网针对定制化的旅游路线也采用了团购的方式，如 2012 丽江团购。团购不再仅仅限于已固定好的产品。

（7）目的地。目的地以介绍景点的攻略为中心，更多的是汇聚旅行目的一致的游客进行交流，形成社区。目的地栏目下也有一个游记的模板，用户可以自由发挥将旅行的记忆记录并分享给其他网友。

11.4.3 经营模式分析

1. 淘宝旅行收入来源

淘宝旅行的收入来源与其他淘宝网模块一样，主要是收取交易手续费。此外，也有一部分收入来源于广告。

广告部分主要包括搜索框合作、搜索模块合作、淘宝分类导航栏合作、底部热门文字链接合作。

2. 淘宝旅行盈利分析

淘宝旅行与携程等的最大区别在于模式，携程、艺龙依靠的是佣金，淘宝旅行则是平台。收益结构有很大不同，淘宝旅行 66.97% 的业绩来自机票，19.27% 来自旅游度假，13.76% 来自酒店，因此机票是其主打，而机票业务的特点是交易量大，不乏重复交易，同时不需过多直接资源支持，一些中小商家也可以放在淘宝平台销售机票。而携程和艺龙等的度假和酒店业务占据很大份额，比如 2011 年第三季度通过艺龙预订的酒店客房间夜数量为 270 万，同比增长 42%，艺龙酒店预订业务营收占总营收的比例超过 70%，而淘宝旅行酒店仅占 13.76%，显示出携程、艺龙的酒店资源较丰富。

淘宝旅行的年交易额超过百亿元的确惊人，不过淘宝旅行的模式是平台，该交易额是由众多商家在淘宝旅行平台上销售机票、酒店所得的总体交易数字，并非淘宝旅行本身的直接收益。而携程、艺龙采取的是抽佣金模式，其营收来自于机票酒店预订的佣金提成，因此携程的营收是实际收入数字，与淘宝旅行的交易额有很大区别。

尽管交易额和营收不具有直接可比性，但淘宝旅行最高单日机票销售可达 8 万多张的业绩还是不可小觑。有携程内部人员透露，携程每个月的机票销售量大约在200多万张，即日销售量在7～8万张，这样比较，淘宝旅行大有赶超的势头。

3. 入驻淘宝旅行便捷

入驻到淘宝旅行的主要卖家类型有：旅行社，户外俱乐部，拓展培训公司，景点景区，主题乐园，门票代理，租车公司，旅游车队，巴士交通公司，邮轮、游船、轮渡公司及代理，高尔夫球场及代理，其他旅游服务、交通运输企业。

入驻淘宝旅行的商户分为旗舰店和专卖店两种，各需要不同的资质，提供相应材料。

入驻淘宝旅行的流程：①申请企业支付宝认证；②在线申请并签约；③提交资料并等待审核；④店铺开通，装修后即可开张大吉。

淘宝旅行非常欢迎有历史、口碑良好的卖家入驻到淘宝，而整个入驻的流程也非常简单，专卖店7天就可以完成入驻，这样有利于吸纳更多的旅行相关行业的中小企业入驻。

11.4.4 淘宝旅行的核心竞争力

1. 对买卖双方都有吸引力

淘宝借助其价格及用户规模优势，对于买卖双方都具有很大的吸引力。对于卖家来讲，淘宝拥有超过几亿人的用户规模，对吸引企业进驻具有较强的吸引力。除此之外，由于淘宝提供平台式的服务，对卖家仅收取少量的服务费，进驻成本较为低廉。除了用户规模及进驻成本低廉等优势外，对于广大的中小机票代理商来说，淘宝平台提供的专业的网络推广方案、资金交易系统等服务解决了中小代理商触网的难题，也给中小代理商提供了一个较好的发展平台。

同时，由于客户通过支付宝预先支付，跑单风险小，这对于卖家也有很大的吸引力。

对于买家来说，淘宝旅行的低价则是吸引其交易的一个重要因素。这是因为，卖家进驻淘宝旅行成本较低，尤其对于机票卖家来说，成本低廉决定了机票的价格较低。

同时，客户的选择也是很多样的。以酒店预订为例，淘宝旅行对于酒店按照客户的需求进行了较为详细的分类，买家可以检索选择酒店，可以快速地找到期望的酒店。

而淘宝旅行本身也非常注重低价优势，在旅游产品的频道上，有非常明显的低折扣产品吸引着更多的买家。

2. 旅游产品多样化

淘宝是一个提供交易的市场，淘宝旅行同时也是一个开放的平台，同程网、驴妈妈等商家入驻淘宝，极大地丰富了淘宝旅行产品。它将众多的同类卖家集中在一个平台上，为了争取更多的客源和关注，势必形成竞争机制，这样能最大化地发挥出卖家的智慧，将产品进行不同的包装以及优惠策略。比如“北京一日游”就有几百个搜索结果可供买家选择。

3. 服务成本低

淘宝网本身不缺乏卖家，拥有几亿个消费者，而衣食住行是组成生活的基础部分，淘宝旅行和携程不同的是，淘宝的入驻流程属于标准化，并且可以直接试用支付宝系统。而随着淘宝的市场不断扩大，淘宝用户都对整个购买流程非常熟悉，和携程相比，大多数的服务由卖家承担，减少了客服等大量的成本。虽然在使用的人性化上和感受上，比携程略有不足，但是对于大多数买家来讲，由于环节直接减少，费用较少。

11.4.5　淘宝旅行面临的问题

1. 服务质量难保证

淘宝旅行平台上卖家数量众多，服务质量不均，一旦发生旅行纠纷，淘宝旅行平台需要快速、有效的措施解决纠纷问题。另外，因为淘宝的卖家种类繁多，买家要购买一整套的旅行产品，如机票、酒店、保险、旅行产品等，可能要和不同的卖家沟通，分别完成。

在这方面，为了让消费者能切实体会到在线旅游市场的便利，保障消费体验，在沿用淘宝网上其他商品已有的消费者保护规则的基础上，旅行平台针对旅游产品特点细化赔付标准。消费者如果遭遇消费纠纷，淘宝旅行将在核实后先行给予消费者最高 3 倍的赔付，再与卖家沟通维权；机票退款时间也由通行的 7～10 天缩短至 24 小时。

2. 竞争对手的攻卫战

与淘宝旅行相比，第三方旅游在线代理商的主要优势在于专业的服务。它们积累了多年的代理销售经验，在机票、酒店的各个销售环节、售后服务等方面都在不断优化。而随着中国电子商务的发展，用户对网购服务的要求会越来越高，因此专业的服务也将是未来市场参与主体的核心竞争力之一，未来用户群体将会出现分流。和携程类似，现阶段各大航空公司加大了官网直销的投入力度这对于淘宝旅行来说也是一种竞争。

问题与讨论

1. 携程的盈利模式是什么？

2. 去哪儿网的核心竞争力是什么？

3. 请选择某个旅游区，设计一套团购方案。分别从目标、主题、执行方式以及成本收益上讨论。

第12章 网络游戏电子商务

12.1 概述

网络游戏（Online Game）又称“在线游戏”，简称“网游”，是电子游戏的一种，是指以互联网为传输媒介，以游戏运营商服务器和网络为链接、用户计算机为处理终端，实现娱乐、休闲、交流和取得虚拟成就的具有可持续性的个体性多人在线游戏。网络游戏区别于单机游戏，是玩家必须通过互联网来多人进行的游戏，一般是由多名玩家通过计算机网络在虚拟的环境下对人物角色及场景按照一定的规则进行操作以达到娱乐和互动目的的游戏产品集合。笔者认为网络游戏属于娱乐产业。

1. 网络游戏产业链介绍

一款网络游戏从构思到给玩家使用，需要通过游戏开发商对游戏的设计和开发，通过代理商销售给终端用户，在游戏的运营过程中，需要运营商对游戏进行运营、管理和推广；在硬件方面需要IDC（互联网数据中心）服务商提供服务器和流量服务。而在很多大型多人游戏的运营过程中，形成了玩家社区，而进行游戏交易就衍生出了游戏交易类网站。图12-1为游戏产业链运作图。

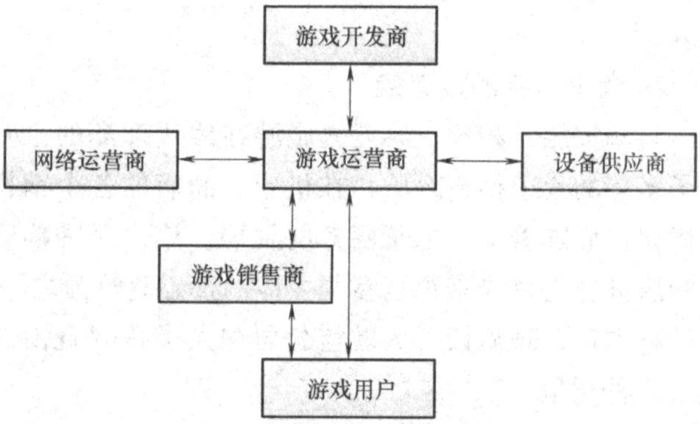

图12-1　游戏产业链运作图

以《魔兽世界》为例，《魔兽世界》由暴雪公司研发，在中国大陆地区由网易运营（2009年之前是九城），官方网站为战网。而各大门户网站也都有专题资讯页面；《魔兽世界》的服务器托管在中国移动机房；由于玩家交流的需要而形成了艾泽拉斯国家地理（www.178.com）社区、久游魔兽社区这样的交流平台；玩家因需要进行装备以及点卡的交易又会在5173网或者淘宝网进行。

网游产品的发展，除了可以直接影响到电信、IT、零售传媒等，与游戏相关的小说、饰品、音乐影视也有着密切的联系。以《魔兽世界》为例，其手办（即角色模型）非常受到玩家的欢迎，在178.com、5173都可以购买到《魔兽世界》的手办；而《魔兽世界》的音乐有专门的音乐交流平台，如《魔兽世界》音乐站（wow.uuu9.com/music）；目前《魔兽世界》电影版据说也在拍摄中，而以《魔兽世界》为原型的同人原创动画《我叫 MT》在没有做任何市场推广的前提下，点击量超过千万次，并且推出了各种各样的手办投放到市场。另外特别值得一提的是，也有专门研究游戏漏洞而开发出的修改器，比如很多玩家都非常熟悉的金山游侠游戏修改器。

2. 网络游戏电子商务分类

按照网络游戏形成电子商务交易的服务内容不同，可将网络游戏电子商务大致分为以下几类：

（1）游戏运营类。网络游戏运营商是指通过自主开发或者取得其他游戏开发企业的授权，出售游戏的时间、游戏道具或者相关服务为用户提供增值服务和游戏内设置广告获取收入的网游公司。目前多数的大的运营商本身也是开发商，如盛大、网易、搜狐畅游、久游等。

游戏运营处于产业链的核心环节，游戏平台的搭建、测试、维护、客户管理和服务等工作也是整个网络游戏的主要增值部分，当然因为需要在硬件、维护和客服等方面投入大量的人物成本，同时还要向开发商支付分润，因此运营环节也承担着巨大的商业风险。大的代理商也都更愿意投入产品开发以及渠道销售，直接面对用户，获得更大的利润。

（2）游戏交易类。由于游戏玩家的队伍不断扩大，对于游戏玩法不断的自我成长，进行游戏币交易、账号交易、点卡交易以及装备交易的自发性需求而形成的游戏交易类网站应运而生。游戏交易类网站是一个可供双方交易的平台，买卖双方可发布自己的供需信息，并在平台上达成交易。比如 5173、聚宝吧、07315、好望角以及淘宝的游戏交易频道。此类网站多数以买卖双方的交易佣金为主要盈利方式。

（3）游戏资讯类。游戏资讯类主要是发布游戏新闻、游戏攻略、游戏测评、游戏社区，以及公测账号发放等以信息交流为目的的网站。例如 QQ 游戏资讯，以发布游戏新闻资讯为主，但同样也会接入简单的页面游戏；又如太平洋游戏网，主要以游戏测评为主；而电玩巴士主要以社区为主，拥有大量固定玩家来交流游戏攻略。游戏资讯类网站必须拥有大量的流量或者用户，以广告为主要收入。

12.2　网络游戏营销模式

当一款游戏被开发出来，它就是一个产品。和销售一个实体商品一样，需要进行市场营销的一系列规划，如分析市场用户、安排宣传推广、建立销售渠道，到最终产品进入销售市场，用户买单，才能完成一个产品的投放。例如神雕网络的网页游戏《热血武林》以 14 部金庸的武侠名著为原型，将目标设定在上班族、白领，在游戏中结合了 SLG（模拟游戏）和 RPG（角色扮演游戏）两种类型的玩法，以官方网站为依托。在各大游戏门户、论坛等进行了推广宣传。在上线之后达到了上百万个用户，这和这款产品在上市前进行了详细的用户细分和市场调研密不可分。

在网络游戏行业，盈利模式主要分为以下几种：计时收费、道具收费、IGA 和周边产品增值。计时收费网游是以出售游戏时间为盈利模式的网络游戏。这一模式分为点卡收费和包时收费两种。点卡收费是指玩家购买点卡对游戏账号进行充值，而金额则根据在线游戏时间的长短来扣除，不进行游戏就不形成消费。包时收费是指玩家一次性购买整个游戏时段，无论是否进行游戏都形成消费，这种盈利模式目前只存在于个别的公司或者企业。

12.2.1 网络游戏分类

结合艾瑞的游戏分类，从游戏自身特性上可以粗略地将其分为 4 类：角色扮演游戏（RPG）、休闲类游戏、网页游戏以及随着智能手机迅猛发展的手机游戏。

（1）RPG（Role-playing Game）。在游戏中，玩家扮演虚拟世界中的一个或者几个特定角色，在特定场景下进行游戏。角色根据不同的游戏情节和统计数据（例如力量、灵敏度、智力、魔法等）具有不同的能力，而这些属性会根据游戏规则在游戏情节中改变。大型的网游基本上都是 RPG 类型，如《魔兽世界》《传奇》《梦幻西游 On line》等。

（2）休闲类游戏。其特点是轻松、多样，不必花费大量的时间进行游戏，偶尔娱乐一下即可。休闲类游戏因为包含游戏总类较多，大致可以分为棋牌类、对战类、竞技类。棋牌类的游戏有 QQ 麻将等；对战类有在线连连看、泡泡堂、俄罗斯方块等；竞技类又分为体育、音乐、动作，如体育类的有《跑跑卡丁车》《FIFA》；音乐类有《劲舞团》、《劲乐团》，动作类的有《桶桶 OL》《SD 敢达 OL》等。随着生活节奏的加快，越来越多的玩家开始玩休闲类游戏。

（3）网页游戏（Webgame）。网页游戏又称 Web 游戏、无端网游，简称页游，是基于 Web 浏览器的网络在线多人互动游戏，无须下载客户端，只需打开 IE 网页即可进入游戏，不存在机器配置不够的问题，最重要的是关闭或者切换极其方便。中国页游在 2007 年出现，经过几年的爆发式发展，逐渐成为游戏产业的组成部分。37wan、4399、51 游戏等都是国内知名的页游网站，不仅如此，盛大、巨人、完美这些游戏巨头也都纷纷开始了自己的页游业务。

（4）手机游戏。随着 2010 年智能手机的热潮，手机游戏在不断蓬勃发展。顾名思义，手机游戏就是玩家通过手机链接到网络与其他玩家进行互动的游戏，一般玩家需要在手机上下载客户端或者打开游戏网页，通过无线网络连接到服务器后玩游戏。基于开发环境和游戏操作的相似性，本书认为应用到平板电脑类的网游也应该属于手机游戏。

国内主要网络游戏分类可简单表示为图 12-2。

12.2.2 国内网络游戏行业发展历史

1992 年，《侠客行》文字网游拉开了中国网络游戏之幕。

1998 年，联众游戏世界初创，免费为国内上网用户提供 5 种网络棋牌游戏服务。

2000 年从引进《万王之王》开始，国内多人游戏经历了依靠代理运营到自主研发与代理运营并举，以及各个游戏厂商为了优势互补而进行联合运营的发展过程。

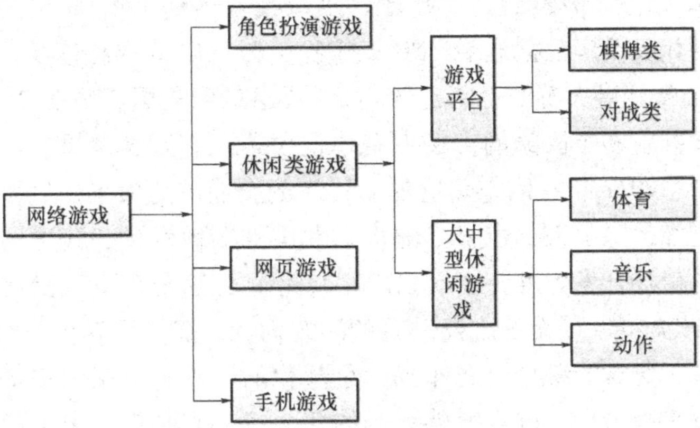

图 12-2　国内主要网络游戏分类

2001 年，网易推出了自主研发年，12 月推出了《大话西游 Online》，2004 年推出了《梦幻西游 Online》。而网易也凭借自主研发的网游产品度过了那个 2001 年之后的互联网冬天。金山在 2003 年 7 月推出了《剑侠情缘网络版》；盛大在 2003 年 7 月推出了《传奇世界》；腾讯在 2005 年推出了《QQ 幻想》，越来越多的竞争者加入到网游市场，联合运营。

2004 年，《魔兽世界》在国内的运营权被九城以 1300 万美元的高价取得。这款世界级的游戏一直到现在都有很多玩家，堪称是不朽的经典之作。

2005 年，久游网的《劲舞团》《劲乐团》取得了空前的成功，大型休闲类网络游戏开始深入到人们的生活。

2007 年，本土游戏成为市场主体，虚拟物品交易平台出现，完美时空、金山软件、巨人网络上市。巨人网络凭借《征途》进入网游一线阵营。

2008 年，网页游戏开始兴起。付费用户达到 3024 万个，中国移动开始了游戏入网运营申请，手机游戏开始迈出了自己的第一步。

2009 年，社交网站崛起，社交类的应用游戏大力发展，迅速形成规模，如开餐厅、偷菜，抢车位等是非常典型的社交类游戏。人人网也借着社交类游戏迅速凝聚了大量的人气，飞速打开了知名度。

2010 年，网游收入达到 327.4 亿元，腾讯占据了约 30% 的份额。网易凭借获得了《魔兽世界》的代理将盛大挤到第三，但是网游开始褪去暴利的光环，利润在平稳下滑。

2011 年，盛大退市宣布私有化。完美时空更名为完美世界，并购了欧美游戏厂商 Cryptic Studios，获得了《无冬之夜》和《星际迷航在线》高品质的运营权。这意味着国内网游经营商的实力在不断和世界靠近。

12.2.3　网络游戏电子商务的未来发展趋势

1. 网络游戏的市场前景

（1）海外市场前景看好。2011 年，全国共新增了 66 家网游公司，共计 92 款网络游戏产品出口海外，数量超过 150 款，出口收入达到了 4.03 亿美元，同比增长 76.0%。艾瑞网相关统计数据显示：2012 年我国游戏出口额高达 5.7 亿美元，较上年大幅增长 57.5%。盛大游戏已有近 30 款游戏出口到美国、俄罗斯、韩国等 40 多个国家和地区，并在多个国家的市场占有率位居第一。完美世界旗下原创网游在海外销售逐年增长，2012 年在以完美世界为代表的企业的努力下，我国自主研发网游出口地区持续增加，除亚洲、欧洲、非洲、北美洲等地区外，我国网游对俄罗斯以及南美洲地区的市场开发力度持续增强。2013 年，伴随着旗下备受玩家期待的《笑傲江湖》《射雕英雄传》《无冬之夜》等的陆续面世，完美世界继续回归本质，丰富产品结构。而基于优秀的海外市场布局，全球化的海外拓展也将更加值得期待。国内的网游制作越来越精良，进入海外市场的实力也越来越强，未来我国的网游和海外网游也会更加融合。

（2）智能移动终端游戏井喷式增长，渠道竞争激烈。艾瑞咨询数据显示，截至 2013 年年底，我国网络游戏市场规模达到 891.6 亿元，同比增长 32.9%，移动游戏特别是智能移动端游戏成为最重要的推动力。我国移动游戏市场快速增长主要由智能移动终端游戏带动，份额近 70%，这是目前智能移动终端普及的写照，也是移动互联网商业化的先声。我国大量的人口资源、智能移动终端的渗透、经济发展带来的消费能力提升，以及繁忙生活下潜在的游戏需求，都促使着移动游戏实现飞跃式发展。

（3）网页游戏、移动游戏市场份额将大幅增加。网页游戏以重度游戏为主，但题材上已经呈现出明显的差异，消费能力依然强劲，而移动游戏则以类型多样化为主，人群的普及性比 PC 端游戏更强。不同终端游戏拥有不同的市场，互相之间是补充，而非抢夺，是带动整个市场依然保持高速增长的原因之一。

2. 云计算的技术应用带来的影响

云计算服务器将计算任务分布在大量计算机构成的资源池上，使各种应用系统能够根据需要获取计算力、存储空间和各种软件服务。云计算游戏机所提供的系统也基于此原理———在云计算服务器上运行的游戏，而不是在本地的 PC 或者游戏机上运行游戏，玩家不需要购买昂贵的游戏设备，通过全部云存储化的游戏，用户可以享受随时随地联网游戏的乐趣。这个时候，网游的概念就扩大了，不再只是局限于家里的计算机上，地铁里、电梯间、马路旁、公园里，都可以看到各种各样的人在联机玩同一个游戏。

3. APP 应用带来的改变

随着智能手机的发展，移动游戏整体行业也发生了巨大的变革。IOS 和 Android平台的崛起给我们一个很好的提示，特别是在收费模式上。一款网游，完全可以像 Android 平台上的《愤怒的小鸟》那样，游戏过程完全免费，运营商通过内置广告系统赚取费用。如果玩家哪天脑子一热，想要享受不被广告打扰的游戏过程，那么可以掏钱购买无广告的版本，以获得清净的游戏环境和其他增值服务。

而随着智能手机应用游戏的走红，不仅会催生手机游戏营销、发行产业链，还会衍生支付、广告等多个产业链。随着 iOS 和 Android 游戏市场规模的壮大，更多的生态产业链都会应运而生。

12.3　5173 网站

12.3.1　5173 网站简介

5173 成立于 2002 年 11 月，是一家专业提供网络游戏相关电子商务服务的平台，目前也是中国最大的专业化虚拟物品交易平台。5173 名字据说来源于浙江金华方言“我要 PK”的发音。公司目前有 2000 多人，总部设在上海，运营中心在杭州，海外客服中心在安徽。5173 主要业务有虚拟物品寄售交易、担保交易、点卡交易、代练交易等。图 12-3 为 5173 首页。

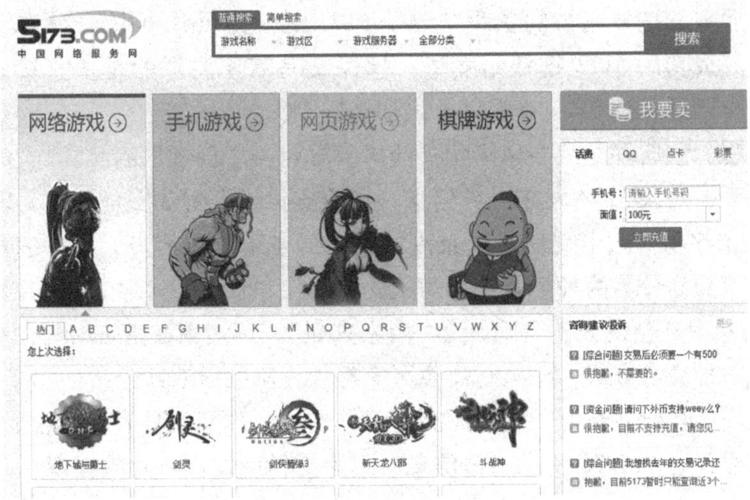

图 12-3　5173 首页

虚拟物品是指从虚拟的网游世界里衍生出来的物品，主要是指在网络游戏世界中可能受到法律保护的物品，包括虚拟货币、虚拟装备（武器、药剂、材料）、虚拟动植物（宠物、盆景）、游戏任务（人物）、游戏账号等。

12.3.2　交易模式分析

1. 5173 交易流程分析

网络游戏从开始就存在虚拟物品之间的交换，最初并不是出于获得报酬，业务也只限于物品之间的交换。而由于网游的玩家分布很广，交易双方在同一个地方的概率不高，随着网游的发展、交易需求的扩大，第三方平台自然出现了。5173 是国内最早的虚拟物品交易平台之一。

（1）寄售交易。寄售交易是卖家将存有货物的游戏账号暂时寄存在 5173，有买家购买的时候，客服人员直接登录游戏进行发货处理，卖家不需要等待买家上线配合交易完成。寄售交易需要买卖双方注册成为5173的用户，卖家登录之后，选择游戏区服务器，并提交自己的账号和密码即可。如有买家要购买，则把钱支付给5173，而5173的工作人员则使用卖家的账号和密码登录到游戏服务器上，在游戏中进行面对面或者邮寄的方式来交易，交易成功后再把钱转给卖家，交易非常迅速。

买家流程：注册→充值并支付→领取商品。

卖家流程：注册并发布商品信息→等待买家购买→立即收款。

（2）担保交易。担保交易是指卖家发布出售信息，在有买家下单购买后，5173的工作人员通知卖家上线和买家直接完成交易的方式。担保交易买卖双方除了注册的个人信息，同时也提供银行账号和开户人的姓名，开户名填写后不能直接修改，并且需要通过手机获取的激活码激活5173的用户名后才能发布担保信息。

担保交易是买家先把钱支付到5173，然后客服人员会电话通知卖家上自己的5173，进入个人首页，查看买家信息，并加客服人员的QQ。客服人员通过QQ告知卖家上游戏服务器把要出售的货物交易给5173的交易员，再由5173的交易员和买家交易，交易成功后5173把钱给卖家。担保交易需要注意的是卖家接到客服电话后，务必要自己登录到5173查看订单再加客服QQ。

买家流程：注册并充值→填写购买清单并支付→立即领取商品。

卖家流程：登录5173发布出售信息→买家支付后上游戏发货→收款提现。

（3）点卡交易。点卡交易为玩家提供网游的点卡重置服务，从中获取差额利润和分成。点卡交易分为两种形式：①“客服快充”，是5173客服在指定时间内（5～10分钟）为买家充值的充值方式。②“卖家直充”，是卖家在指定时间内直接替买家账号充值的一种交易方式，购买时需要买家提供正确的游戏账号。

买家流程：注册并充值→填写购买清单并支付→收到商品后确认收货。

卖家流程：登录5173发布出售信息→买家支付后发货→收款提现。

（4）账号交易。账号交易分账号售卖和账号出租。售卖是指卖家将游戏账号资料暂时寄存在5173，当买家购买时，由5173工作人员对账号资料及角色信息进行审核验证并告知买家验证结果，经过买家确认后，再把账号资料移交给买家的一种交易形式。账号出租是账号租赁，是指卖家将游戏账号在5173发布出租，当买家交纳一定押金并支付租用账号时，由5173对账号资料信息进行审核验证并通知买家确认，无误后再将账号交付给买家使用。租期结束买家归还账号时，由5173再次进行审核认证，确保账号租赁安全的一种全新的交易形式。账号售卖和账号出租可以同属于一个账号。在进行账号交易的前期可以进行上号体验，也就是可以先试用再购买，不过这个需要交纳一定的押金。

目前，5173也提供一种新的账号交易服务——角色交换。角色交换是指卖家将游戏角色资料信息发布在5173，买家选购商品并支付服务费后，自行联系卖家，由买卖双方自助在游戏官方平台交易货款并进行角色资料转移，全程无须第三方介入（如遇纠纷可申请客服仲裁），交易完成后到5173确认收货的一种全新账号交易模式。

买家流程：注册并充值→下订单支付→联系客服领取账号。

卖家流程：注册并发布商品→等待买家购买→立即收款。

（5）代练交易。代练交易是一种网上交易行为，买家在代练中先交一定的押金到 5173，在完成代练后再进行支付。代练的卖家一般是工作室，也有个人玩家。且买家可以根据自己的需要选择单个练某一项目或者练等级、声望、装备、游戏币等套餐。而工作室接受代练的时候，也要交纳效率保证金。如不能按照玩家的要求完成，则保证金归买家。玩家代练流程如图 12-4 所示。

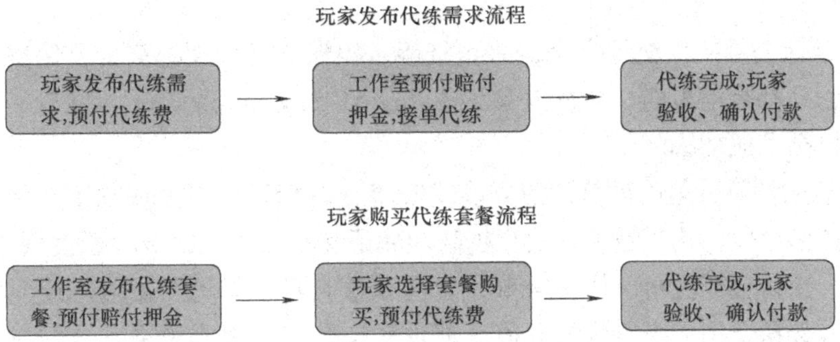

图 12-4　玩家代练流程

2. 5173 盈利模式分析

5173 的收入主要来源于服务费。

寄售交易和担保交易类似，都是从中收取中介费用而获利，而根据交易内容的不同，收取的费用比例不同。

点卡充值也是在交易完成的时候直接从卖家账号扣除费用，不同的充值类型，收取不同的费用，0.2% ~2% 不等。

除了以上平台交易的佣金之外，5173 也通过其他方式盈利。比如彩票业务，通过给会员销售彩票从中分成。还有 5173 推广联盟，它是 5173 和广大用户（包括网吧、媒体、公会、工作室等）之间进行合作的一个途径。只要加入 5173 推广联盟，获得了相应的链接，并通过此链接在 5173 上产生了有效的销售，就可以得到销售分成。每周销售业绩突出者，还可以得到额外的奖励。游戏运营是参与游戏的运营，从中获取运营分成，比如 5173 直接和 QQ 英雄岛道具数据打通，玩家可以先登录 5173，在 5173 站内登录游戏账号，直接选择物品进行上架销售。完成交易后，卖家可以通过 5173 的网银接口将卖款直接提现，虽然平台不收取提现的费用，但是不同的银行会扣除不同的手续费。

12.3.3　经营模式分析

1. 应时而生的第三方交易平台

目前各种各样的游戏层出不穷，网游的数量和市场都在不断增长，一系列围绕着网游的周边产业也在不断发展。游戏的升级代练、外挂销售、道具销售等花样繁多。运营公司如果每个游戏都自己进行道具、点卡和外挂等业务，则需要花费大量的人力铺设渠道才能完成，而直接的第三方交易的接入不仅可以节省运营商的成本，同时也能满足玩家多样化的需求。智能手机带来的3G时代让交易通道更加丰富。5173可以说是国内虚拟交易市场第一个吃螃蟹的企业，它通过十年多低调谨慎的经营，在市场上挣得了良好的口碑，并在玩家中也有非常高的知名度。

2. 交易平台信用体制

对于第三方交易，最重要的就是交易的安全性。5173的交易平台信用机制有如下特征：

（1）担保交易确保交易安全，防止抵赖。担保交易大大提高交易的安全性，因为交易的物品都是虚拟的，通过担保交易以及5173交易员的介入，减少了网上交易的纠纷，提高了成功率。

（2）信用评价分值的计算，使可信度较高。在5173，买家成功下一笔订单，可以增加一条信用值，购买越多，信用越高。除了交易笔数，影响卖家信用的因素有：业务类型、交易金额大小、评价得分、贵宾系数。卖家单笔交易信用值＝业务类型对应分值×交易金额大小对应的分值×评价对应分值×贵宾系数。这样对于卖家会有更强的约束力。

（3）官方认证诚信保障体系。卖家加入后，对出售的商品预先交纳诚信押金，5173为卖家提供“先行赔付”的担保，如因卖家原因导致交易取消，5173会先赔付买家、优先保障买家权利，并且有“5分钟到货，超时赔付”的服务，对于买家的利益有了更大的保障。

3. 商业模式创新

和目前很多网游的传统销售渠道相比，5173是一种互联网＋已有市场的模式，交易的是网游中的各种虚拟产品和服务，借助网游的不断发展，创造了虚拟交易的平台。通过虚拟世界不仅仅可以体现玩家的自我成就，而玩家可以通过5173将游戏中的价值转为现实中的货币，在交易过程玩家在精神上也得到一定的满足。

5173在发展互联网＋呼叫服务业的模式过程中，将QQ工具从娱乐转向商用，并大规模应用，借助可用资源，以小成本获得大市场。

网游是一个虚拟的世界，很多卖家进入5173为了是购买装备和寻求代练。比起淘宝网，5173更加专业，尤其是代练业务是5173中颇具特色的服务。通过5173扮演的中介角色，代练工作室和玩家迅速达成交易，双方各取所需，皆大欢喜。

12.3.4　5173面临的挑战

1. 市场竞争愈加激烈

游戏交易本质上是游戏的周边市场，所以当这个行业盈利空间小的时候，厂商不会关注，但当盈利规模大的时候，厂商就会想自己做。事实上，随着网游市场的不断扩大，网易、完美时空、巨人等都开始自己做了，甚至腾讯都开始在游戏中内嵌交易平台，淘宝交易平台对于各行各业的不断细化和深入，点卡、货币等交易也在不断增加：这些对于 5173 都是不断的威胁和挑战。

2. 交易规则不明确，缺乏法规支持

对于任何交易平台，卖家都必须拥有所销售产品的产权和合法的来源，但游戏道具的产权很不明晰，到底是属于用户还是厂商，仍然存在争议；另外，不能否认的是，5173 也有一部分的虚拟道具来源的合法性有待进一步探讨。目前国内还没有健全和完善的网络立法，也没有明确的虚拟物品交易的第三方监管机构。但是作为最大的交易平台，5173 的规则和发言均有一定的影响力，5173 可以凭借自身的优势，进一步完善交易规则和制度，设定出行业标准，这其实也是一种机遇。

3. 游戏运营公司的立场不定

游戏运营公司对于第三方交易平台立场不明。比如代练业务，虽然很有市场，对于游戏投入市场的时候，可以吸引一些没有时间上号但是对游戏却很有兴趣的玩家，但也正是因为代练的账号，很难使玩家在游戏中建立完整的社交关系以及感情体验，也会影响玩家黏性。而对于装备交易，运营商更加希望在官方平台进行销售，以保证其利益以及安全性，而在官方平台之外交易，会增加客户的投诉率，也不利于游戏整体的平衡性。这个也是虚拟交易平台的硬伤。5173 如果能够和更多的游戏运营商合作，成为官方的道具销售平台，承担其游戏运营商的虚拟物品交易的服务工作，共同分配虚拟交易的利润，达到双赢的局面，5173 的市场将会更加广阔。

4. 服务的控制和优化

5173 的手续费高，尤其是人工参与的手续费高是不争的事实。如果在竞争对手中想要更具竞争力，适当降低手续费是未来的一种趋势。如何在降低手续费后又能保持高质量的服务是一个很大的挑战。从技术的角度上来讲，可从以下方面着手：简化交易流程，通过审核和信誉制度保证可信性，减少不必要的人力资源；增加和完善自动化充值软件，增加平台电商化的销售额；使用系统代替人力也是一个方向。

12.4　腾讯游戏

12.4.1　腾讯游戏简介

腾讯游戏是国内大型的网络游戏社区。腾讯公司成立于 1998 年 11 月，是目前中国最大的互联网综合服务提供商之一，因为 QQ 聊天工具，腾讯也是中国服务用户最多的互联网企业之一，而腾讯游戏也是国内最大的网络游戏社区。

在开放性的发展模式下，腾讯游戏采取自主研发、代理合作、联合运营三者结合的方式，已经在网络游戏的多个细分市场领域形成专业化布局，并取得良好的市场业绩。腾讯游戏已拥有休闲游戏平台、大型网游、中型休闲游戏、桌面养成游戏、对战平台五大类逾六十种游戏。

腾讯游戏大事件：

2003 年 8 月，《QQ 游戏》发布，腾讯正式涉足网络互动娱乐业务。

2004 年 8 月,《QQ 游戏》同时在线突破 62 万人,《QQ 堂》公测。

2005 年 12 月，推出《QQ 幻想》公测，当天最高同时在线人数突破 13 万人。

2006 年,《QQ 幻想》最高同时在线人数突破 66 万人。

2007 年,《QQ 三国》公测,《QQ 自由幻想》公测,《QQ 炫舞》启动浪漫公测。

2008 年,《地下城与勇士》全球首创横版格斗网游启动特权公测，同年《穿越火线》启动，首届腾讯游戏嘉年华胜利举行，首款 3D 网游大作《寻仙》上线，成为国内迄今为止在线人数最高的国产 3D MMORPG 作品。

2009 年，发布《QQ 封神记》《幻想世界》《QQ 仙侠传》。

2010 年，推出战争策略网页游戏《烽火战国》。

2011 年,《QQ 仙侠传》开放式测试，5 月宣布代理《剑灵》及《天堂》《天堂Ⅱ》。

2012 年，手机游戏推出新品《QQ 爱之花园》《Q 宠大乐斗》《英雄杀》,《蜀山传奇》公测。

2013 年,《怪物猎人 OL》正式登陆中国大陆。

12.4.2 腾讯游戏产品分析

QQ 游戏平台种类众多，类型各种各样，玩家包含各层次人群。QQ 游戏通过社区化运营、承办赛事、涉入慈善，极大丰富了游戏的内涵。腾讯官方将腾讯游戏分为角色扮演游戏、竞技游戏、休闲游戏、平台游戏和网页游戏，腾讯官方推出的重点游戏可参考表 12-1。

表 12-1 腾讯官方推出的重点游戏

角色扮演		竞技游戏	休闲游戏	平台游戏	网页游戏
《幻想世界》	《QQ 仙侠传》	《地下城与勇士》	《QQ 炫舞》	《QQ 游戏》	《七雄争霸》
《大明龙权》	《轩辕传奇》	《穿越火线》	《QQ 飞车》	《3366 小游戏门户》	《烽火战国》
《寻仙》	《御龙在天》	《战地之王》	《QQ 堂》	《小熊梦工厂》	《Q 宠大乐斗》
《QQ 自由幻想》	《QQ 西游》	《英雄联盟》	《QQ 音速》	《QQ 企鹅》	《QQ 宝贝》
《QQ 三国》	《QQ 仙境》	《飞行战记》			《玫瑰小镇》
《QQ 华夏》	《QQ 封神记》	《英雄岛》			……
《绿色征途》		《NBA2K OL》			

而根据用户的诉求点和发展市场的不同，本书将腾讯的游戏分为四类。

1. 休闲小游戏

休闲小游戏俗称“QQ 游戏”，是腾讯最早推出的娱乐体验平台，包含各种发源于生活的免费小游戏，很多游戏也有手机版本。从 2003 年开始，休闲小游戏超过了 70 款，同时在线超过了千万人。竞技类有，火拼俄罗斯、连连看、麻将、桌球；棋牌类有斗地主、升级、象棋等；手机类的有斗地主、升级、麻将等。休闲小游戏可以通过购买道具来扮演游戏中的虚拟形象，以达到更高的满足感。

2. RPG

从 2005 年开始，腾讯游戏不仅仅自主研发，也有很多合作或者代理的游戏，其代表有《QQ 自由幻想》《QQ 三国》《寻仙》，以及和巨人合作的《绿色征途》。2008 年代理《地下城与勇士》对于腾讯来说不仅仅进一步增加了其网络游戏领域的竞争力，也是腾讯正式进入大型角色扮演类游戏的第一步。

3. 桌面游戏

桌面游戏的代表就是《QQ 宠物》，这是基于 QQ 聊天工具的桌面虚拟宠物养成游戏，凭借可爱的造型、丰富的表现赢得了无数网民的喜爱。QQ 宠物社区从 2007 年也是全球最大的网络虚拟社区。由于基于 IM 聊天工具，借助巨大的 QQ 用户，QQ 宠物几乎成为一个无法复制的游戏模式。

4. 网页游戏

网页游戏是腾讯从 2009 年开始重点推进的游戏类型，这也和网页游戏从 2008 年开始异常火爆的市场有关。优秀的代表有《七雄称霸》等。

12.4.3　腾讯游戏运营分析

1. 用户分析

玩游戏的消费群体年龄一般在 15～35 岁，而 QQ 游戏的消费者年龄范围却在 10～55 岁甚至更广。因为用 QQ 聊天的原因，消费者更加便于用 QQ 游戏来娱乐。QQ 游戏不但不会花费很多时间，也不会花费很多金钱，更重要的是大多玩家不会沉溺于它。

对于竞技类游戏，用户多数集中在 20 岁左右，这和 QQ 的活跃用户群有非常大的重叠。他们愿意通过竞技挑战和自我超越，这类用户愿意花费精力探索游戏的难关，从而成为游戏中的高手，被人尊敬。

休闲类游戏，比如《QQ 宠物》和音乐舞蹈类的游戏，用户中女性占很大比例，他们对外观审美要求很高，无论对场景和造型都有要求。不过这类游戏一般很少是团队合作，更多的是独立完成游戏的内容。

网页游戏和 QQ 游戏的棋牌类比较类似，但网页游戏用户灰领和退休人员居多，他们主要是消磨时光，和周围的人一起玩，因此游戏需要简单上手。

大型角色扮演游戏的用户主要以白领为主，他们有很强的团队经验，对魔幻类和仙侠类很感兴趣。喜欢魔幻类的游戏，一般要求故事情节合理，有文化背景，游戏可操控强，游戏设计具有平衡性，因此此类游戏一般需要制作精美，既要气势宏伟，又要有细节出众。这类人群消费水平高，并且黏性也会很高，容易形成团队和社区。喜欢仙侠类的用户则对游戏的节奏性要求不高，多了一些交友的倾向。

腾讯游戏类型多，并且覆盖面积广，在游戏推广手段上也多样化。在游戏推出前期，采取公测，奖励优秀公测玩家，票选美女代言人，非常注意内容的冲击力；投放网络广告和传统媒体广告；也会增加现场互动；招募论坛版主，在一个和多个专业客服的指导下，由普通玩家自己组建游戏研究院、游戏管理员、游戏携手团、游戏杂志社等玩家团队，有些玩家则走上了职业网游的道路。而在游戏的成长期和成熟期，会将其放入各种市场品牌树立活动上，并进行社区化经营。比如《QQ 幻想》和娃哈哈一期联手开展了“畅饮营养快线，玩转《QQ幻想》”的大型联合推广活动，这项活动也为QQ游戏打上了健康的烙印；《QQ幻想》还和中央电视台的《开心辞典》合作。

和很多游戏不同，一般的网游账号只有游戏功能，玩家每玩一个游戏就要注册一个新的账号，而腾讯直接使用QQ号码作为账号，减少了注册的麻烦，并且每参与一个游戏都可以点亮QQ资料的某个图标，使玩家在虚拟世界获得满足感；并且可以和QQ秀、聊天工具结合起来，在QQ即时聊天工具上加载了QQ游戏、QQ宠物图标，用户可以非常方便地进入游戏状态。

2. 盈利方式分析

腾讯游戏的主要盈利方式是在庞大的用户基础上，通过销售Q币和Q点实现虚拟道具，销售方式主要通过财付通、银行卡、手机充值卡，也可以到商场、便利店购买QQ卡。虽然不是每个会员都会买很多Q币投入到游戏，但是QQ的用户群体庞大，2011年官方公布的游戏销售额约1000亿元。2013年第一季度，腾讯营收135亿元，网游业务环比增长19.3%。

在腾讯游戏获得各种颜色钻的“贵族”可以玩不同的游戏。例如，QQ蓝钻：QQ游戏特权；QQ黑钻：《地下城与勇士》的特权；QQ粉钻：QQ宠物特权；QQ紫钻：《QQ飞车》等大型游戏特权。而开通这些钻的特权需要使用Q币或者Q点。

3. 腾讯游戏产品生产分析

把客户需要的功能和应用定义为产品，并推荐给用户使用，让用户通过使用产品产生满足感，从而获取利润——这是互联网产品的核心价值。网络游戏的产品相对更复杂。这里以腾讯游戏产品为例，分析游戏产品从设计、生产到最终上线运营整体的过程，这个过程分为游戏开发、游戏运营、渠道代理，由零售商到最终用户。腾讯既是开发商，又是运营商，游戏开发由五个核心环节组成——游戏构想、策划、整体构架、美术设计、研发。每个环节都会再作细节拆分。

在游戏的正式研发之前，为了获得事业部（腾讯游戏属于互动娱乐事业部）的支持，会将游戏创意提交进行概念评审然后评价游戏的基本属性，比如画面品质，是否有完善的好友、战队、比赛系统，是否有更多的成长乐趣等；再评估开发游戏需要投入的人员成本，一般开发人员需要有策划、前台开发、后台开发、美术开发、剧本编制、产品经理、项目经理等岗位，另外在准备阶段会设计出风险管理计划书，其内容包括团队合作等风险、服务器压力风险、客户使用风险、易用性风险等，以及相应的风险影响范围、风险发生概率和解决方案。同时也会对商业计划、财务计划作评估。如果能通过，则组建项目筹备小组，并启动立项筹备工作；如果不能通过，则再次评审或者放弃游戏概念。

核心概念确定完毕，进入到游戏样例版本阶段。游戏策划、美术设计师以及开发人员也会启动开发，合力输出DEMO。根据这一阶段的工作量，会给出整体的项目计划里程碑，以及该游戏的SWOT分析。

DEMO 是 demonstration 的缩写，在计算机上的 DEMO 简单地说就是展示计算机图形与音乐的程式，所以游戏开始的动画展示也是 DEMO 的一种。基于以上输出内容和产品损益分析，则再次进行评审，通过评审可正式进入到项目第一阶段。

开发的第一阶段包括设计整体方案，策划一般会再设计出所有的系统，这个阶段也是游戏策划人员最忙碌的时候，开发会完成核心系统的开发而非所有功能的开发。美术人员则做完核心功能的美术设计，这个阶段会发布游戏的第一个版本。第一个版本完成之后会再进行评审，评审通过则需要将剩余功能开发完毕，这称为完全开发阶段，如果不能通过则会反复修改游戏。

进入到完全开发阶段，策划人员开始进行运营方案的策划，而项目需要在这个阶段达到 CE㊀的目的，这个阶段开发和美术人员要完成所有功能的开发，并要输出完成总体的运营规划和市场规划方案。完成这个阶段的工作，则会进行整体的产品评审，评审通过则可进入到内测阶段，稍大的网游比如《QQ 幻想》，内测会超过 5 万人。从某种意义上来说，内测已经是游戏和用户的亲密接触了。内测的版本一般称为 beta 版本，在内测的阶段会逐渐完善运营规划，并输出产品的测评报告和用户的反馈。当然，后续的市场推广方案也要准备完毕。

在内测完成之后，游戏会进入公测阶段，一般腾讯游戏会准备至少两个月的市场推广期才会启动公测，整个游戏产品则已经进入到正式的运营状态。在公测阶段，市场营销是重点工作，包括官方主页、在线活动、明星资源的准备、线下推广的运作等方式，比如《QQ 幻想》在公测阶段推出了“QQ 幻想限量版邮票”。

如果公测成绩不错，符合预期则可以发布正式版本，开始进行收费游戏正式版本发布时的主要工作为市场宣传、渠道销售、客户服务，这些构成了游戏的运营支撑。在这个阶段，也会继续投入，不断进行细节体验的改善，向玩家推出各种线上和线下的活动。当然不是所有的游戏都能走到最后的商业运营阶段。产品的生命周期在经历了成长期、成熟期、衰退期，最终都会下线。产品下线时会对整个产品项目有个整体的总结报告，针对运营也会有一个整体的反馈总结。这个流程也是目前大多数大型网游开发的通用流程。

在游戏的运营阶段，不能不提到网络游戏运营商和网络游戏渠道商。网络游戏运营商给网络游戏开发商开发的产品提供游戏运行的平台和服务，并从中获利，比如腾讯代理《地下城与勇士》，作为运营商的角色，其工作由四部分组成：①核心运营，包括整体游戏的运营规划、进度控制、产品的定位；②具体运营工作，包括游戏服务器的搭建，游戏数据后台的搭建和管理，用户的服务、意见反馈和收集，论坛社区舆论的引导和控制；③市场部负责线上推广和调研、官方网站的搭建与维护、媒体的搭建与维护；④渠道部则负责线上推广和支付，如网吧的推广和装机，以及线

㊀ Customer Engagement，用户参与，游戏中理解为小规模的外网测试，也就是 alpha 测试阶段，而下面提到的 beta 版本一般理解为内测阶段，rc 版本一般理解为公测版本。

下合作的活动和推广、点卡销售渠道的铺设。

网络游戏渠道商是为最终端用户提供支付手段并以此获利的商家，通过店面、网吧、网站或者电子商务将网游产品推向玩家。网络游戏渠道商主要有三种：第一种是自己本身就有自己渠道的运营商，如盛大；第二种是作为第三方渠道，如联邦、骏网；第三种是淘宝C2C这个特殊的第三方渠道商。腾讯玩家可以用Q币和Q点兑换游戏中的道具，因此对于腾讯来讲，渠道商不需要每次都重新建立，这是一个很大的优势。Q币和Q点可以通过各种方式进行购买，如图12-5所示。

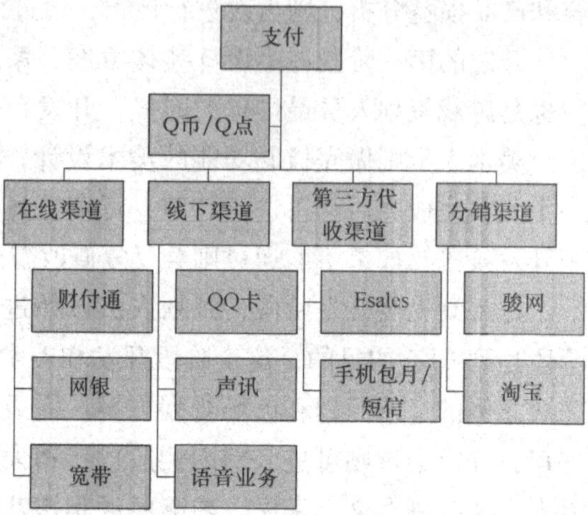

图12-5 腾讯游戏币购买渠道

以《QQ幻想》为例，可以进行支付的方式如图12-6所示。

图12-6 《QQ幻想》游戏支付方式

游戏的推广可以理解为让更多的人了解游戏、玩游戏，进一步增加有效的付费用户，一般可以通过广告、海报、推广系统、邮件等手段吸引更多的用户进入。游戏的网络推广不是一个简单的个体活动，需要市场部、渠道部等部门协作完成，比如核心运营部会设置产品的概念和推广的目标，并规划整体的推广计划；市场部则制订推广计划的细节并执行，进行媒体投放；而渠道部会进行线下推广的执行和反馈；客服会在论坛或者社区不断引导和活跃氛围。

游戏运营是一个系统而且内容广泛的活动，也是网络游戏的核心内容。运营需要有明确的方向、执行的细节和跨部门的团队配合。因为其核心是服务好游戏的玩家，增加玩家对游戏的好感度和黏性，并吸引更多的玩家加入到游戏中来，获得更多的利润。

12.4.4　腾讯游戏的思考

腾讯整体的发展基本上都是基于庞大的 QQ 用户群。而从腾讯游戏推出的一系列产品可以看出腾讯战略基本上是跟着市场走，也就是它很少像其他互联网公司那样去尝试完全创新的产品。基本上，当市面上某个产品已经经过验证，可以被用户所接受，腾讯则进一步将此类产品进行细化包装，推向用户。

问题与讨论

1. 请列举出你所知道的游戏电商模式都有哪些。
2. 5173 的未来发展如何？
3. 对比本章案例，对盛大游戏分别从产品形态、盈利模式以及市场优势和挑战上进行分析。

第13章 网络招聘电子商务

13.1 概述

13.1.1 网络招聘的含义

招聘是人力资源管理的工作范畴，包括发布招聘广告、筛选简历、组织面试、雇佣轮选、录用通知等。招聘服务是指招聘服务运营商在帮助企业主和求职者完成招聘和求职的过程中提供的服务。它主要包括网络招聘、报纸杂志招聘、猎头服务、人力资源外包和招聘会五种形式。

网络招聘区别于传统线下招聘的具体特征如下：

（1）招聘载体。利用互联网进行招聘相关的各项活动，包括信息的发布、简历的搜集整理、初级面试以及在线测评等。

（2）角色定位。双方的行为关系由一方主导变为双方选择，无论是用人单位还是个人都能根据自己的条件在网上进行选择，减少了招聘和应聘过程中信息不畅所导致的盲目行为。

（3）信息传播。时间和空间上相对自由。互联网本身不受时间、地域限制，也不受服务周期和发行渠道限制。双方在迅速、快捷地传递信息的同时，更可瞬间更新信息。

有的用人单位将招聘信息发布在自己网站上，也可以称为网络招聘。但这只是将传统报纸杂志的招聘信息发布到互联网这个媒体上，实质并没有改变，因此不是本章讨论的对象。本章所讲的网络招聘是指区别于传统的招聘会和报纸、电视招聘的一种招聘形式，具体表现是企业依托于第三方载体（网络）发布招聘需求和接收求职者简历；然后通过对简历的筛选安排面试，最终确定合适的岗位人选。提供的线上服务内容包括：信息发布、简历收集整理、在线测评、求职指导、职业规划等。网络招聘并不只是将传统的招聘业务搬到网上，而是互动的、无地域限制的、具备远程服务功能的一种全新的招聘方式。

13.1.2 网络招聘市场发展概况

1. 全球市场概况

1993 年美国实施国家信息基础设施（National Information Infrastructure，NII）计划以后，网络普及率大大提高，网络用户数量迅速增加，专业招聘网站应运而生。这些专业招聘网站通过提供网络招聘求职信息和服务，赚取利润，主要包括门户型招聘网站、门户型网站的网络招聘频道及行业型招聘网站。1997 年专业招聘网站出现初期，职位列表只提供技术类职位，聚焦于高科技产业和投资银行。网络的普及与 Web2.0 的运用使得招聘网站发展越来越成熟，并形成了大型招聘网站，如 Monster.com、Careerbuilder 和雅虎。随着博客、协作网络和社区的发展，小型的网站和社区兴起，形成了今天门户型招聘网站、门户型网站的网络招聘频道以及行业型招聘网站激烈竞争的局面。目前全球网络招聘的市场规模巨大且增长迅速，网络招聘已经成为互联网上最成功的商业应用之一。据《财富》统计，全球 500 强公司中有 88% 使用网络招聘。从个人使用情况来看，超过 70% 的德国互联网使用者通过网络寻找工作。在英国，每年有超过 700 万人通过互联网找工作，9/10 的毕业生通过互联网寻找自己的第一份工作。

2. 国内市场概况

随着互联网的普及以及 Web2.0 的应用，1997 年中国产生了第一批招聘网站。1999 年人才招聘网站迅速切入人才市场，拓展了广阔的生存发展空间。

1999 ~ 2004 年，网络招聘还处在发展的初级模式中，主要是报纸招聘、现场招聘会的补充，充其量只是一个信息发布平台。在此阶段，中国招聘市场 2003 年的市场容量比 2002 年增长将近 9%。2004 年，网上招聘占整个招聘市场容量的 13.2%，还远远低于报纸和现场招聘会的现场份额。2005 ~ 2009 年，随着资本市场的活跃，互联网在中国的普及，网络应用技术的发展，以及以 Web2.0 为代表的新一代互联网技术的影响，网络招聘发展明显加快。2004 年中国网络招聘的市场规模仅为 5.5 亿元人民币左右；2005 年，网络招聘市场成长迅猛，占招聘市场的份额首次超过 20%；2006 年，这个比例已达到了 33%。2010 年网上发布招聘广告的企业超过 350 万家，页面点击率超过 40 亿人次，网站数量达 200 多家，人才网站的专业化程度大大提高，市场规模不断扩大。2010 年，中国网络招聘求职者达到 7100 万人，市场规模达 17 亿元，而 2012 年已达 26.7 亿元。在中国网络招聘市场竞争格局中，前程无忧、中华英才网和智联招聘这三大网络招聘公司占去了全国网络招聘市场规模的一半，已经形成三足鼎立之势，稳稳占据了中国网络招聘市场第一阵营的领先地位。2011 年以来，以社交招聘（如微博招聘、商务社交网站招聘等）为代表的新型网络异军突起，成为各方持续关注的热点。包括前程无忧、智联招聘在内的多数求职招聘网站已经开始转战社交网络求职市场，网络招聘行业竞争愈发激烈。

总体来讲，网络招聘行业的发展可以分为三个阶段：第一阶段为推销阶段，即由客户单向决定上哪家网站；第二阶段是营销阶段，招聘企业都在大力做推广，争取客户；第三阶段是比拼产品和服务，需要企业专注用户服务和差异化产品。目前中国网络招聘市场处于第二向第三阶段过渡时期。

作为互联网增值领域之一的网络招聘市场，随着互联网用户的增多，整体互联网行业的发展也将持续升温，2020 年我国将成为世界最大的网络招聘市场。整体网络招聘市场的较大增长潜力也是这个行业迅速升温的主要原因之一。

13.1.3 网络招聘的主要模式

网络招聘将面临的一个新趋势是：市场集中化程度将会提高，传统模式下的网络招聘企业将面临整合，专注细分和模式创新将成为行业下一阶段的特点。更加具有针对性、效率更高而成本更低也更加便捷的行业类招聘网站以及搜索类招聘网站仍然是最被看好的新模式。

就商业模式而言，国内以前程无忧为代表的门户型商业模式仍是主流，专业型商业模式也蓬勃发展，并创造了较高的效率。网络招聘商业模式也在不断创新和丰富之中，国外出现了 vault. com 为代表的个人收费的模式、以 LinkedIn. com 为代表的在 Web2. 0 浪潮中产生的融合社会网络概念的模式、专业的工作搜索引擎模式以及 Indeed、SimplyHired 等垂直职位搜索引擎。现在招聘网站的推广重点已经不再是知名度，而在于用户的忠诚度和网站的品牌口碑。

目前网络招聘行业最显著的三个新特点是：B- SNS（商务社交）化；精准搜索与招聘管理全程服务化；企业端服务的 SaaS（软件即服务）化。

13.2 Monster 招聘网站

13.2.1 概况

Monster 是全球最大的专业招聘网站之一，也是全球最大的招聘服务供应商之一，提供由招聘代理、线上招聘、猎头服务和招聘黄页广告四项构成的全方位的全球招聘解决方案。作为全球互联网招聘行业的第一品牌，Monster 公司招聘收入占整个美国网络招聘市场近 50% 的份额，并成为标准普尔指数的成员。公司的总部设立在纽约，在全球拥有雇员超过 5000 人。Monster 分支机构密布全球，大约在 50 余个国家拥有当地业务，其中主要的市场大区分别为北美、欧洲、南美和亚太地区。图 13-1 所示为 Monster 网站界面。公司作为在线招聘商业模式的创始者，不断重新定义招聘者和应聘者之间的连接和关系。

13.2.2 商业模式

Monster 经营战略目标定位于全球招聘以及相关市场，在产品、技术、品牌支持和客户服务等方面保持公司在全球的领导地位，以实现长期发展并获取更大的盈利能力，为股东创造更多的投资价值。Monster 的最终使命就是通过帮助人们找到更好的工作而激励人们改善生活。在这个战略目标下，Monster 将自身定位于全球知名的在线人力资源企业和全球最大的招聘服务供应商；在全球范围内提供职业生涯管理、招聘和人才管理的产品和服务的全系列招聘服务；并提供招聘代理、线上招聘、猎头服务和招聘黄页广告的网络运营服务。

Monster 全球性的服务定位来自于其全球性的销售结构。Monster 的招聘产品和服

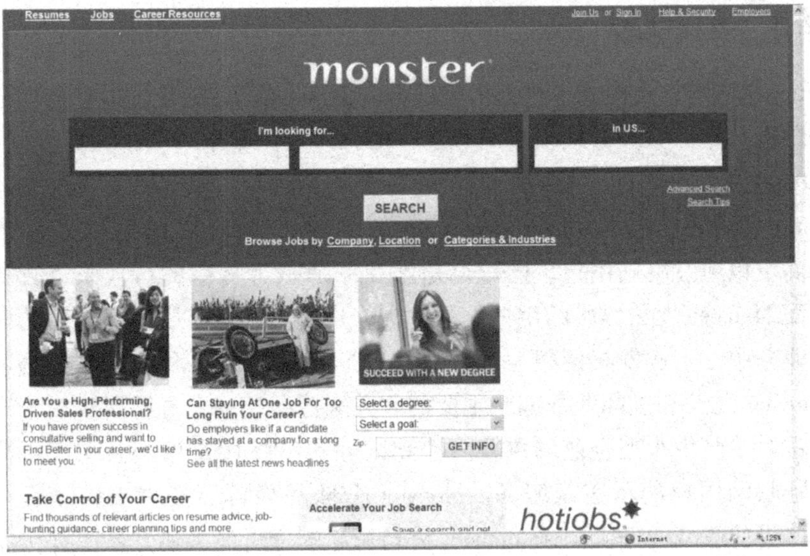

图 13-1 Monster 网站界面

务通过先进的技术平台和全球型的销售结构及全球呼叫中心这样的客户服务中心对目标用户和潜在的消费者进行分发，以有效地扩展产品的销售覆盖地域和增加现有客户的渗透。到 2011 年年底，Monster 拥有上亿份简历的数据。

Monster 的重点目标用户是雇主、求职者和客户。对于雇主，Monster 的目标是提供最有效的解决方案和最简单的技术以简化招聘程序，方便其找到求职者；对于求职者，Monster 的目标是通过提供与工作相关的内容、服务和咨询帮助其优化职业生涯。

Monster 在 2004 年创建的 Monster 雇用指数，实时搜集 1500 多个网站和公司的职业信息的数百万个工作信息，代表了全美范围内雇主在线招聘活动的情况。2007 年推出了 Career Ad Network，即 CAN，这个产品可以使招聘广告更具有目的性。2008 年收购了 Trovix，然后运用 Trovix 的技术开发了精细化搜索引擎“6Sense ®”，通过这个引擎，用户可以找到极其详尽的资料，包括某用户的教育背景、工作历史，同时可以输入某项具体的工作技能来寻找可能的工作机会。2009 年推出创新的革命性的基于语言学意义上的简历搜索引擎 Monster PowerResume Search ®（PRS），不同于传统的关键字搜索引擎，PRS 系统就好像是一位真实的 HR（人力资源专员）在筛选简历。客户调查统计表明：相比于传统的搜索系统，PRS 系统平均节约了 65% 的时间，增加了 150% 合格的所搜结果数量。同时，90% 的招聘者倾向于使用 PRS 系统，97% 的招聘者通过使用 PRS 系统更快地找到了合格的工作候选人。2011 年 Monster 推出了基于 Facebook 平台的求职类 APP——BeKnown。通过 BeKnown，招聘信息会根据用户的工作经验和网络链接排列出来，用户还可将自己的 Monster 主页导入 BeKnown，直接通过 BeKnown 搜索职位。在这款应用中，用户还可以基于工作经验、成绩和优势赚取徽章等。自发布以来，BeKnown 已经进行了多次更新。

13.2.3 盈利模式

Monster的整体收入构成主要分为三部分：北美的招聘业务、国际的招聘业务和在线广告。近几年三大业务板块格局稳定，占总收入比基本不变，大概分别在47%、43%和10%左右。公司的“在线广告”业务分为两大块：展示性广告（Display Advertisement）和引导性销售（Lead Generation）。在线招聘网站上的广告非常具有针对性，广告商可以通过网站用户，同时也是潜在的消费者从事的行业来进行特定的广告投放。而Monster大量详尽的用户数据库为客户提供了具有强烈目标性的机会。

招聘业务中，企业发布招聘信息、下载数据库中的简历和综合的招聘解决方案构成了Monster北美和国际业务部门主要的收入来源，招聘业务除了针对全球大型企业，也注重对一些中小型企业的覆盖。除此以外和出版社及出版公司的资源合作保证了对非互联网用户的覆盖及服务。Monster全球网络可以提供集成显示广告的机会，在线广告的收费业务主要以Monster公司积累的全球庞大用户数据库为基础，对用户数据进行收集分析，提供给广告客户有针对性的广告推送和展示建议。营销人员可以根据广告客户的需要和用户的信息标签有针对性地推送与用户相关的广告信息，使求职用户在获取关注信息和工具的同时，得到了对教育和就业机会有益的广告内容，因而可以吸引求职用户对广告信息的访问转化，保证了广告商的利益。Monster的大广告客户包括雇主、学校以及产品和服务的使用者。

在招聘业务方面，Monster主要通过会员制收取费用。

13.2.4 核心能力

Monster的商业模式构建于“双边网络效应”的基础上，作为这个行业的创始者，Monster因此而构建了求职者和雇主的最初基础，这个基础有助于Monster的迅速成长。而这种模式具有充分的马太效应，很容易就形成巨头垄断。Monster公司在招聘方式的转化中——从传统的平面媒体广告以及其他招聘方式，转向互联网招聘——尽享其利，不仅彻底击败传统的招聘市场，在新兴的“蓝海”里也独占鳌头。从Monster的长达近二十年的发展历史分析，快速的决策能力和大手笔的兼并和收购是Monster取得成功和辉煌业绩的重要手段。每次收购不仅有效扩大了Monster的用户及客户数量，更是Monster有效提高技术研发能力，利用新科技有效改进用户体验、创新产品的途径之一。对海外市场（除了中国）强有力的适应性和快速的业务开拓，从另一方面提高了Monster的竞争壁垒，扩大了竞争优势和地位，巩固了其在世界范围的影响能力。因此，对于Monster公司其核心能力体现在其强大的技术背景、简单明确的商业模式以及强大业务拓展能力以及果断的投资并购方面。

13.2.5 资本模式

频繁、大手笔的公司兼并收购是Monster公司发展壮大的重要手段。从1997年TMP收购Austin Knight到2010年共计24年的发展中，Monster共计进行了18次的大型收购。几乎每年一次的收购形成了 Monster 资本运作的主体，通过收购它迅速实现市场占有和优势资源的整合。1995 年，杰夫·泰勒将公司出售给了 TMP，比之电子招聘公告，TMP 对传统的招聘业务更感兴趣。随着 Monster 的迅速成长，TMP 卖掉了其他企业，并将自己更名为巨兽环球（Monster Worldwide）。1997 年 8 月，TMP 收购 Austin Knight，该收购进一步确立了 TMP 作为世界上最大的招聘广告机构之一的地位。1997 年 10 月，TMP 与 6 个领先的网络内容提供商形成联盟。1998 年 12 月，TMP 花费 246606 万美元收购了英国首屈一指的猎头公司，展开在英国的招聘业务。1998 年 11 月，接受了纽约梅隆金融公司为其提供的 1.75 亿美元的信贷，用于公司的发展扩张。

2000 年，TMP 收购罗洛猎头公司、系统服务公司等 7 家公司。2001 年收购欧洲领先的专业网络招聘公司 Jobline 国际公司，作为进军欧洲招聘业务的基础。这次并购后 Monster 的年收入达到 3 亿美元。2002 年 3 月，回购 500 万普通股。2004 年出售 240 万股，资金用于一般企业用途，包括营运资金、收购、投资。2005 年，Monster 战略收购法国领先在线招聘公司 Emailjob. com，建立 Monster 在法国的领导地位。2005 年 2 月 2 日，Monster 又以 5000 万美元收购了中华英才网 45% 的股份，作为进军亚洲市场的起点。2008 年 Monster 开始更加积极的海外扩张计划，包括：并购了当时如日中天的中华英才网；收购了一个基于澳大利亚的在线招聘网站公司；同时在巴西设立网站，开展业务。同年，Monster 收购了国内领先的垂直网站 Affinity Labs Inc，以增强其在国内细分市场的用户和市场占有，稳定其国内市场的霸主地位。2008 年 7 月，收购智能搜索技术的领先供应商 Trovix，旨在为雇主和求职者提供创新的搜索功能并通过提供高度相关的、有针对性的搜索结果简化招聘程序，赢得更加稳定的用户。2010 年，Monster 又以 2.25 亿美元的现金收购了竞争对手 Yahoo 旗下的 HotJobs. com，但该公司仍然面临着来自细分求职网站的竞争威胁，比如专注于金融、IT 和其他产业求职的 Dice Holdings 公司以及市场上数百家小型在线求职企业。此外，SimplyHired. com 和 Indeed. com 等信息聚合网站也成为 Monster 的竞争对手。

目前 Monster 公司正面临着新的招聘模式的竞争和威胁，寻找新的利润增长点、满足用户需求和使用性的变化是 Monster 下一个重点。是成功蜕变继续发展，还是慢慢陨落，要看 Monster 的下一个战略如何。

13.3　LinkedIn——社交型

13.3.1　概况

LinkedIn 是一家面向商业客户的社交网络服务网站，成立于 2002 年 12 月。网站的目的是让注册用户维护他们在商业交往中认识并信任的联系人。LinkedIn 用了 477 天（约 1 年 4 个月）才达到了 100 万个用户，2004 年 10 月，LinkedIn 的注册用户达到 120 万个。2005 年 11 月，注册用户增长至 420 万个。2007 年年末开始的金融海啸给 LinkedIn 带来了好机遇，金融海啸造成的大量失业者需要找工作，而利用 LinkedIn 寻找工作使得网站用户人数迅速攀升，用户达到 900 万个。2008 年，LinkedIn 注册用户数突破 2000 万，同时它也找到了成功的商业模式。截至 2014 年 4 月，LinkedIn 用户达 3 亿人。这些注册者来自全球 200 多个国家和地区。在《财富》500 强企业中，每家公司都有高管成为该网站的用户。

13.3.2 商业模式

LinkedIn 的商业模式非常简单、明确，它最初的目标是成为一家职业社交网站，现在已变成职场人士构建人脉、寻找工作、被企业“发现”的理想平台。它的经营战略定位于社交行业中的细分领域，并抓住了商务社交这个拥有硬性需求的庞大市场。通过将社交与招聘紧密结合，LinkedIn 给许久不曾改变的人才招聘市场带来了全新的商业模式。LinkedIn 先通过提供最基础的服务，开发具有吸引力的用户产品和工具来吸引大量的用户尤其是专业人士加入网络社区。在积累大量会员用户并对用户数据的深度挖掘及有效使用的基础上，LinkedIn 开发出系列创收的收费解决方案，成功开拓出向高级会员和企业收费的双向收费的成功模式。

从 2012 年开始，CEO 维纳尔调整了 LinkedIn 的发展重心，放弃了招揽个人用户获得收入的做法，转而集中精力向企业中的人才发掘者提供更为强大的服务。目前，已经有数千家企业通过 LinkedIn 的 Recruiter（雇主）产品来寻找高技术人才。Recruiter 账号价格昂贵，但又必须拥有。这是目前为止 LinkedIn 最为核心的商业模式和企业战略。

LinkedIn 的理念是，为个人用户建立品牌，围绕个人职业品牌提供价值。定位人群则覆盖主动求职者和被动求职者两部分求职人群。LinkedIn 注重培养个人品牌价值，它认为个人简历不等同于个人品牌，后者远大于前者也远重于前者。同时，对于被动求职群体的重视和价值的挖掘是 LinkedIn 脱颖而出的关键因素之一。LinkedIn 认为在求职环节中，被动求职者站在主动求职的上游并占有总体人群的 50% 以上。LinkedIn 希望以更高效、更规模的模式，抓住更加广阔的人群，解决求职用户更深层次的需求。基于 LinkedIn 的商务社交定位，它的目标用户是拥有高教育程度和高收入的有丰富工作背景的专业人士，且是全世界范围的。目前，约有 60% 的 LinkedIn 注册用户来自美国以外的市场，同时也是公司用户增速最快的市场。印度是 LinkedIn 在全球的第二大用户市场，其注册用户总数超过 1300 万。巴西则是 LinkedIn 用户绝对数量最多的市场之一。根据 Online MBA 提供的数据，LinkedIn 注册会员中，74% 拥有大学或以上学历，26% 拥有硕士学位；69% 的用户年收入超过 6 万美元，39% 的用户年收入超过 10 万美元；1% 的会员创造了 24% 的流量。LinkedIn 是实名的高端社交，与此相匹配的是富有的高学历的稳定的中年用户群。

产品是 LinkedIn 的一大亮点和卖点，其细分程度、信息量的丰富性以及数据产品的专业性无不超出预期地满足了用户的需求。基于对用户数据的极优的整理能力，LinkedIn 开发出一系列具有吸引力的收费和免费产品，收费对象从个人用户扩展到企业用户，费用从区区 20 美元/年上涨到 8000 美元/年，不仅有效扩展了产品收费范围，而且极大提高了产品的利润空间。LinkedIn 发明的一度、二度、三度关系是一项非常有用的产品创新，有效支撑了后期收费产品的开发和公司发展战略。按照其服务对象的不同，其产品和服务划分如下：

（1）针对个人会员的产品服务，可以称为“Free + Premium”（免费 + 高级）模式。为免费的账户提供最基本的资料管理和搜索等服务，而高级订阅部分，按账户级别的不同，提供不同程度的权限，主要涉及直邮服务、高级搜索引擎等。另外招聘解决方案中也有一款 JobSeeker，通过在个人信息中添加 Seeker 标志，帮助求职者更多地获得雇主的关注。除此之外 LinkedIn 还上线了专为大学生开发的一个 Career Explorer（职业浏览器）的应用程序，让他们可以去跟踪他人的职业历程。

（2）针对企业会员的产品服务，主要包括营销服务和招聘服务。营销服务中的 LinkedIn Ads 是一种自助服务式的广告解决方案，用户可以通过性别、年龄、地域、行业、职位、工龄、工作职能等来选择目标受众，可以通过设置预算来控制广告费用等。定制群组即企业通过赞助群组，在定制化的媒体空间展示视频、组织投票，与博客、微博或者其他订阅整合，还可以发送内容丰富的白皮书。赞助式广告即企业可以通过赞助问答、投票等活动来进行营销推广。招聘服务中，除了最基本的职位发布和人才搜寻之外，还有多样的 LinkedIn 的公司招聘解决方案，其中包括多种贴心有用的服务。例如，Referral Engine 能让员工知道本公司职位信息的发布，并且可以在所有员工的关系网中搜索候选人，并允许员工推荐相关联系人，把所有的员工都转变为资源。Career Pages 能够定制化公司页面，对不同的求职者显示不同的信息。Recruitment Ads 能够精确锁定目标人群，定向投放，增加企业雇主品牌认可度等。

（3）为了应对科技发展以及用户习惯的变化，LinkedIn 的产品战略开始穿越传统的 PC 端，向移动方面拓展。早在 2008 年推出 LinkedIn for iPhone，其用户独立访问占总数的 22%。LinkedIn 负责产品和用户体验的副总裁迪普·尼沙尔说：“某种意义上讲，LinkedIn 的经验就是尽量远离台式机，我们喜欢移动互联网。”

13.3.3　盈利模式

依靠丰富的免费服务吸引会员，LinkedIn 庞大的会员数量为收费服务提供了基础。到 2011 年第二季度末，LinkedIn 的会员囊括了来自《财富》500 强企业各个层级的雇员，《财富》100 强企业中有 75 家购买了“招聘解决方案”，更有超过 200 万家公司在 LinkedIn 上拥有各自的主页——这些商业用户成了 LinkedIn 的“金主”，也是成就其盈利的主体力量。2012 年其首席执行官杰夫·温纳在参加花旗科技峰会时表示，网站有 12000 个企业客户，有 200 多万家公司在 LinkedIn 上建立了企业信息页面，拥有 1.75 亿个会员，每 1 秒就有 2 名新会员注册。LinkedIn 在其本质上是一家社交网络包装下的职业招聘网站，招聘领域的产品服务为其创造了大量的营收。LinkedIn 的产品和服务可以分为免费解决方案和付费解决方案两部分业务，付费部分主要是招聘解决方案、营销解决方案及广告、高级订阅服务。其中，会员费、招聘解决方案费用和营销及广告费用是 LinkedIn 三大收入来源。LinkedIn 主要产品发展概览如图 13-2 所示。

图 13-2　LinkedIn 主要产品发展概览

2004 年 9 月，LinkedIn 在其会员数达百万之后推出了营销解决方案并获得营收，但此时营销解决方案带来的收入不多，这是因为吸引广告主的关键因素是会员数量，而百万级用户量对广告主而言不具有太大的吸引力。随后，LinkedIn 推出首款招聘解决方案产品——LinkedInJobs；该产品于 2005 年 3 月开始获得营收。这一服务的推出，明确了 LinkedIn 在社交细分领域的定位（职业社交）。随着会员数的迅速增长，LinkedIn 推出首款高级订阅产品，并从 2005 年 8 月开始产生营收，并逐渐发展成 LinkedIn 最重要的收入来源。这是 LinkedIn 在盈利模式探索上的初步成功产品典范，这一业务迅速成为了当时 LinkedIn 最主要的营收来源。到 2007 年和 2008 年高级订阅服务的收入占到了 LinkedIn 总营收的一半左右。2008 年 3 月，LinkedIn 发布了公司解决方案产品，该产品是招聘解决方案的关键组成部分。包含的内容极其丰富，例如用以搜索、联系、管理候选人的 Talent Finder，用以自助发布职位的 LinkedIn Jobs 等。该产品的发布是 LinkedIn 盈利模式探索道路上最重要的里程碑，让招聘解决方案业务整体增色不少，并直接促使这块业务超越了高级订阅服务，占据 LinkedIn 创收业务的半壁江山。这个战略的实施使公司的营收来源更加多样化。从营收构成上来看，LinkedIn 早期的吸金业务——高级订阅服务，在总营收中的比例正逐年下降，从 2007 年的 53% 下降到了 2011 年第一季度的 21%，而招聘解决方案的比例却逐年上升，从 2007 年的 23% 上升到了 2011 年第一季度的 49%。LinkedIn2012 年第一季度来自招聘解决方案产品的营收为 1.026 亿美元，较 2011 年同期增长 121.6%，占据总营收的 54%。而广告销售缩水至 19%。这就意味着 LinkedIn 的业务重心越来越趋向于企业市场。

13.3.4　核心能力

准确的定位和极优的数据整理能力是 Linkedin 获得成功的两大核心要素。早在

2002年，创始人霍夫曼（Hoffman）为LinkedIn的定位就是实名制的高端社交网站，这个定位意味着LinkedIn将大大区别于以娱乐性为主的可以快速提升流量的社交网络。LinkedIn缺少娱乐元素，甚至缺少分享与互动，用户之间保持着明显的距离感，但这也是LinkedIn一直坚持的弱互动和价值社交的定位。实名、高端社交与弱互动这三个定位保证了LinkedIn可以沉淀下真实世界中最有商业价值的那部分社会关系，并作为数据金矿来挖掘。这是取得成功的前端原因。而直接把LinkedIn推向成功上市，实现盈利和用户爆炸式增长的则是LinkedIn数据管理和用户分析的水平，它在这方面的能力远远高于它的竞争对手们。基于这种对数据的深度整理分析能力，LinkedIn提供给用户无与伦比的价值体验：迅速、低成本地挖掘到所需人才和快速找到合适的工作。无论LinkedIn的竞争对手如何强大，数据如何光辉闪耀，对于用户数据的精准整合能力则是LinkedIn的无二制胜法宝。

另外，典型创业型的组织管理模式是LinkedIn的另一核心能力。作为LinkedIn的发起者和投资人，霍夫曼应该是LinkedIn核心能力的另一体现。作为至今为止LinkedIn的创业人兼执行董事长、公司的最大股东，他承担了LinkedIn精神之父的角色。同时他还是一个头脑灵活、思想开放的管理者。意识到自身管理的局限性，从2007年年初，霍夫曼就开始尝试退居幕后，为公司从聘用经验丰富的经理人来尝试运营公司。原CEO维纳尔则是霍夫曼在2008年12月聘用的雅虎资深高管。后者在几个月以后接手首席执行官职务，倡导以销售为重心的企业文化，并成功提升了LinkedIn的销售业绩，实现了财务目标。现在LinkedIn的管理已经从创业的“小”公司发展成为颇具规模的大型公司，其组织结构也开始变得复杂。

13.3.5 资本模式

LinkedIn遵循的是个人投资创业。2002年，霍夫曼投资创建了LinkedIn网站，并坚信消费级互联网总有回归的一天。2003年，红杉资本（Sequoia Capital）向LinkedIn投资470万美元，并派其中一位合伙人马克·科瓦姆（Mark Kvamme）入驻LinkedIn董事会。2004年从Greylock筹集到1000万美元。2007年1月30日，LinkedIn获得贝西默风险投资伙伴公司和欧洲创始人基金会投资的1280万美元。2008年6月18日，获得以贝恩资本为首的一批风险投资5300万美元，这笔最新的投资约占公司总价值的5%，使得LinkedIn的投资前估值达到10.15亿美元。从2008年6月截至2010年7月：LinkedIn共获贝恩资本、高盛等9570万美元投资。2011年5月，LinkedIn成功上市，首日股票的交易价格为104美元，较45美元的发行价飙涨逾130%。

13.4 前程无忧

13.4.1 基本情况

“前程无忧”是一个综合性的人力资源服务提供商，它注册有两家公司，一个是

"前锦文化传播有限公司"，另一个是"前锦网络信息技术有限公司"，前者办有在全国各地发行的《前程招聘专版》，后者则发展成为互联网上的"51job. com"。1998年10月，第一版《前程招聘专版》报纸在北京出版发行。1999年9月，通过引入风险投资，"前锦网络信息技术有限公司"从"前锦文化传播有限公司"独立出来，相应，Career-Post. com 从报纸独立出来，网站也因此易名为无忧工作网(51job. com)，并逐渐走向正轨。2004年9月前程无忧成为首个在美国纳斯达克上市的中国人力资源服务企业，融资8000多万美元。2006年4月，Recruit 公司通过私下交易收购前程无忧部分现有股东股票，总注资达到1.1亿美元，占比15%。2009年当选《福布斯》杂志"中国潜力企业200强"；是中国大陆首个成为ACCA（特许公认会计师公会）认可雇主（专业发展计划）的本土企业。前程无忧是迄今为止国内人力资源行业唯一一家纳斯达克上市企业。前程无忧依托广泛的服务网络和先进的技术保证，提供的职位涉及信息技术、电子、金融、化工、物流、广告等各种行业，为配合不同行业及求职者不同程度的求职需求，提供不同的频道，以满足不同的求职人员：Executive，IT 人才，学子前程；也为求职者提供各类与个人职业发展有关的信息，包括最新职位、培训、职业指导信息以及其他个性化增值服务。前程无忧网首页如图13-3所示。

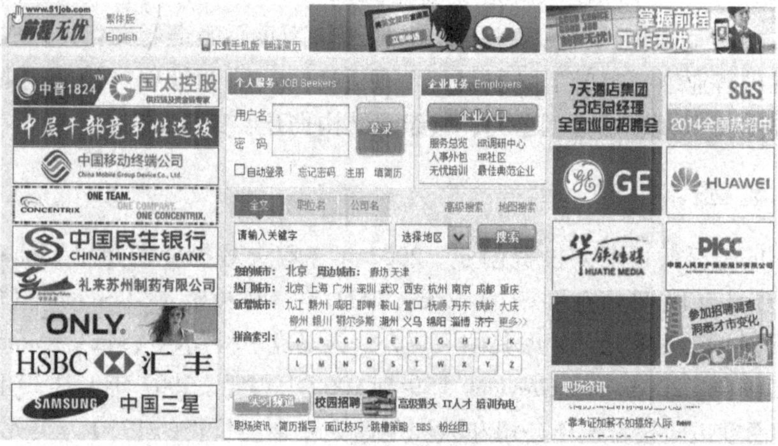

图 13-3　前程无忧网首页

前程无忧一改传统媒介企业横向发展的经营方式，实施纵向的价值链整合，向产业的上下游方向纵深拓展，把业务从单一招聘扩展到包括猎头、培训测评、人事外包及薪酬调查在内的全方位人力资源服务，将网络招聘服务与出版物紧密结合创造出巨大的实际效益。其产品示意图如图13-4所示。

13.4.2　商业模式

前程无忧的发展目标是做中国人的GE公司，让前程无忧能像GE公司那样成为行业典范，影响更多的中国企业乃至跨国企业，致力于为积极进取的白领阶层和专

图 13-4　前程无忧公司产品示意图

业人士提供更好的职业发展机会。前程无忧将自身定位为集多种媒介资源优势的专业人力资源服务机构，通过平面媒体资源《前程招聘专版》和网络中介平台 51job 网站线上线下两个渠道互动协同，从而扩大覆盖面和影响力，建立规模优势，同时拓展收入来源。

前程无忧的目标用户大体分为两部分：企业端和用户端。企业端的用户是全国大中小型民营、股份制企业和国营公司及外资合资企业的人事专员。用户端主要定位于有求职需求的大学生及公司员工。前程无忧致力于为积极进取的白领阶层和专业人士提供更好的职业发展机会；同时，也致力于为企业搜寻、招募到最优秀的人才。

前程无忧的核心服务对象为企业客户，收入来源绝大部分来自企业客户，在为个人用户提供求职、社区、培训服务的同时，于 2009 年开始尝试向个人求职者提供增值服务以收取费用。以下介绍三种前程无忧的产品：

（1）招聘猎头服务。猎头服务在国内首创了报纸 + 网站 + 猎头 + 软件 + 校园招聘的全方位招聘方案，拥有上千万的个人用户，并为 20 万家企业成功招募所需人才，帮助企业高效、准确地锁定目标，用最短的时间、最经济的成本找到最合适的人才。其主要服务平台为《前程招聘专版》、无忧工作网、专业猎头服务、校园招聘和“网才”招聘管理平台。其中《前程招聘专版》报纸是目前唯一全国范围发行的专业招聘媒体，覆盖全国 25 个城市，通过数万个零售报刊亭和报摊，拥有每周数百万的发行量，并在北京、上海、广州三地的地铁设立了独家取阅报箱。同时《前程招聘专版》还覆盖了众多写字楼、人才市场、白领消费场所等针对性渠道。而“网才”是特别为企业实施电子化招聘管理而设计的软件，已有逾万家企业用户通过“网才”简化人事工作流程，提高招聘效率。同时，“网才”具有人性化的操作界面，让企业充分享受新技术带来的工作便捷。另外，向个人求职者提供的增值服务包括：简历提亮、简历图标、谁看过我的简历、MAST 测评、薪酬查询（定制版）等。在上述增值服务中，除 MAST 测评、薪酬查询（定制版）是按次收费外，其他都是按购买时间进行收费，收费范围从 5 元到 72 元不等，目前仅支持银联电子支付和支付宝两种在线支付方式。校园招聘即利用其全国的网络和丰富的资源优势，向企业提供从校园信息发布到候选人推荐的多层次校园招聘服务。每年《大学生求职宝典》在全国许多重点高校发行，帮助推广企业形象，有效建立企业与学校、毕业生的沟通桥梁。

（2）人事外包服务。它为企业推出的一系列“人事外包服务”，提供从员工招聘到离职的一站式服务与咨询，帮助企业更好地管理人力资源，节约成本。其主要服务平台为人事管理系统、薪酬调查报告服务、HR 事务外包。

（3）培训测评服务。前程无忧推出的专业培训测评顾问为企业量身定制各种公开课程、内部培训、实战模拟及专业测评方案等，帮助企业员工迅速提高职业水平和综合素质，轻松面对工作挑战。其主要服务平台为无忧培训、MAST 行为风格测评、人力资本论坛、人力资本杂志。

13.4.3 盈利模式

前程无忧的主营业务是网络招聘、校园招聘、猎头、培训、人事外包等。发展初期前程无忧就整合了所有可利用的媒介与资源，网站、报纸网上网下连动，并一直坚持“平面媒体 + 网络信息平台”的运营模式，将手下的媒体与自己长长的产品线和深入的服务紧密地结合在了一起，以自己跨平台的优势，将产品推广到人力资源服务的高、中、低各个层次。其《前程招聘专版》甚至一度在其营收中占到 80% 的比重。通过价值链整合，前程无忧获得了巨大的战略利益。价值链整合所带来的是从人员招聘到人事外包的长长的产品线，凡是涉及组织人事工作的事项几乎都能在前程无忧找到解决方案，对任何组织而言，这大大节约了其人事工作的人力、物力、财力。其次，价值链整合的结果是前程无忧能够提供一系列额外的人力资源开发服务项目，使其区别于中国其他的同行业企业。最后，具有足够大的规模效应后，企业服务产品的开发、销售、售后服务或节约成本，或获得经济利益。

2008 年，前程无忧全年实现收入 8.06 亿元，2011 年为 13.7 亿元。其中网络招聘业务在总营收中的占比达到 58.6%，出版物广告降至 15.2%，而其他服务的收入上升至 26.2%，主要包括猎头、培训、人事外包、个人增值服务以及其他和人力资源相关的产品和服务等。

需要重点说明的是，前程无忧从 2011 年 6 月开始对个人求职者收费，这也是对盈利模式的一次创新性的尝试。目前，受到国外新型的社交网站 LinkedIn 的冲击和影响，天际网、优士网、人和网等纷纷强势加入招聘阵营，抢占市场份额。前程无忧原有“收集简历—召集企业—收取佣金”的盈利模式以及靠流量赚取广告费用的模式受到了挑战。

13.4.4　核心能力

前程无忧最早从印刷广告做起，此后涵盖网络招聘、猎头、校园招聘、人事外包以及培训测评等全方位专业人力资源服务。它在全国 26 个城市设有服务机构。其核心能力体现在：

（1）深厚的传统媒体功底。前程无忧对传统媒体和网络新媒体的结合有着卓越的眼光和把控能力，拥有独特的发行渠道和强大的发行网络。

（2）资源独特。前程无忧是国内第一个集多种媒介资源优势的专业人力资源服务机构，集合了传统媒体、网络媒体及先进的信息技术，加上一支经验丰富的专业顾问队伍，提供全方位专业人力资源服务。

（3）管理优势。前程无忧稳定的管理层成员和典型的扁平化管理模式则是前程无忧取得成功的另一关键因素。管理层进入公司的时间都较早，绝大部分高层是前程无忧成立的头四年就加入公司，并一直担任职务至今。他们在咨询方面积累了相当的经验，为前程的战略制定和执行打下了坚实的基础。同时由于扁平的管理结构，管理层可以很大程度上把权力直接下放，快速把主要的工作分为若干业务单元，各单元在运作上自由度非常大，工作速度非常快。管理成员的稳定有助于对战略的正确理解和执行，而管理模式的扁平化有助于执行效率的提高。

（4）资产优势。前程无忧是第一家国内人力资源上市企业，有着充足的资金背景，具备与竞争对手抗争、低价战和不断开发新市场、新产品的能力。

13.4.5　资本模式

前程无忧的资本模式分为个人合伙投资、天使投资、融资上市三个阶段。风雷作为公司的联合创始人，创办了前程无忧的前身公司润安公司。1998 年，甄荣辉和创业伙伴在此基础上共同成立了一家人力资源服务公司（前锦文化传播有限公司）。1999 年，“前锦网络信息技术有限公司”从“前锦文化传播有限公司”独立出来，并推出前程无忧网站。2000 年年初，美国风险资本公司 Doll Capital Management（DCM）投资 1400 万美元，风险投资家 Davil K. Chao 进入前程无忧董事会并在 IPO 前获得了 31.20% 的股份，成为第二大股东。同年 3 月，润安和前程两家公司合并为前程无忧，前程无忧由内资企业转变为合资公司。甄荣辉正式加入前程无忧任 CEO。2004 年 9 月，前程无忧成为首个在美国纳斯达克上市的中国人力资源服务企业，募集资金 8453 万美元，标志前程无忧的发展进入一个新的里程。2006 年 4 月，前程无忧出售 15% 的股份给 Recruit 公司（日本领先的人力资源服务商），且约定三年内日本 Recruit 公司最高可持有前程无忧 40% 的股份。

问题与讨论

1. 试分析 Monster 的问题所在，该如何调整？
2. Monster 中国被收购后的前景如何？

3. Monster 在中国缘何水土不服？
4. LinkedIn 的辉煌会持续多久？
5. 如何继续保持 LinkedIn 的发展势头？
6. LinkedIn 最大的威胁是什么？
7. 前程无忧的下一个发展方向在哪里？
8. 前程无忧应该从哪些方面进行调整？
9. 前程无忧的竞争力在哪里？

第14章 房地产电子商务

14.1 概述

房地产交易一般是指房地产销售、租赁和房地产抵押、评估等相关业务。房地产电子商务是以互联网为依托、通过电子方式进行的房地产交易活动。房地产电子商务的优势是交易便捷、成本低廉，便于业务扩展，有利于标准化和制度化，有利于数据的积累和分析。

房地产网站的发展分信息平台和电子商务平台两个阶段。信息平台阶段的主要网站形式是房地产分类信息平台，由网站所有者或他人发布房源信息，网站不支持任何在线房地产交易或服务，用户在线下与房源发布者联系并进行交易。Craigslist及58同城、赶集网属于综合性开放分类信息网站，搜房网、焦点房地产网、安居客等属于房地产垂直开放分类信息网站，而由房地产开发商和中介公司开办的Realtor、SOHO中国、链家在线、我爱我家等网站则属于房地产垂直封闭分类信息网站。开放分类信息网站的盈利模式包括广告以及向发布房源的房地产开发商和中介收取固定费用、交易佣金、搜索广告费等，封闭分类信息网站的盈利模式包括佣金、会员费等。

国外房地产电子商务平台的代表当属Zillow.com。Zillow建立于2004年12月，2011年在纳斯达克上市，其特点是提供在线房地产估值和抵押贷款询价等服务。Zillow颠覆了以Realtor为代表的房地产信息平台形式，成为美国房地产网站的新标准。国内房地产电子商务热潮始于2011年。受2010年实施的房地产调控政策的影响，房地产开发商开始尝试将新房放到网上进行拍卖。2011年4月23日，SOHO中国与新浪乐居合作在网上拍卖分别位于北京朝阳门SOHO与银河SOHO的两处商铺。经过37轮和78轮竞价，两套商铺分别以720万元和1202万元成交。以往的房产拍卖只有竞价环节在网上进行，竞买者在竞价前后需要线下办理交纳保证金和签约支付手续，本质上网站仍然充当信息平台。而此次拍卖，在支付宝的支持下，首次实现了网上支付保证金，竞买者可以在线完成从登记报名、交纳保证金到竞价结束的全部交易环节。这是首次将网上支付环节引入到房地产拍卖中，打通了房地产网上交易的流程，从而实现了房地产电子商务的雏形。之后，各房地产网站纷纷尝试拍卖、团购、秒杀等房地产电子商务形式。2011年8月8日，新浪乐居房地产电商频道正式更名为易居购房网，并启用独立域名eju.com，将目标确定为打造中国房地产电子商务在线交易第一平台。中国的房地产电子商务进入新的阶段。

14.2 易居购房网

14.2.1 概况

易居购房网（www. eju. com）是易居（中国）控股有限公司（以下简称易居中国）旗下的专业房地产电子商务网站，号称中国第一房地产电子商务在线交易平台。易居购房网的前身是易居中国与新浪合作的新浪乐居房地产电商频道。易居购房网诞生的催化剂是 2011 年开始的房地产在线销售热潮。2010 年开始，房地产市场交易量持续下降，为了刺激销售，2011 年 4 月 23 日，SOHO 中国与易居购房网的前身新浪乐居房地产电商频道合作进行网上房地产拍卖，并首次实现了全程网上交易。这被认为是“标志着中国房地产业拉开了电子商务时代的帷幕”。此后，双方继续合作连续进行了多次成功的房地产拍卖。正处于困境的众多房地产开发商从中看到了希望，纷纷与新浪乐居合作，尝试网上售房。新浪乐居房地产电商频道借此正式转型为房地产电子商务在线交易平台，并于 2011 年 8 月 8 日更名为易居购房网，启用域名 eju. com。易居购房网已经迅速发展成为国内最大的房地产电子商务网站之一。易居购房网首页如图 14-1 所示。

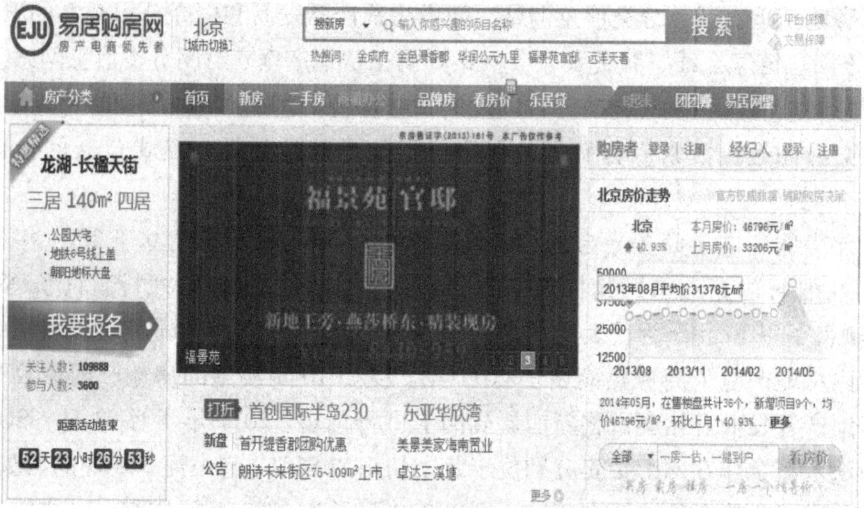

图 14-1 易居购房网首页

14.2.2 商业模式

易居购房网定位于面向中国公众的房地产垂直电子商务网站。易居购房网的目标是成为中国最大的房地产电子商务在线交易平台，为购房者提供在线购房和租房服务，为房地产开发公司和房地产经纪公司提供基于互联网的房地产销售和出租渠道。易居购房网的主要目标人群包括城市购房者、租房者、房地产开发公司、房地产经纪人。易居购房网的基本商业模式是 B2B2C，即 Business to Business to Customer

模式。其中，第一个 B 是房地产供货商，即房地产开发公司和房地产经纪公司，第二个 B 是易居购房网，C 是购房者和租房者。易居购房网建立了一个房地产电子商务平台，提供给房地产交易双方使用，从而将房地产市场上零散的供需汇聚起来，形成了房地产在线交易市场。B2B2C 模式的优势在于将”供应商—经销商—消费者”紧密地连接起来，缩短供应链，减少中间环节消耗，更大程度地整合资源，以求达到供应商、经销商、消费者的三赢。对于房地产开发商和房地产经纪公司，B2B2C 模式能够促进销售，加快资金流动，减少库存和销售的成本；对于购房者，B2B2C 模式能够降低购房的风险，扩大其选择余地，帮助他们买到性价比更高的房屋；对于易居购房网，B2B2C 模式使其能够以极低的风险快速扩张，并获取利润。

目前在易居购房网上交易的房地产，从类型上可分为住宅和商用地产两类，住宅包括普通住宅、酒店式公寓、别墅、商住两用房，商业地产包括商铺和写字楼；从地点上，包括北京、上海等国内几十个城市和海外房地产；从交易类型上，包括新房销售、二手房销售、租赁。其中，新房主要来自房地产开发商，二手房和住宅租赁主要来自房地产经纪公司，商用地产租赁大部分来自开发商，少量来自中介。易居购房网目前只接受房地产开发商和房地产经纪公司的经纪人提供的房源，不接受房主直接提交房源。易居购房网目前提供的竞购方式主要包括英国式竞拍、荷兰式竞拍、暗拍、秒杀、阶梯团购、在线报名等。英国式竞拍的规则是在规定时间内，竞购人一次或多次提交比当前拍卖价更高的价格，到截止时间，价高者得。英国式竞拍是易居购房网使用最多的在线竞购方式。荷兰式竞拍与英国式竞拍相反，竞拍开始后，标的物从起拍价逐渐降价，有人应价则赢得竞拍。暗拍的规则是各拍卖人只有一次机会提交竞购的最高价格，各拍卖人之间价格保密，到截止时间公布结果，出价最高者赢得标的物。秒杀是为标的物设置固定价格，在规定时间内先竞购者先得。阶梯团购是竞购者在规定时间内在线预订房源，如预订数量达到事前约定的套数即可获得相应的折扣。在线报名是竞购人在规定时间内在线提交预约看房或报名请求。上述竞购方式中，英国式竞拍、荷兰式竞拍、暗拍、秒杀是在线竞购方式，能够在线完成交易全过程，阶梯团购、在线报名则是以线下为主的竞购方式，主要交易过程均在线下进行。在线竞购方式的基本流程分为六步：在线查看房源、注册、支付保证金、竞购、线下签约、支付余款。其中，支付保证金必须在线完成，决定了交易的电子商务性质。支付余款可以在线或线下进行。易居购房网与汇付天下合作，支持百万元级的在线大额支付，使房地产交易全过程均能在线完成，这是易居购房网最重要的核心能力，也是其成为房地产在线交易平台的重要标志。

易居购房网是从与房地产开发商合作进行在线买房走上房地产电子商务道路，开发商目前仍然是易居购房网主要的供货商，与开发商保持良好的合作关系是易居购房网重要的核心能力。易居购房网在改善网站功能、提高房地产交易量的同时，还推出了品牌馆，为合作开发商建立虚拟官网，提供品牌宣传和集中展示房源的场所。另外，在当前房地产市场销售量下滑的情况下，开发商也越来越重视易居购房网提供的在线售房渠道。SOHO 中国、万科等开发商曾尝试自建售房网站，但无论从技术手段，还是用户流量，都难以与易居购房网这样的专业在线房地产交易平台相提并论。在国内房地产市场持续低迷的大环境下，易居购房网与合作开发商的相互依存度逐渐提高，以房地产电子商务作为压缩成本、回笼现金的重要手段，以图抱团取暖、共渡难关。

易居购房网网盟是易居购房网的另一个重要核心能力，是易居购房网在2012年3月8日上线的新产品，其本质是将房地产电子商务平台与房地产经纪相结合，打造从线上到线下的连锁加盟体系。房地产经纪公司加入易居购房网网盟后，不但可以在易居购房网上销售自己的房源，还可以通过“一二手联动”销售易居购房网房源库中的其他房源，在客源和房源两个方面获得资源。在传统的房地产市场中，开发商卖新房、中介卖二手房，两者泾渭分明。“一二手联动”就是打破这一惯例，由中介来销售新房。易居购房网网盟首先是易居购房网“渠道为王”战略的体现。通过易居购房网网盟，易居购房网能够低成本、快速扩充销售渠道，提高出货速度，为房地产开发商提供更好的服务。其次，易居购房网网盟能为易居购房网带来大量二手房源，弥补了开发商提供的房源在品种和数量方面的局限，为购房者提供更多和性价比更好的选择，反过来又为网站吸引到更多客源，产生良性循环。再次，易居购房网网盟还将全国各地的房地产经纪网罗到易居购房网旗下，加强房地产经纪业务，增强易居中国旗下各房地产业务间的协同效应。房地产经纪业务是易居中国旗下业务中最薄弱的一环，2011年易居中国曾试图通过入股方式收购大型连锁房地产经纪公司21世纪不动产，但最终失败。易居购房网网盟正是在收购无望、自建难以奏效的背景下推出的，是易居购房网急切弥补房地产经纪这块短板的重要步骤。图14-2所示即为易居购房网网盟的页面。

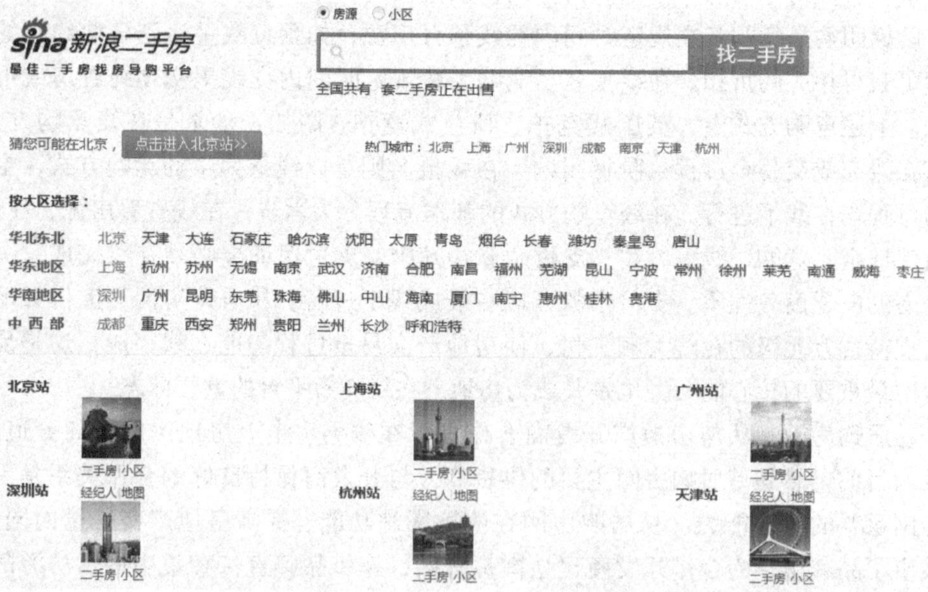

图14-2　易居购房网网盟的页面

14.2.3　盈利模式

根据易居中国 2013 年年报，其主要收入来源按占总收入的比例从多到少，依次排序，如表 14-1 所示。

表 14-1　易居购房网收入来源

序　号	收入来源	占总收入比例
1	线上房地产服务收入	45.9%
2	新房代理业务收入	36.9%
3	房地产信息和咨询收入	10.5%
4	其他收入	6.7%

易居购房网的收入包括线上房地产服务收入、新房代理业务收入、房地产信息和咨询收入及其他收入。其中主要是线上房地产服务收入和新房代理业务收入。

易居购房网的房地产在线交易平台上线已接近四年，截至 2014 年 4 月还未产生实质性的收入。易居购房网网盟目前尚处于开创阶段，不收取加盟费，所以不产生收入。在线广告主要是允许广告主在特定的时间段内在易居购房网网站上的特定区域设置广告。赞助安排是允许广告主赞助易居购房网的特定区域，支持易居购房网的活动，以换取固定的收益。此外，易居购房网还从与百度合作的关键字广告中获得收入。2013 年，在线服务收入的增长非常迅猛，在线服务收入比 2012 年增长了 98%，占总收入的比例达到了 45.9%。在线服务收入已经成为易居中国最稳定、增长最显著的收入来源。

易居购房网的房地产在线交易平台和易居购房网网盟对收入的贡献，还体现在与易居中国旗下其他业务形成协同效应，从而间接产生收入。在易居中国“三纵四横”的 O2O（Online to Offline）布局中，易居购房网处于连接线上与线下业务的中心地位。易居中国的房地产顾问和咨询服务、一级房地产代理服务和二级房地产经纪服务都能与易居购房网的房地产交易平台顺畅连接。以易居购房网的房地产在线交易平台为核心，能够形成线上到线下的产业链，有效带动线下业务的发展。而易居购房网网盟恰好可以弥补易居中国二级房地产经纪服务的不足，极大地增强各业务间的协同效应，提高易居中国的整体收入水平。

14.2.4　资本模式

易居中国在发展过程中非常注重资本运作，频繁采用收购和合作手段实现跨越式发展。易居中国的前身是上海房地产住宅消费服务有限公司，于 2000 年在上海成立，从事房地产营销代理行业。2002 年，公司重组为上海房屋销售有限公司。2003 年，上海房屋销售有限公司开始向全国扩展业务。2004 年 8 月 27 日，引入天使投资，在开曼群岛注册成立易居（中国）控股有限公司。2005 年，成立易居臣信，进入房地产经纪服务领域。同年，易居 CRIC 中国房地产决策咨询系统向全国推广，易居中国进入房地产决策咨询领域。2006年，易居中国与瑞士信贷集团旗下崇德基金、DLJ房地产基金牵头四家国际投资公司签署协议，引进2500万美元战略投资。2007年8月8日，易居中国在纽约证券交易所上市。2008年4月，易居中国与新浪合作创立新浪乐居网站，进入房地产互联网业务领域。同年10月，易居中国进入房地产广告传媒业务领域。据尼尔森统计，新浪乐居在2009年3月已成为继搜房网、搜狐焦点房地产网之后的中国第三大房地产网站（见表14-2）。

表14-2 房地产网站流量排名

名 次	站 点	域 名
1	搜房网	www.soufun.com
2	搜狐焦点房地产网	www.focus.cn
3	新浪房产	house.sina.com.cn
4	深圳房地产信息网	www.szhome.com
5	安居客	www.anjuke.com
6	易居网	www.eeju.com
7	365地产家居网	www.house365.com
8	我来房产地图	www.wolai.com
9	购房网	www.goufang.com
10	大中华别墅网	www.villachina.com

2009年10月16日，易居中国旗下克而瑞公司与新浪乐居合资的中国房产信息集团（以下简称CRIC）在美国纳斯达克挂牌上市，股票代码CRIC。CRIC由易居中国控股，新浪是其第二大股东。2010年5月13日，CRIC与百度达成战略合作协议。2011年6月21日，双方签署新一轮深化战略合作框架协议。CRIC获得百度品牌专区房地产行业独家经营权。2012年4月，易居中国宣布旗下CRIC私有化，成为易居中国全资子公司，CRIC股票自4月23日从纳斯达克下市。截止到2014年3月，易居中国的前三大股东周忻、新浪公司、肯瑞奇控股有限公司所持有股份分别占所有5%以上股份持有者的40.36%、37.27%和22.6%。易居中国的发展和管理主要体现董事局联席主席兼总裁周忻的风格。

经过多年发展，易居中国旗下已经囊括了从线上到线下的多个房地产服务业务板块。2011年，易居中国将旗下主要业务整合为“三纵四横”的O2O布局，详见图14-3。

其中，四横是指四个层次，分别提供互联网入口、线上服务、线下服务、跨线上和线下的平台服务。新浪、百度、新浪微博是易居中国的互联网流量入口。“乐居”（包含新浪乐居和百度乐居）、“易居”、“家居就”是易居中国的房地产网站，负责房地产在线服务。其中，“乐居”侧重房地产分类信息服务，“易居”侧重房地产在线交易，“家居就”侧重于装修和家居服务。太立德仁、呼叫中心和拓客中心负责线下的房地产服务，主要是举办活动和推销房产。CRIC、易居中国、易居臣信是

图 14-3　易居购房网 O2O 布局

支撑上述各线上和线下业务的平台，负责提供房地产数据分析、管理、经纪业务等服务。

14.2.5　分析

长期以来，国内房地产网站的主流模式都是分类信息网站，搜房网、搜狐焦点房地产网、安居客都是这样。易居购房网之所以敢于率先确立深入房地产电子商务方向，打造房地产在线交易平台，主要原因有以下四方面：

（1）国内房地产网站的排名已经相对稳定，易居中国要想从中突围，必须有新的商业模式，实现弯道超越。

（2）2010 年以来国内房地产市场持续萎靡，房地产企业的资金压力日益增加，迫切需要新的销售和宣传渠道。房地产企业与易居中国在房地产在线销售方面是一拍即合。

（3）在易居中国的整体布局中，房地产电子商务比房地产分类网站更能起到联系各业务板块、最大化协同效应的作用。

（4）多年来电子商务的发展，已经使在线交易的观念深入人心，城市潜在购房人群已经具备接受房地产电子商务的心理准备。

易居购房网的迅速发展证明了房地产电子商务的概念可以被广为接受，但易居购房网在发展中也暴露出一些隐患和缺陷：

（1）支付环节有待完善。易居购房网虽然解决了在线大额支付的问题，但只适合全款购房，易居购房网尚未解决在线交易与按揭贷款的衔接问题，而绝大多数的购房者都是采用按揭方式购房的。

（2）交易环境的诚信问题尚待加强。易居购房网对买方预收保证金，但缺乏针对卖方的诚信评价和约束机制。消费者对在线竞购中哄抬价格、虚假竞购的质疑不绝于耳，网站上承诺的优惠在线下不能兑现的消息也时有耳闻。在易居购房网网盟上线后，这一问题更加尖锐。

（3）房源不足亟待解决。易居购房网运行以来，房源主要来自房地产开发商投放的特价房。虽然凭借低价吸引了不少购房者，但数量和广度都不能满足需要。易居购房网网盟是否能够为易居购房网提供足够的真实房源，尚待观察。易居购房网如要真正成为房地产在线交易平台，就必须彻底改变目前的“团购网”色彩。

（4）需避免同质化。由于搜房网、焦点房地产网、安居客等网站在电子商务方面均为浅尝辄止，所以目前与易居购房网竞争的房地产在线交易网站并不多。但按照电子商务网站发展的规律，这种一马当先的状况并不能长期保持，激烈竞争的局面必将出现。如何增强核心竞争力，抵御竞争者，防止同质化，是易居购房网的长期任务。

14.3 自如网

14.3.1 概况

自如网（www.ziroom.com）是链家旗下的专注于房屋租赁和租期服务的房地产电子商务网站，是自如业务的重要组成部分。自如网的目标是建立房屋租赁电子商务平台，实现在线找房、看房、订房、支付、租期服务。自如业务（以下简称“自如”）是链家从2010年开始重点打造的核心新业务之一，是线上与线下相结合的高品质房屋租赁业务，也是目前国内房屋租赁市场中唯一的品牌产品。自如从2011年开始在北京试点区域进行运营，先后推出了“经典”“原创”“闺宿”三个系列房屋租赁产品。通过以线下链家门店推广和线上口碑营销相结合，逐渐得到部分中高端租客的认可和接受，保持了很高的出租率和满意度。

图14-4所示为自如网首页。

图14-4　自如网首页

14.3.2 商业模式

自如定位于面向中国城市中产人群的房屋租赁服务和生活服务平台。自如的目标是致力于为网友创造品质租住生活与最佳的租住体验。自如的主要目标人群是城市中有稳定工作和固定收入的小夫妻、单身女性。他们是房屋租赁市场的“中产阶层”，收入稳定，生活压力不大，相对独立，有一定的生活品位，愿意为位置较好和品质较高的租住环境支付较高的房租。同时，这些人一般都比较熟悉互联网，易于接受房地产电子商务的新概念从而成为自如的老用户，也乐于接受自如基于互联网的延伸服务。自如的基本商业模式是 B2C，即 Business to Customer 模式。自如网的全部出租房源都是由自如提供的。自如在业务中强调线上与线下业务相结合，即 O2O，力图在整个房屋租赁过程和租期，给予租客无缝式的全程服务。

房屋租赁业务是自如的核心。国内房屋租赁市场，目前主要有普通租赁和全程代理两种业务方式。普通租赁（以下简称普租），是房主委托中介公司寻找租客，中介公司提供居间、见证服务，并收取信息费用（一般为一个月的租金）。中介公司不关心房屋的质量，也不参与房屋的维修。全程代理房屋租赁业务是由房主委托中介公司出租并管理房屋，中介公司负责收取租金、室内设备维修等基本服务。中介公司的利润主要来自租客与房主的租金差价。为提高卖相，中介公司在收房后会对房屋进行最低限度的维修、保洁，但不会投入太多成本，一般仅限于粉刷墙壁、更换马桶。租期结束，中介公司按约定将房屋恢复原样，归还房主。与普租、全程代理不同，自如的房屋租赁业务分为收房、家装、出房三个阶段。贯穿着三个阶段的是标准化。

（1）收房阶段。自如只收特定区域的 2000 年以后建成的楼房，可以是毛坯房或已装修房，但必须是有物业服务的封闭小区，并且对房屋所在位置、周边环境、建筑质量均有一定要求。在收房合同方面，自如要求租期必须在三年以上。这与普租、全程代理的没有收房门槛、各种类型的房屋都收、租期比较灵活有很大区别。自如在收房阶段的种种限制，虽然减少了适用的房源，但为下一阶段的房屋标准化创造了条件。

（2）家装阶段。自如对收到的房屋按统一方案进行标准化家装，然后按照统一的数量、规格和品牌标准配置全新的家具和电器。其中大部分家具是宜家品牌的，电器是美的、小天鹅等品牌的。这是自如与普租、全程代理的最重要区别。目前房屋租赁市场的普租和全程代理，一方面是房屋装修要求较低，家具、电器多因陋就简，用旧货，房屋品质较低；另一方面，房屋质量参差不齐，缺乏可重复性，无法树立品牌。

（3）出房阶段。通过线上和线下两个渠道将房屋出租给租客，租客看房、签约和付款，自如定期将租金付给房主。线上是自如网，线下是链家的门店。标准化同样体现在出房阶段。租客在签约时需要提供身份证明和工作证明，并且不得转租，每个房间的居住人员也有严格限制。自如由此将房间租给符合预期的租客，以保证合租安全和品质。

租期服务是为租客提供的租住期间服务，包括免费宽带、一客一锁、专人定时保洁、专人定时安全排查、400 热线维修等。标准化也体现在租期服务中。最典型的是，保洁和安全排查服务都具有强制性，以保证出租房的卫生状况和生活品质，也是维持出租房在租期内的质量。这也是普租和全程代理目前不具备的。

通过贯穿始终的标准化措施，自如就将不同来源、外观不一、品质参差不齐的房屋，转化为品质统一的自如品牌出租房。如同快捷酒店的标间，自如的“标间”的外观、设施也是基本相同的。在出房阶段，租客可以不必去每个备选出租房实地看房，这就使通过电子商务平台在线选房成为可能。以往，房屋租赁业务不能完全互联网化的主要障碍就是在线看房、选房。突破了这个障碍，加上实现难度不大的网上订房、支付、租期管理，从技术角度说，房屋出租的整个流程都可以通过自如网房屋租赁电子商务平台完成。这样，自如就在出房端摆脱了对线下链家门店的依赖，可以充分发挥互联网电子商务的优势，既可有效降低经营成本，提高盈利，又能大幅提高业务可扩展性，为自如快速增长和异地扩展提供了可能。

14.3.3 盈利模式

自如目前的主要利润来源是租客与房主的房屋租金的差额，其他还包括出租房屋的经纪佣金和提供租期服务的收入。与群租、全程代理相比，自如因为对出租房进行了标准化家装，所以能够得到更大的租金差额。一方面，由于出租房品质提高，自如能够向租客收取更高的租金；另一方面，由于家装提高了房屋的潜在价值，而且租期满后，所配的家具电器归房主所有，所以自如能够在收房谈判中说服房主少要租金。换言之，自如的租金利润来自房主和租客两个方面，不但使自如的租金利润空间更大，并且能够避免对房租上涨的过度依赖，增强自如在房屋租赁市场中的竞争力。2010 年新一轮房地产政策调控以来，房屋租赁市场出现租赁价格持续上涨的趋势。主要原因一是部分潜在购房者取消或推迟购房计划，转而租赁房屋居住，租赁需求增加；二是出租房房主和中介借机炒作，以获取更高的租金收入。房租价格上涨，已经逐渐超过租客的承受能力。竭泽而渔式的房租涨价必然导致房屋租赁市场走向和房屋交易市场相似的有价无市，并最终崩盘。自如的盈利模式有利于控制房租上涨的趋势，提高出租房品质，形成房主、租客、自如共赢的生态环境，更具合理性和可持续性。

目前，自如提供的租期服务大多数是免费的，仅有维修和保洁两项有少量收费。维修包括对出租房的家装、水电、家具、电器的维修。大部分维修费用来自房主支付的定额维修基金，少量人为损坏的维修费向租户收取。基本保洁费用向租户定额收取，租客也可自费使用额外保洁服务。

14.3.4 资本模式

自如是链家的下属业务。北京链家房地产经纪有限公司，简称“链家”，成立于

2001 年 11 月 12 日。十余年来，北京链家的复合增长率超过了 100%。2011 年链家在北京房地产市场占有率高达 36.5%。2010 年国内实施新一轮房地产政策调控以来，房地产交易萎缩，房地产中介行业受到很大冲击。大量中介公司倒闭。据链家地产统计，2011 年仅北京就有超过 1000 家中介门店关闭。趁此时机，链家在 2010 年引入鼎晖和复星两家投资公司进行千万美元的战略投资，并自筹 40 亿元逆势扩张，意图到 2015 年进驻 15 个城市，店面规模扩张到 2500 家。

链家扩张的另一个重要方向是房地产电子商务。2011 年，链家启用新标志，特意突出其中的 O、L 两个字母，并将其诠释为“on line”首字母，表达传统中介与互联网的融合的含义。而链家在房屋租赁业务方面的优势并不突出，将租赁这个软肋变为有力的一翼，也是链家的重要战略。自如正是链家房地产电子商务与房地产租赁两大战略交叉的产物。

14.3.5　风险分析

作为一个创新业务，自如的风险主要来自几个方面：①教育用户的风险。租客对出租房的认识是基于目前租赁市场的现状，业务开展初期必然有很多人对自如的承诺将信将疑，链家的品牌和门店优势在这个阶段将起到重要的推动作用，同时还需要投入相当的资金和时间。②创新风险。自如模式缺少借鉴，从业务设计到周边行业配套都需要自己去做，在业务成长的过程中，“付学费”是必不可少的，如何保持方向和不犯大错是对自如团队的重要考验。③企业文化风险。自如业务的盈利主要来自于规模优势，势必有相当长的时间需要负债经营，调和互联网业务的“烧钱”文化与房地产中介公司对利润高度敏感的企业文化的矛盾，是个艰巨考验。④竞争风险，自如的推出是先人一步，但随后如何应对竞争对手的模仿，是自如在成长中必须面对的难题。

14.4　Zillow

14.4.1　概况

Zillow.com 是美国最有影响力的住宅房地产网站。Zillow 在 2004 年 12 月由 Rich Barton 和 Lloyd Frink 建立，2011 年 7 月在纳斯达克上市。2011 年 10 月，Zillow 超越 Realtor.com，成为美国按访问量排名的第二大房地产网站。美国访问量最大的房地产网站是 Yahoo 房地产，但因为 2011 年 2 月 Yahoo 把房源信息业务外包给 Zillow，Zillow 与 Yahoo 建立了世界最大的排他性房地产广告网络，所以 Zillow 已经成为事实上的美国最有影响力的住宅房地产网站。图 14-5 所示为其网站首页。

14.4.2　商业模式

Zillow 定位于面向公众和房地产专业人员的垂直房地产电子商务平台。Zillow 的

图 14-5 Zillow 首页

基本商业模式是 C2C。Zillow 本身并不提供房源，而是为房地产交易和周边服务提供信息交换媒体和交易平台。Zillow 的主要目标人群是买房者、租房者、卖房者、房主、房地产代理、经纪人、贷款人、物业管理人员，即与住宅房地产相关的一切人群。Zillow 的目标是成为美国买房者、租房者、卖房者、房主、房地产专业人员的首选房地产网站，一站式地满足目标人群的一切房地产服务需求。

由于中美房地产市场的差异，Zillow 与国内房地产网站有一些明显的不同：

（1）Zillow 的业务只涉及住宅，不包括国内所说的商用房地产。

（2）Zillow 的业务涉及的绝大多数是二手房，新房很少。

（3）Zillow 的业务涉及的多数是独幢房屋（类似于国内的别墅），少量是公寓（类似于国内的单元房）。

（4）美国房屋销售和租赁一般都是带家具电器，所以 Zillow 很注重房屋室内的照片展示。

（5）美国房地产市场上的绝大多数交易是通过独立房地产经纪人进行的，很少有大型的房地产中介公司，所以 Zillow 也是面向独立房地产经纪人，不涉及中介公司。

（6）美国银行众多，房地产金融服务很发达，无首付抵押贷款、房屋再融资等业务开展很广泛，Zillow 的重要业务之一就是房地产金融服务对接和比价。

（7）物业管理人员是指美国的一类房地产专业人员，专门负责协助房主出租房屋，为房主管理出租房、收取租金、进行修缮等，是房主与租房者之间的纽带和缓冲。美国大多数州要求物业管理人员必须持有特殊牌照，有些州要求房主必须通过物业管理人员出租房屋。

Zillow 的业务范围涵盖美国境内住宅的买卖、租赁、相关金融服务、维护和改善领域。Zillow 针对不同人群，提供不同的产品和服务。

（1）对购房者，可以使用 Zillow 强大的在线房地产地图（见图 14-6）搜索符合需要的待售房屋，或订阅符合特定条件的待售房屋信息；为任何感兴趣的房屋估值，对比不同房屋的估值；浏览任意房屋所有地区的学校、人群情况和历年房屋价格走势，寻找特殊优惠信息；提交按揭请求和挑选贷款人的报价，联系房地产代理、贷款人、房屋修缮人员、保险人员、评估师、律师、搬家公司、物业管理人员、顾问等房地产专业人员，获取房地产指导，与专业人员在线互动答疑。

（2）对租房者，基本与购房者相似，只是功能更简单更少一些。

（3）对卖房者，可以为房屋估值、比价，将房屋的待售或待租信息提交到 Zillow 并免费展示 60 天或 30 天，设置特别优惠以快速卖房，联系各种房地产专业人员，为非正式出售的房屋设置潜在出售价格，以及得到房地产指导，与专业人员在线互动答疑。

（4）对房主，可“认领”自己的房屋，更新自己房屋的信息；为自己的房屋估值，提交房屋的待售或待租信息并免费展示 60 天或 30 天；设置潜在出售价格；浏览他人房屋室内照片并打分；联系各种房地产专业人员；匿名获取按揭报价；得到房地产指导，与专业人员在线互动答疑。

（5）对房地产代理人，可提交待售房源信息并免费展示 60 天；为房源提交广告（广告将在 Zillow 和 Yahoo 上展示）；加入 Zillow 社区为他们解答问题；通过 API 调用 Zillow 数据库中的数据；付费建立个人专属网页，并可将该网页标注到电子地图中。

（6）房地产经纪人使用的功能与房地产代理人相近，但可付费使用更多类型的广告。

（7）物业管理人员使用的功能与房地产代理人相近，只是提交的均为待租房源。

（8）对贷款人，可为客户提交抵押贷款报价以获得潜在生意，在 Zillow 上做抵押贷款广告，在社区为客户解答问题，以及使用 API。

图 14-6 Zillow 地图

Zillow 的核心竞争优势有：拥有庞大且不断更新的住宅房地产数据库；拥有一套领先的自动化房屋估值模型和工具；与抵押贷款等房地产金融业务无缝结合。

根据 2013 年年报，Zillow 的数据库中包含美国超过 1.1 亿套住宅的详细信息和历史数据，并不断保持数据库信息的准确性和及时性。房屋估值一直是 Zillow 的主要卖点和吸引房主的重要功能。与一般的房地产网站仅列出待售和待租房屋不同，Zillow 为每套住宅都标注了估值。在 Zillow 地图上查看自己和附近社区房屋的街景、照片和估值，已经成为很多美国人的习惯。Zillow 计算估值主要依据公开信息、历史交易数据、周边房屋数据和房地产市场趋势。虽然估值的准确性存在一定争议，但仍被认为是目前最为准确的公开估值数据，成为很多房地产交易的标杆价格。Zillow 也不断调整和完善其估值模型，以提高估值的准确性。Mortgage Marketplace 是 Zillow 在 2008 年 4 月推出的抵押贷款服务功能。通过 Mortgage Marketplace，购房者能够在不透露任何个人身份信息的情况下获得抵押贷款报价，从而购房前就能够在线准确评估自己的支付能力、挑选最合适的报价，购房与获取贷款可以在线完成。在美国，多数房地产交易都是以抵押贷款作为支付手段，所以在线获取抵押贷款的作用和意义可与在线支付相提并论。Mortgage Marketplace 功能将房地产交易、支付与金融服务整合起来，极大地简化了交易，有效缩短了房地产交易的产业链，是 Zillow 最重要的功能之一。

总体而言，Zillow 有三大核心业务，分别是房地产销售、房地产租赁和抵押贷款。Zillow 从房地产销售业务起家，2008 年进入抵押贷款业务领域，这两项业务都已经在美国房地产市场占据相当地位，成为其重要的收入来源。相比之下，房地产租赁是 Zillow 的弱项。2012 年 6 月 2 日，Zillow 宣布收购从事房地产租赁管理软件开发的 RentJuice 公司，被认为是其欲加强房地产租赁业务、提升收入的信号。

14.4.3 盈利模式

近年来，Zillow 的收入不断增长，2010 年和 2011 年收入分别比上年增加 74% 和 117%。到 2011 财年结束，Zillow 已经实现盈利，净利率在 2% 左右。Zillow 不向公众用户收费，收入主要来自向房地产专业人员收费和广告，包括以下几个方面：

（1）房地产代理人订阅 Premier Agent 程序的收入。通过 Premier Agent 程序，本地房地产代理人可以在 Zillow 上以网页和移动方式持续提供服务。Premier Agent 程序订阅数量是 Zillow 发展的重要评价指标。根据 2011 年年报，2010 年和 2011 年订阅数分别比上年增长 193% 和 95%，而同期唯一用户数增长 66% 和 86%，订阅数增长远大于唯一用户增长，说明 Zillow 房地产交易形势向好，用户集聚效应明显。

（2）贷款人在 Mortgage Marketplace 投放广告的收入。广告形式一般是 CPC 点击广告。贷款人在 Mortgage Marketplace 上投放广告，购房者点击广告向贷款人询价时，Zillow 向贷款人收取费用。费用只与点击次数有关，与贷款成交与否无关。

（3）网页广告和移动广告的收入。投放广告的包括房地产经纪人、房屋建筑商、贷款人、物业管理人员等房地产专业人员，也包括电信、汽车、保险和消费类产品公司等第三方公司。广告形式一般是 CPM 展示广告。这部分广告收入数量主要取决于访问流量。近年来，Zillow 不断与 Yahoo 等公司合作扩大房地产广告网络，有力地提高了这部分广告收入总量。

由上述收入来源可以看到，Zillow 的收入主要取决于访问流量和房屋交易数量，核心衡量指标是唯一用户数量和 Premier Agent 程序订阅数量。Zillow 未来的盈利驱动主要来自两个方面。一是横向扩展，扩大房地产广告网络；二是纵向发展，向下延伸产业链，与房地产周边业务整合，增加收入来源。截至 2013 年年底，Zillow 的营业收入超过 1.97 亿美元。Zillow 一方面继续在美国房地产市场扩展，另一方面已经开始扩展美国以外的市场。

14.4.4　资本模式

Zillow 的成长和上市之路相对比较顺利。Zillow 在 2004 年 12 月由 Rich Barton 和 Lloyd Frink（以下简称 R&L）建立。成立以后，Zillow 发展非常顺利。2006 年，Zillow 被《时代》杂志评为该年度“最酷的 50 个网站”之一。从 2005 年 10 月到 2007 年，Zillow 共进行了三轮风险投资融资，每年一次，总融资 8700 万美元。这三次融资的时机对 Zillow 非常重要。2007 年 8 月，次贷危机开始席卷美国，美国房地产市场一蹶不振，Zillow 也受到严重冲击。2008 年 10 月，Zillow 宣布裁员 25%。Zillow 一边缩减开支，一边开发新的功能，推出了 Mortgage Marketplace，开辟了新的收入来源。这期间，Zillow 一直亏损，可以说是靠之前融资得到的现金才生存下来。2010 年，随着美国房地产市场回暖，Zillow 收入大增，但仍无法盈利。Zillow 一边与 Yahoo 商谈为其提供房源信息外包，一边准备上市。2011 年 7 月，Zillow 在纳斯达克上市，融资 6920 万美元。2011 年，Zillow 终于实现了盈利。为了保证对公司的控制权，Zillow 的股份进行了特殊的设计。到上市前，Zillow 的股份分为 A 类和 B 类。两类股份的投票权不同，A 类股份每股有 1 票，B 类股份每股有 10 票。以 R&L 为首的管理层拥有 A 类股份的 84%，B 类股份全部由 R&L 持有，所以 R&L 代表管理层拥有 94.8% 的投票权。TCV 基金、Benchmark Capital V，L.P. 和 PAR Investment Partners，L.P. 分别拥有 3.7%、2.4% 和 1.4% 的投票权。上市之后，R&L 对投票权的控制没有实质变化。

上市成功对 Zillow 的帮助是巨大的。Zillow 从 2011 年以来，利用上市得到的充裕资金，进行了一系列收购和合作，如先后收购了 Postlets LLC、Diverse Solutions、RentJuice 公司，增强房地产代理服务软件和房地产租赁管理软件开发。同时，与 Yahoo 房地产、21 世纪不动产、Curbed、AOL 房地产建立了合作关系，扩展房源信息或广告业务从而扩大领先优势。

14.4.5　分析

Zillow 从成立到上市，只经历了短短不到七年，中间还经历了次贷危机引起的美国房地产市场大滑坡，但其发展可以说是非常顺利，主要原因是 Zillow 颠覆了传统房地产市场和互联网房地产市场。在 Zillow 出现之前，美国的传统房地产市场是被房地产经纪人统治的，房地产估值必须付费由专业人员进行，普通人无法了解自己拥有或进行交易的房地产的真实价值，经纪人利用信息不对称攫取高额利润。Zillow 的免费房地产估值服务彻底颠覆了这一传统，重组了传统房地产市场的逻辑。从此，房地产交易必须围绕 Zillow、在信息基本对等的条件下进行交易。Zillow 已经在很大程度上成为传统房地产市场的核心，房地产交易双方和房地产专业人员都通过 Zillow 进行活动。

Zillow 已经在美国房地产市场非常成功了，在上市以后，如何扩展市场保持增长速度成为一个重要问题。很多美国互联网企业在美国取得成功后，将业务扩展到美国以外，但 Zillow 在这方面面临很大挑战。Zillow 能建立起完整的房地产数据库和房地产估值模型，是依赖于美国公开的房地产数据。但在国外房地产市场是否能够获取广泛和准确的房地产数据，尚需充分评估。另外，房地产是高度本地化和高度专业化的业务，不同国家的房地产市场的差别很大。Zillow 向海外扩展业务，必须深入研究目的国的特点，做大量复杂的本地化工作。这势必削弱 Zillow 扩张的速度和收益。但随着 Zillow 在美国房地产市场占有率日益接近饱和，为保持增长速度，进军海外已成必然。与美国特点相近、市场联系密切的加拿大，可能是 Zillow 进入海外房地产市场的首选目标。

Zillow 的成功为什么没有被复制到中国呢？事实上，2006 年国内就有模仿 Zillow 的网站，但并不成功。究其原因，首先是缺乏数据，没有完备的房地产基础数据，没是公开的交易数据，也就无从建立房地产数据库，更无从建立房地产估值模型。其次，缺乏对中国房地产市场的深入分析和研究，简单照搬是无法成功的。中国与美国的房地产市场差别很大，互联网与房地产的融合需要复合型人才和艰苦的研究。再次，缺乏高度成熟的专业化的房地产周边服务，使 Mortgage Marketplace 这样的服务无法开展，限制了网站的发展和盈利。事实证明，简单的模仿是不能成功的。但目前的中国房地产市场与 Zillow 之前的美国房地产市场有很多相似，市场的空白恰恰是商业机会，这也是 Zillow 给我们的最大启示。

问题与讨论

1. 国内房地产网站的发展分几个阶段？分别是什么？
2. 搜房网与自如的商业模式有什么不同？
3. 国内从 2011 年开始掀起房地产电子商务热潮的根本原因是什么？
4. Zillow 没有被成功复制到国内的主要原因是什么？

第15章 移动电子商务

15.1 概述

15.1.1 移动电子商务的概念

从广义上讲，移动电子商务是指应用移动终端设备，通过移动互联网进行的电子商务活动。从狭义上讲，移动电子商务是指以手机为终端，通过移动通信网络连接互联网所进行的电子商务活动。移动互联网是指以手机为终端进行访问，并通过移动通信网络进行数据传输及应用服务的互联网。此外，通过手机端软件进行互联网数据传输和应用服务的方式也包含在移动互联网的范畴之内。

移动电子商务不仅能提供互联网上的直接购物，还是一种全新的销售与促销渠道。它全面支持移动互联网业务，可以实现电信、信息、媒体和娱乐服务的电子支付。移动电子商务不同于目前的销售方式，它能充分满足消费者的个性化需求，设备的选择以及提供服务与信息的方式完全由用户自己控制。移动电子商务与传统电子商务的区别在于其服务对象的移动性、服务要求的即时性、服务终端的私人性和服务方式的方便性。

我国移动电子商务技术的发展经历了三个阶段。第一个阶段是以短信为基础的技术；第二个阶段的移动电子商务采用基于WAP技术的方式；第三个阶段是以2009年发放牌照为标志、能够实现无缝漫游和移动宽带的3G时代。在3G背景下，无线通信产品能够为人们提供高速宽带多媒体业务，支持高质量的语音分组交换数据多媒体业务和多用户速率通信。

移动电子商务是移动信息服务和电子商务融合的产物，移动电子商务具有独有的优势：

其一，商务泛在性，移动电子商务的一个最大优势是用户可以随时随地进行商务活动。

其二，用户规模大。

其三，服务个性化，用户根据自己的需求和喜好来定制移动电子商务的子类服务和信息。

其四，移动支付方便快捷、成本低。

其五，信用机制好，手机号码具有唯一性，手机卡上存储的用户信息可以确定一个用户的身份。

15.1.2 我国移动电子商务的现状与发展

我国移动电子商务市场发展状况方面，几大主流的传统电子商务提供商纷纷宣布进入移动电子商务，为自己的传统电子商务平台扩展移动互联网的用户入口；电信运营商拥有规模庞大的潜在用户群，依据自身在用户入口方面的优势，搭建了基于移动互联网的电子商务平台；软件提供商也敏锐地洞察到了移动电子商务的商机，凭借自身在软件服务方面的优势，为移动电子商务商家和企业搭建了具有商街特色的移动电子商务平台。此外，移动互联网本身也诞生了一大批规模不等的、崛起于移动互联网的新兴移动电子商务提供商，这批企业专注于移动互联网开展电子商务，并不断推进移动电子商务的创新。

近两年，iPhone、iPad 和 Android 设备的出现彻底改变了无线应用方式，加上电信运营商、第三方支付的移动支付业务日趋成熟，电子商务在无线互联网领域有望取得比 PC 端更广阔的前景。随着移动用户的迅速增加，以及移动通信技术在信息化领域的应用向纵深发展，我国移动电子商务发展开始步入快车道。

15.1.3 移动电子商务的特点

搜索、LBS、二维码等与电子商务相结合的尝试带来了很多新的价值。这些工具和新应用可以借助线下场景，在用户最希望比价或者消费的时候提供优惠的消费选择；帮助卖家实现线上/线下营销一体化；电子商务从单一固定的 PC 端变身为随时随地的贴身服务。概括来说，实时、本地、动态和位置是移动互联网的四大基本特征。

（1）比价。例如，用户用移动终端扫描实体店里 3C 产品上面的条码，可以轻松获得该产品在京东商城中的价格。这会使得一些线下商铺，如国美、苏宁的销售受到冲击，毕竟线下销售产品的价格时常会高于线上商铺。越来越多用户会在实体商铺中体验产品，却在京东商城中购买产品。

比价功能不仅是在京东，也不仅限于 3C 产品。有专门的比价软件，能对多种产品进行多商家比价。

（2）一键下单。无线凡客、乐淘的手机应用程序使用大量制作精良的图片、惊险刺激的秒杀活动、便捷的下单功能来促使更多的用户产生冲动消费行为。当用户不经意间产生了某种购物欲望，随时随地的移动客户端就会满足用户的需求。

（3）优惠券。悦乐、来吃啦等手机应用程序会自动根据用户所在的位置推荐附近的优惠券信息、商铺的限时优惠信息，还提供信用卡合作商户的优惠信息。比起线下需要打印纸质优惠券来说，这样更便捷，内容更加丰富，而且节约了硬件成本，并且绝对环保。

（4）点评。大众点评等手机应用程序会根据用户的位置自动推荐具有良好口碑的商户和网友对其大量点评信息，让用户对周围的餐厅、商店和娱乐场所了如指掌。大众点评还提供“口味最佳”“环境最优”等一系列的检索排行榜，也提供了 LBS 的签到功能，方便查阅密友的去向和点评。

（5）信息整合。Quick 拍是利用二维码链接商品和购物网站，通过扫描二维码提供商品价格信息，并进行商品推荐。用户可以通过照片和二维码获得信息，避免麻烦地手动输入信息。二维码成为从线下内容走上线上的重要渠道，可以看到在很多公交车广告牌上都出现相应的二维码，一来用户可以与广告进行互动，二来商家可以调查该广告的实际效应。

（6）LBS。LBS 应用实际上是实际场景的应用，提高了用户走入商铺的动力。现在更多的是利用蓝牙、声音、Wi-Fi 等设备鼓励人们真正走入店铺，让潜在客户变为潜在消费客户。当然 LBS 还有组织活动、收集用户信息等其他功能。

（7）团购服务。团购让线下商铺突然和线上活动联系起来。例如，折 800 的手机应用程序会按照地理位置进行团购推荐和点评，让团购真正地走到用户的身边。

15.1.4　移动电子商务的发展趋势

在市场政策、环境的推动下，我国手机用户数量及手机网民数量也屡创新高，移动互联网应用逐渐丰富和普及，越来越多的企业看到了其中的机遇，将移动互联网视为互联网之后又一极具杀伤力的推广方式和渠道，而有效直接的手机网站推广，也成为摆在这些企业面前的新课题。移动电子商务在未来，主要有以下发展趋势：

（1）企业应用将成为移动电子商务领域的热点。移动电子商务的快速发展，必须基于企业应用的成熟。企业应用的稳定性强、消费力大，这些特点个人用户无法与之比拟。而移动电子商务的业务范畴中，有许多业务类型可以让企业用户在提高收入和工作效率上得到很大帮助。企业应用的快速发展，将会成为推动移动电子商务的最主要力量之一。

（2）获取信息将成为移动电子商务的主要应用。在移动电子商务中，主要目的是交易，在业务使用过程当中，信息的获取对于带动交易的发生或是间接引起交易有非常大的作用，比如，用户可以利用手机，通过信息、邮件、标签读取等方式，获取股票行情、天气、旅行路线、电影、航班、音乐、游戏等各种内容业务的信息，而这些信息可以引导客户进行电子商务的业务交易。因此，获取信息将成为各大移动电子商务服务商初期考虑的重点。

（3）安全性问题仍将是移动电子商务中的巨大机会。由于移动电子商务依赖于安全性较差的无线通信网络，因此安全性是移动电子商务中需要重点考虑的因素。和基于 PC 终端的电子商务相比，移动电子商务终端运算能力和存储容量更加不足，如何保证电子交易过程的安全，成了大家最为关心的问题。在这样的大环境下，有关安全性的标准制定和相应法律出台也将成为趋势。同时，相关的供应商和服务商也就随之发展。

（4）移动终端的机会。随着终端技术的发展，终端的功能越来越多，而且考虑人性化设计的方面也越来越全面，比如显示屏比过去有了很大的进步，而一些网上交易涉及商品图片信息显示的，可以实现更加接近传统 PC 互联网上的界面显示。智能终端的逐渐普及或成为主流终端，如此一来，手机更升级成为小型 PC，虽然两者不会完全一致，也不会互相被替代，但是手机可以实现的功能越来越多，可以进行一些移动电子商务业务，也更加便利而又可以随身携带。以后终端产品融合趋势会愈加明显。

当前，移动电子商务呈现良好发展势头，但产业发展依然面临若干重大问题：由于移动电子商务具有较强的自身特点，相比传统电子商务，移动电子商务需要更多的产业服务作支撑，其产业链条更长，产业链状况更加复杂；移动电子商务尚处于发展的初期阶段，发展环境的不确定因素较多，产业链各主体还未形成明确的分工，市场发展面临诸多瓶颈和挑战；移动电子商务尚未找到成熟的商业模式，产业前景与趋势还并不明朗。

15.1.5 移动电子商务的商业模式

移动电子商务与传统电子商务的价值链不同，移动运营商可扮演多重角色，从而具有不同的商业模式。在某些商业模式中，移动运营商可能并且大有希望主导价值链。可能主导而非自然主导，是因为如同固网运营商拥有不小的客户资源以及用户连接权，但仍不具备电子商务的主导地位一样，庞大的客户资源以及与用户连接也不能决定移动运营商具有价值链主导地位。主导价值链需要具备的前提条件是，能很好地掌握并维护客户个人信息，能整合电子商务中的众多商业服务提供商。

目前，移动电子商务的商业模式按产业链主导方主要分为五种模式。

模式一：互联网企业核心模式。这种模式是传统电子商务的接入移动化，如用户使用手机上网形式登录淘宝、阿里巴巴等网站并进行订单处理等，移动运营商收取无线接入费用。

模式二：移动运营商核心模式。移动运营商同众多商业服务商发生联系，并通过平台集成商的系统开发，一方面使用户的终端内置特制卡，一方面搭建移动支付运营平台。在此模式下，移动运营商直接与用户联系，不需要银行参与。

模式三：平台集成商核心模式。由平台集成商自主发展商业服务商，建设与维护业务平台，同时向多个运营商提供业务接入服务，如美国高通公司推出的 BREW 业务平台。

模式四：运营商—银行联盟核心模式。这是相对普遍的模式，银行和移动运营商发挥各自的优势，移动运营商发展商业服务商并通过平台集成商进行系统开发，银行提供移动支付安全和信用管理服务，两者形成战略联盟。

模式五：银行核心模式。银行开发业务平台，用户通过短信等模式与银行直接发生联系，该模式主要适用于手机银行业务，如中国工商银行的手机银行业务。

15.1.6 移动电子商务体系及产业链

移动电子商务体系是一个包含企业和商家、电信运营商、电子商务提供商等主体在内的商务系统，该体系还包括起支撑、支持作用的终端厂商、金融及支付服务商、物流商和其他类型的服务提供商，体系内各主体通过信息流、资金流和物流进行交互与联系，承担提供接口、应用和服务的角色。

根据移动电子商务体系中各个主体在产业上下游所处的位置，各个主体通过信息流、物流和资金流链接组成移动电子商务的产业链。

（1）终端厂商。移动电子商务的硬件接口，对于提升用户体验具有重要作用。移动电子商务的用户体验在很大程度上取决于终端产品的硬件配置和处理能力，大屏幕、全键盘、高信息处理能力的手机终端，可大大改善用户应用移动电子商务的体验。

（2）电信运营商。电信运营商处于移动电子商务产业中信息交汇的核心地位，拥有移动电子商务末端的所有用户资源，任何移动电子商务的应用服务均需通过电信运营商的信息通道进行。电信运营商因其在移动电子商务产业链中位置的特殊性，在移动电子商务产业发展中发挥极其重要的作用。

（3）金融及支付服务商。它们对资金链具有天然控制力。在商务活动中，所有资金的流动最终都要通过金融机构进行划转和结算，因此在移动电子商务活动中，银行、银联等金融机构有着天然的资金链控制优势。在实际的电子商务活动过程中，第三方支付平台确保了资金支付的安全性和合理性，它在移动电子商务产业支付环节中同样具有重要作用和现实意义。

（4）移动电子商务提供商。目前，淘宝网、当当网和卓越亚马逊等传统电子商务企业已经完成了在移动电子商务的布局。传统电子商务提供商在 PC 端电子商务积累了成熟的运营经验，在整个移动电子商务产业链各主体中具有最为成熟的电子商务服务体系。新兴移动电子商务提供商中，有的已经通过运营模式的创新，在移动电子商务细分市场中得到了良好的发展。

（5）软件提供商。它们为移动电子商务平台服务提供信息及应用入口。近年来崛起的 UCWeb 等移动互联网浏览器软件，已经在移动互联网发挥了门户网站式的重要作用。未来，相应的应用软件提供商将形成对用户信息及应用入口的有效控制，移动电子商务服务平台将更多地依靠应用软件提供商提供用户进入的通道。

15.1.7　移动电子商务主导方式

当前中国移动电子商务主导方式主要分为四类，分别是电信运营商主导的移动电子商务、传统电子商务提供商主导的移动电子商务、软件提供商主导的移动电子商务和新兴移动电子商务提供商主导的移动电子商务。

1. 电信运营商主导的移动电子商务

（1）“通道 + 平台”的移动电子商务服务模式。电信运营商开展的移动电子商务中，可利用终端厂商和软件提供商在上游为其提供定制手机及内嵌的接入软件，增强了移动电子商务平台的入口建设。规模庞大的网络用户及潜在移动电子商务用户，可以吸引企业和商家以入驻的方式丰富移动电子商务平台的产品线及内容，物流商提供相关的货物运输、商品仓储和配送服务。在移动电子商务平台的建设方面，电信运营商负责平台内容、用户服务和交易服务，对入驻商户进行管理，并为消费者提供信誉保障。

（2）典型案例——中国移动广东移动商城。中国移动广东移动商城是基于广东移动网络平台开发的移动电子商务平台，由中国移动广东分公司负责运营，面向移动手机用户、广大互联网用户，以及商家提供电子商务服务，商城可以通过 PC 和手机两种方式进行访问。在手机端，通过以手机积分、手机话费、专用账户以及手机银行为主的支付手段，通过邮政系统、快递公司向用户配送货品为主的货物流通方式，移动商城实现了商流、物流、信息流、资金流一体化的移动电子商务平台。

2. 传统电子商务提供商主导的移动电子商务

（1）“品牌 + 运营”的移动电子商务服务模式。传统电子商务提供商主导的移动电子商务主要采取了“品牌 + 运营”的服务模式，在这一服务模式下，传统电子商务提供商原有的货物渠道、商品仓储物流以及配送等后台服务体系均未发生本质变化，移动互联网可以看作传统电子商务服务的手机端入口。在这一移动电子商务服务模式下，传统电子商务提供商通常会在用户接口处通过与终端厂商和软件提供商的合作，定制相关匹配的终端机，或者为手机终端设计用于进行移动电子商务的特定应用程序。网络接入方面，电信运营商提供了基础网络服务，为移动电子商务提供顺畅信息流的保障。

（2）典型案例——手机淘宝网。手机版淘宝于 2008 年 2 月开始上线，消费者通过手机即可登录手机版淘宝，同时可以用手机支付宝付款购物。手机淘宝网可以实现注册、登录、收藏、浏览、搜索商品和支付等功能。

（3）典型案例——手机当当网。当当网自 2006 年起，即与中国移动及相关合作伙伴开始筹划手机当当网，2006 年通过测试，手机当当网就已投入实际运营。其后，手机当当网各项功能不断完善，2007 年，手机当当网推出自主研发的跨平台搜索产品——图书短信比价系统，引发行业关注。2009 年 9 月，手机当当网购买功能上线，直达网络零售的最后结算环节。

3. 软件提供商主导的移动电子商务

（1）“软件 + 服务”的移动电子商务服务模式。对于软件提供商而言，传统电子商务所具备的品牌优势是其在短期内无法获取的，即使依托自身软件服务方面的优势，品牌建设和用户认可也需要一段长期的培养过程。

（2）典型案例——用友移动商街。移动商街是基于移动互联网，聚集消费者与商家的虚拟商业中心，是数以亿计的手机注册会员和上百万提供服务的商家的汇聚之地。在移动商街，会员可通过手机获得及时、有用的消费和生活服务信息，比较、选择和消费，了解商家并参与互动，享受折扣、奖品和积分回报等实惠。入驻的商家可通过移动商街进行市场营销、产品推广和形象展示，为会员提供商业服务，促进销售，并可实现移动交易和支付，节省成本。

4. 新兴移动电子商务提供商主导的移动电子商务

（1）“专注 + 创新”的移动电子商务服务模式。新兴移动电子商务提供商是在移动互联网发展过程中崛起的电子商务服务提供者，由新兴移动电子商务提供商主导的移动电子商务服务模式，专注于对移动互联网的电子商务服务，对移动电子商务用户需求和服务特点有较好的理解与把握。其服务模式如图 15-1 所示。中国移动电子商务发展的过程中，一些由新兴移动电子商务提供商搭建的商务平台迅速崛起，在服务与运营模式上不断创新，目前已经在移动电子商务行业竞争格局中，占据了一定的位置，市场上较为突出的代表有立购网、爱购商城。

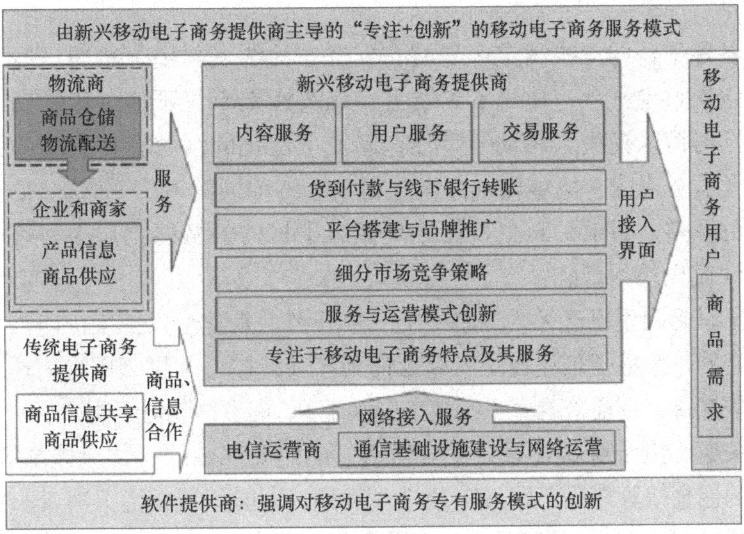

图 15-1　“专注 + 创新”的移动电子商务服务模式

（2）典型案例——立购网。立购网创立于 2009 年 8 月，是致力于手机用户快捷购物和智能购物的移动电子商务平台，专注于将手机的便利和效率分享给更多人。立购网购物平台所售商品均来自于传统电子商务平台，经营理念为“上一家立购，就等于同时上了数十家国内最好的网上商城”，其目标用户定位于不能方便接触 PC 端网络并有网络购物需求的手机互联网用户。经过半年多的发展，立购网就已初具规模。

15.2　无线淘宝

15.2.1　概况

借助 3G 和智能手机的大发展，淘宝开始全面布局移动电子商务市场。淘宝移动电子商务开始于 2008 年年初，2009 年正式起步，12 月底推出三款定制化手机，分别为“灵素”“风云”“无双”。到 2010 年开始有了大规模的发展，并于 2010 年 5 月，作为移动互联网和移动电子商务这一块最早的实践者，淘宝在国内首次开通了手机版淘宝网页。2011 年 2 月，淘宝无线开放平台正式推出，共有四种手机客户端，能满足大部分移动终端的系统要求。

淘宝主要精力专注于智能手机用户，而非智能手机用户由于终端的功能差以及手机淘宝上的消费额并不高，占的比重非常小，同时手机的处理能力和表现也都比较差，不作为淘宝手机用户的重点对象。目前，智能手机的累计用户已经有一亿多个。为了满足消费者个性化、垂直化、多样化的导购应用需要，2011 年年初，淘宝开始开放平台的部署和实施，通过无线的开放平台，对接包括蘑菇街、美丽说、逛淘宝等应用。2011 年淘宝全年在手机上完成的交易达到 118 亿元（2010 年大概是 18 亿元），其中 iOS 客户端占到淘宝整个客户端成交的 80%。

15.2.2 商业模式

从发布各种平台的无线淘宝客户端，到发布无线支付宝，然后迅速宣布开放无线淘宝和无线支付宝平台；从线下到线上，无线淘宝不仅延伸了传统淘宝网的电子商务模式，同时深入挖掘“移动”特性，满足个性化的消费者在全新的无线购物环境下的多样化服务需求。无线淘宝的模式是基于淘宝网的 B2C 和 C2C 商业模式的复制和个性化的调整。目前，其主要任务是做出手机的消费感觉，提高移动终端用户量，然后是促成交易的产生。

无线淘宝只是阿里巴巴无线战略中的一个环节，是整个大淘宝战略的一个重要环节。无线淘宝的一个重任是将传统电商延伸到移动终端；阿里云则提供基于移动终端的云计算服务支持。目前来看，无线淘宝脱胎于 PC 淘宝网，对于用户、商家有着较为重要的依赖关系，淘宝会员体系、支付体系、商品商户数据、物流体系等基础优势，以及过程中的佣金结算等是无线淘宝的雄厚优势，同时无线淘宝又有着自我发展的需求，已形成与 PC 同等市场份额的移动电子商务。最终，无线淘宝会和淘宝网形成一种特殊的依存关系，完成线上线下，商家在有线、无线与实体店之间的布局和分配。

总体来看，淘宝在移动业务上的发展，无疑已奠定了其综合电商的霸主地位。淘宝传递了移动购物市场将成为网购市场的主力，而客户端又将成为移动购物的主要通道的信息。

15.2.3 盈利模式

在盈利模式上，无线淘宝的方式和互联网的模式没有太多的区别，基本分为 C2C 和 B2C 两种。针对 C2C 主要就是增值服务收费，即时通信工具精准营销收费，搜索引擎广告收费，网络会员制营销收费；针对 B2C 方面主要为支付宝交易的沉淀资金，天猫信息确认费以及店铺保证金、网络广告收费。同时，无线淘宝开放平台的开放，移动开发者的加入数量增加，有助于无线淘宝探索出新的盈利。

15.2.4 发展分析

随着无线互联网的发展，无论是商家，还是消费者，都在将目光从传统的互联网终端向移动终端转移。京东、淘宝、苏宁商城莫不如此。马云之所以敢发出对移动互联网无盈利的情况下做上不封顶的投入宣言，2008 年率先义无反顾地投入手机业务，主要原因有三个方面。

（1）发展趋势。随着移动电子商务市场规模的迅速扩大，手机购物用户的增长，移动电商将对传统电商形成明显的竞争态势。当移动上网购物变得更加快捷、更多的商家选择移动电商平台进行销售活动时，传统电商市场势必受到冲击，因此，布局移动电商是电商发展的必然选择。

（2）危机意识。未来的电子商务市场，移动互联网会是一个新的决胜领域，几年之内会确定新的市场格局。由于移动电商的特殊性，移动运营商的天然用户以及终端、渠道的垄断优势，使之必将对电子商务产生自然兴趣。大淘宝电子商务生态圈的战略布局和移动运营商的关系将会遭到冲击，因此，及早布局移动电商，尽快抢占手机终端和渠道，进行用户占有是必然的决策。

（3）发展态势。无线淘宝业务开展以来，已经实现了交易额的近 10 倍的增长，从 2010 年的 18 亿元交易额到 2011 年的近 120 亿元的收入。无线淘宝数据显示，2012 年度支付宝金额月日均同比增长率均值超过 600%。如此迅猛的增长态势，使淘宝加大并坚定在无线淘宝端的投入。

虽然整体发展趋势喜人，但是，无线淘宝也不得不面临一些新的困扰，如果想在未来的移动市场立于不败之地，无线淘宝还需要注意以下方面：

（1）传统电商为用户降低了交易成本，但购买风险提高了，时间成本也很难说得到了节省。那么移动电商是否彻底为用户提供了便捷？是否在降低了购买风险、选择成本、购买成本的同时又提升了商户成本？最终无线淘宝如何平衡商家在有线、无线与实体店之间的布局和分配？如何满足消费用户的个性化的消费需求？这些都是需要解决的问题。

（2）移动电商市场虽然火热，但是争夺也更加激烈；同时由于处于探索初期，不管是消费用户还是企业商家，抑或是平台的建立者对之都没有成型的经验可参考，因此发展的潜在风险隐含在各方面。总的来说，无线淘宝面临着更多不确定因素的威胁和来自各方面的市场挤压。

15.3　移动应用商城

15.3.1　移动应用商城的发展概述

目前全球的手机厂商、互联网运营商和移动运营商几乎都在建设或考虑建设应用软件商城。市场研究机构 ABI research 预计，到 2016 年，全球移动应用下载量将达到 440 亿次。移动应用软件商城成为一个发展迅速、潜力巨大的新兴业务，它的兴起宣告了电信产业与互联网产业融合时代的来临。

移动应用商城的商业模式是基于为第三方软件的提供者提供方便、高效的软件销售平台，同时为手机用户提供下载手机应用软件的软件购买平台，它适应了手机用户们对个性化软件的需求，主要销售各类移动应用（游戏、软件、主题等）。在移动应用商城这个大卖场中，开发者按照相关规则进入并销售自己的作品，用户可以根据需要随意挑选。

15.3.2　三大移动应用商城现状

1. 移动 MM

移动 MM（Mobile Market）是全球首个由运营商推出的移动应用商城，聚合各类开发者及其优秀应用和数字内容，满足跨平台、跨终端客户实时体验、下载、订购需求，是面向消费者的“一站式”营销平台，面向开发者的“一站式”服务平台。MM 客户端适配了包括 Android、OPhone、Symbian、Windows 及 K-Java 等五个终端平台超过 500 款各类品牌主流机型。

MM 提出并倡导绿色安全、诚信行动，与各合作伙伴共同打造行业的保护伞，建立诚信体系，保护开发者与用户的利益。

MM 主要提供了手机软件、手机游戏、手机主题三类手机应用，并根据用户的需要提供了品牌专卖店等特色频道，通过 WWW 网站、手机客户端、WAP 三大门户为用户提供服务。

MM 丰富给力的应用软件可以为用户的生活和工作带来便利和快乐。例如，携程无线、春秋航空、7 天点行等商务软件，能够为经常各地奔波的用户带来出行的便利；手机 QQ、悠米手机视频等聊天交友软件，能够让用户与亲戚、朋友、同事之间随时随地沟通无限；淘宝、凡客诚品等购物软件能够让用户足不出户，轻松购物；UC 浏览器、天天浏览器、遨游手机浏览器等网络浏览软件，能够让用户充分享受便捷的互联网冲浪乐趣；新浪微博、腾讯微博、网易微博等社交软件，能够让用户随时随地记录生活，分享生活；多米音乐、酷我听听、优酷、土豆等视听播放软件，为用户带来无与伦比的视听享受；还有海量的益智、休闲、策略、角色、塔防、棋牌、动作类游戏，EA、世嘉、索乐、格米等世界知名游戏厂商带用户进入一个五彩缤纷的游乐世界。

2. 天翼空间

天翼空间是中国电信为用户提供各类手机应用、数字内容发现、下载、购买的一项移动业务服务。天翼空间由面向用户的应用商城和面向开发者的应用工厂组成。其中，应用商城提供的应用软件涵盖影音娱乐、新闻资讯、游戏、理财、实用工具、书籍、旅行、社交网络等类别，包括数百款免费体验、付费购买的产品。天翼应用工厂是为应用开发者提供信息聚集、开发资源、测试资源、销售支持、客服支持以及开发信息交流的服务平台。

电信业务同互联网业务的相互渗透与融合是大势所趋。天翼空间是电信业务与互联网的业务融合发展的产物，是电信运营商在应用创新、业务开发和服务提供等领域作出的突破。

3. 沃商店

沃商店是中国联通的战略产品，是一个跨平台开放的手机应用开发和推广平台，是联通所有面对用户的手机应用软件的聚合、交易和服务平台。

中国联通沃商店完全区别于传统增值业务平台，更趋向于开放的互联网业务，承担着理顺产业链各中间环节，彻底打通开发者、运营商和用户之间通道的职责。它通过聚合手机应用开发者及其应用，提供多类型终端实时应用下载服务，为用户提供端到端的质量服务保障，为开发者提供新的商业机会，提供快捷、方便的发布和获利渠道。

15.3.3　移动商城发展的问题及建议

中国移动的 MM 平台作为我国移动商城的典型代表，其商业模式原型是苹果 iPhone 的 APP Store，即通过为软件和应用开发方提供一个在线销售平台以及计费通道，从而获得分成收入，但其又不同于 APP Store。面对移动互联网上如此多和如此强大的竞争者，中国移动 MM 等移动应用商城如何能脱颖而出并保持持续的竞争力将是研究的重点。

虽然国内外移动应用商城非常丰富多样，除了苹果 App Store 外实现盈利的却不多。平台多、适配难，盗版充斥、收费艰难，本土化创新少、简单模仿多，短视行为破坏用户信任，竞争环境不够规范与公正等，这些问题的存在都在影响移动应用商城的发展，导致一个结果，即移动应用商城在国内的低盈利能力。各种数据都显示移动应用商城具有美好的市场前景，但就像趴在玻璃上的苍蝇，前景光明，但是找不到出路。而要解决问题，首先是要发现问题。移动应用商城存在的问题主要有以下几个：

（1）移动商城所需要的应用程序数量与质量有待提高。已经上线的多个移动应用商城大多为苹果 App Store 的复制版本，提供几乎类似的程序和资源；特别是国内三大运营商的商城，先后上线却没有太大的不同，并且应用程序匮乏。这大大降低了消费者对商城的信心，很多消费者并不认为在移动应用商城能够快速地找到对自己有用的程序，它们仅仅是另一个收费的软件平台。这需要运营商切实为消费者提供质量高的应用程序，获得具有黏性的客户，最终自己和开发者都获得利润。

（2）移动商城平台的内容分类偏简单。无论是苹果还是中国移动，移动应用商城基本把应用分成软件、游戏、阅读、主题等几类，如此模糊的分类方法，让用户往往在移动应用商城逛了一圈，却无法找到自己需要的应用程序。明确的分类和筛选是移动应用商城的必经之路。

（3）移动商城配送的支付模式需要进一步完善。任何一个移动应用商城如果希望成为像苹果一样在这个市场上盈利的赢家，就需要为自己的商城创建一个积极、健康的生态环境，应该支持多家支付平台，并考虑投资国际化的支付平台以及各国流行的支付平台等，为消费者提供便利。

（4）缺乏对移动商场的适度市场宣传。目前移动应用商城仍然为许多人不知，信息爆炸的时代如果不希望被消费者遗忘，就要不时出现在消费者眼前。市场的宣传在初期就变得非常重要，并且首批消费者的人脉扩展也是平台辐射的重要方式。所以对于市场宣传力度和深度都要有必要的把控，让消费者认识移动应用商城，再说服消费者使用移动应用商城。

（5）移动商城未兼容多平台。移动应用商城具备明显的交叉网络外部性，形成了明显的双边市场。双边用户的需求对平台的发展都特别重要，但是由于不同平台提供的服务具有不完全替代性，为了尽可能地享受另一边用户规模带来的好处，用户容易形成多平台接入的行为，以期花最少的钱获得最大的利益。现如今移动应用商城的多个平台同质化明显，更是促成了多平台接入的行为，所以差异化运营是移动应用商城平台提供商应关注的重点，不能只提供同质化的产品，需要进行一定程度的开发创新。

问题与讨论

1. 移动电子商务有哪几种模式？
2. 如何分析无线淘宝的模式？
3. 思考移动应用商城发展存在的问题。

参考文献

[1] 赵冬梅. 电子商务 [M]. 北京：机械工业出版社，2012.

[2] 陈晓华. 农业信息化概论 [M]. 北京：中国农业出版社，2012.

[3] 特班，等. 电子商务：管理视角 [M]. 严建援，等译. 5 版，北京：机械工业出版社，2010.

[4] 阿瓦德. 电子商务：从愿景到实现 [M]. 干红华，蔡晓平，译. 3 版，北京：人民邮电出版社，2009.

[5] 谢康，陶长琪. 信息经济学前沿与进展（2009）[M]. 北京：电子工业出版社，2010.

[6] 苏涛. O2O 电子商务商业新模式分析 [J]. 全国商情（理论研究），2012（1）：34-35.

[7] 姜奇平. O2O 商业模式剖析 [J]. 互联网周刊，2011（19）：20-23.

[8] 张文明. O2O 商业模式浅析 [J]. 中国电子商务，2012（3）：2-2.

[9] 彭琛，宋光兴. 基于 O2O 模式的网络团购现状分析及对策初探 [J]. 现代企业文化，2012（3）：144-145.

[10] 史亚娟，潘求辉. O2O 不是互联网时代的空中楼阁 [J]. 创新时代，2012（3）：53-54.

[11] 陈云鹏. "SoLoMo + O2O" 会带来什么？[J]. 上海信息化，2012（3）：72-75.

[12] 霍晓萍. 聚划算的团购模式及其发展策略 [J]. 经济导刊，2011（12）：46-47.

[13] 阚世华. 拉手网乱阵突围 [J]. 中国新时代，2011（5）：30-34.

[14] 孙宏超. 拉手网的尴尬未来 [J]. 中国经济和信息化，2011（23）：60-63.

[15] 浩然. 美团网：新融资传奇 [J]. 新经济导刊，2011（8）：60-61.

[16] 艾瑞咨询集团. 互联网三大公司（BTA）O2O 布局研究报告 [R]，2013.

[17] 孙瑞者. B2C 电子商务物流模式选择研究 [D]. 重庆：重庆工商大学，2011.

[18] 康向荣. 我国电子商务物流的发展与研究 [J]. 中国商贸，2011（21）：144-147.

[19] 陈任绯. 我国电子商务物流发展现状及其建议 [J]. 北京电力高等专科学校学报（社会科学版），2011（6）：377-378.

[20] 周福恩. 发展农村电子商务的举措 [J]. 农村经济与科技，2011（12）：103-104.

[21] 汪向东. 衡量我国农村电子商务成败的根本标准 [J]. 中国信息界，2011（3）：5-7.

[22] 傅晓锋. 农村电子商务存在的问题及对策 [J]. 现代农业科技，2010（22）：45-47.

[23] 李岩. 农村电子商务发展对策研究 [J]. 开封大学学报，2011（3）：11-12.

[24] 叶秀敏. 三种模式惠"草根"——当前农村电子商务发展探析 [J]. 信息化建设，2011（11）：7-9.

[25] 周海琴，张才明. 我国农村电子商务发展关键要素分析 [J]. 中国信息界，2012（1）：17-19.

[26] 汪向东. "沙集模式" 及其意义 [J]. 互联网周刊，2010（23）：107-110.

[27] 汪向东，张才明. 互联网时代我国农村减贫扶贫新思路——"沙集模式" 的启示 [J]. 信息化建设，2011（2）：6-9.

[28] 社科院信息化研究中心和阿里研究中心. 沙集模式调研报告 [R]，2011.

[29] 许雯斐. "网上供销社"——信息时代农业合作经济发展的新模式探析 [J]. 新疆农垦经济，2011（9）：59-63.

[30] 谢强东. 发展农村电子商务促进农村社会全面发展——娄底市农村电子商务发展调研报告

[R], 2011.

[31] 陆宁. 创新B2B商业模式的研究——以阿里巴巴和慧聪网为案例的研究 [D]. 北京: 首都经济贸易大学, 2011.

[32] 李如洁. 京东网上商城操作模式研究 [J]. 合作经济与科技, 2011 (11): 78-80.

[33] 王卫东. C2C电子商务平台盈利模式的研究——以淘宝网为例 [J]. 中国电子商务, 2011 (10): 4-6.

[34] 刘斐. 我国C2C电子商务市场现状分析 [J]. 科技情报开发与经济, 2011, 21 (19): 174-175.

[35] 梁欣. 中国C2C电子商务网站的盈利模式研究 [J]. 商场现代化, 2008 (34): 72-73.

[36] 舒悦. 中国电子商务C2C模式优势探讨和发展趋势 [J]. 中国电子商务, 2010 (10): 12-13.

[37] 叶家欢. 中国C2C电子商务市场运营研究 [D]. 上海: 华东师范大学, 2008.

[38] 蒋永波, 何敬银. 中国C2C电子商务平台运营模式实证分析 [J]. 商场现代化, 2008 (28): 52-53.

[39] 方菲. 视频网站经营研究——以优酷网为例 [J]. 东南传播, 2010 (4): 66-68.

[40] 黄玮. 我国视频分享网站发展现状研究——以新浪、优酷、土豆网为对象 [D]. 武汉: 华中科技大学, 2008.

[41] 张倩. 优酷网经营模式探析 [J]. 青年记者, 2010 (11): 59-60.

[42] 关薇. 中国视频网站发展初探——以乐视网为例 [J]. 今传媒, 2011 (11): 101-102.

[43] 詹成大. 试析网络视频发展中的问题及其走向 [J]. 浙江传媒学院学报, 2011, 18 (5): 91-95.

[44] 李琳. 我国视频网站发展模式研究 [J]. 西安文理学院学报 (社会科学版), 2011, 14 (1): 62-64.

[45] 张磊. 价值进化: 网络视频挺进盈利线 [EB/OL]. [2011-08-09]. http://column.iresearch.cn/u/bestvip/385880.shtml.

[46] 陈德武. 视频网站盈利曙光初现 [EB/OL]. [2011-12-13]. http://column.iresearch.cn/u/ysyycdw/462159.shtml.

[47] itomato. 开心网开心不再: 社交化能否起死回生 [EB/OL]. [2012-08-23]. http://itomato.org/kaixin001-sns.html.

[48] 谭小芳. 聚划算成功的六脉神剑 [EB/OL]. [2012-07-05]. http://www.weste.net/2012/7-5/83768.html.